"十四五"职业教育国家规划教材

创新型

沟通技巧

·第4版·

惠亚爱　舒　燕◎主　编

吕　芳　任　艳◎副主编

人民邮电出版社

北　京

图书在版编目（ＣＩＰ）数据

沟通技巧：慕课版 / 惠亚爱，舒燕主编. -- 4版
. -- 北京 ：人民邮电出版社，2025.2
智慧商业创新型人才培养系列教材
ISBN 978-7-115-64519-7

Ⅰ．①沟… Ⅱ．①惠… ②舒… Ⅲ. ①心理交往—教
材 Ⅳ．①C912.11

中国国家版本馆CIP数据核字(2024)第106252号

内 容 提 要

本书全面系统地介绍了与沟通有关的基本理论和基本技能，分为基础篇和技能篇，共 11 个项目，具体包括沟通概述、沟通过程模式、沟通原则与障碍、书面沟通、演讲、会见、电话沟通、上下级沟通、接近客户、非语言沟通、倾听。

本书将理论与实践相结合，突出系统性和实用性，通俗易懂，深入浅出，可作为营销管理类、财会经济类专业及其他相关专业课程的教材，也可作为企业各类管理人员培训和自学用书。

◆ 主　　编　惠亚爱　舒　燕
　　副主编　吕　芳　任　艳
　　责任编辑　侯潇雨
　　责任印制　王　郁　彭志环
◆ 人民邮电出版社出版发行　　北京市丰台区成寿寺路 11 号
　　邮编　100164　电子邮件　315@ptpress.com.cn
　　网址　https://www.ptpress.com.cn
　　三河市祥达印刷包装有限公司印刷
◆ 开本：787×1092　1/16
　　印张：11.5　　　　　　　　　2025 年 2 月第 4 版
　　字数：283 千字　　　　　　　2025 年 9 月河北第 4 次印刷

定价：49.80 元
读者服务热线：（010）81055256　印装质量热线：（010）81055316
反盗版热线：（010）81055315

　　沟通能力是企业与个人成功的重要条件之一。企业或个人的成功往往在很大程度上依靠有效的沟通。

　　对企业而言，有效的内部沟通是企业成功的关键；为了更好地在现有政策条件下实现企业发展并服务社会，企业也需要处理好与政府、公众、媒体等各方的关系，这些都离不开沟通。

　　对个人而言，建立良好的沟通意识，逐渐培养在任何场合下都能够有意识地运用一定的理论和技巧进行有效沟通的能力，显然也是十分重要的。学习沟通技巧，将使个人在工作、生活中游刃有余。

　　本书坚持"立德树人"理念，旨在让学生在工作和生活中学会和不同的人打交道，树立正确的沟通观念，提升沟通能力，成为会沟通、懂礼貌的社会有用之才。本书通过对沟通理论和技能的系统总结及对众多案例的深入解析，总结出了一套完善的沟通学习体系。本书立足职场，紧扣职场人员所需的知识、技能和素养，系统全面地介绍了在日常生活和工作中沟通的基本技巧。

　　本书具有以下特色。

　　1. **理念新**。为贯彻落实党的二十大报告对职业教育发展的指导精神，本书把培养学生的沟通能力作为人才培养的重点。沟通能力既是一种最基本的能力，又是一种可持续发展的能力，是职业能力中的关键能力。对关键能力进行强化训练，不仅有助于学生沟通能力的提升，而且有助于学生综合素质的培养。

　　2. **体例新**。本书每个项目按照学习目标、案例导入、项目任务、项目小结、项目实训的顺序编排，形式新颖、趣味性强，有利于调动学生学习的积极性和兴趣。

　　3. **案例丰富**。本书选取了大量贴近行业实际的沟通案例，通过对案例的阐述和分析，加深学生对相关理论知识的理解。

　　本书修订的分工情况如下：惠亚爱负责本书的统稿工作并修订了项目七、项目八和项目十一，舒燕修订了项目四、项目六和项目九，吕芳修订了项目一、项目二、项目三，任艳修订了项目五和项目十。由于编者水平有限，本书尚有不足之处，诚望读者不吝指正！

编　者
2024 年 12 月

基础篇

项目三 沟通原则与障碍 35

技能篇

项目四 书面沟通 47

项目七　电话沟通 91

基础篇
项目一
沟通概述

学习目标

【知识目标】

1. 掌握沟通的内涵。

2. 掌握不同的沟通类型。

【技能目标】

1. 培养良好的沟通态度。

2. 具备沟通的基本能力。

3. 树立沟通意识。

【素养目标】

增强文化认同，树立文化自信。

李老太的空调

7月，天气炎热，李老太在某家电卖场买了一台空调。工作人员上门安装好后，李老太仅使用了两天就发现空调出故障了。无奈之下李老太跑去卖场和销售员发生了如下对话。

李老太："姑娘，我的空调从你们这儿买回去才两天就坏了，这么热的天，让人怎么办哟！"

销售员："家电一经售出，其余质量问题都由售后部门负责，我们不管的。"

李老太："我就是从你这儿买的，你不管谁管啊？我找谁去呀？"

销售员："都说了不归我们管，找售后去。"

李老太非常生气，直呼要经理出面来解决问题。经理到场后首先批评了销售员，然后对李老太说："阿姨，家里空调坏了，这么热的天太难熬了。这样，您先回家，我帮您联系售后工作人员尽快上门为您维修。麻烦您告诉我您的家庭住址、电话号码和空调品牌。"说完，经理当着李老太的面给售后部门打电话预约维修，之后又帮助李老太将售后部门的联系电话存在她的手机上。李老太这才满意地离开卖场回家。

本案例中销售员所说属实，却没能让客户满意并受到批评，其主要原因是沟通不仅是信息的传递与反馈过程，而且是感情的传递与反馈过程，即沟通不仅要关注说了什么，而且要关注所说的内容达到了怎样的效果。经理的沟通体现了非常重要的一点：说要说得对方愿意听，这才能实现通畅的沟通。

任务一 了解沟通的相关概念

1.1.1 沟通的含义

1. 沟通是一项活动

"沟通"一词，原意是挖沟开渠使两水相互流通畅达。后来，沟通一词被用于比喻两种思想的交流与分享等，在信息社会又泛指信息沟通。

人类是需要沟通的。沟通是建立人际关系的手段，人们通过沟通与周围的社会环境相联系，而社会环境又是由人们互相沟通所维持的关系组成的网。沟通就像血液流经人的心血管系统一样"流经"社会系统，为整个有机体服务。例如，中国女排姑娘们在赛场上通过呐喊、手势、表情、眼神进行充分沟通，既发挥了技战术水平，又发扬了中国女排团结战斗、无所畏惧的精神。赛场上中国女排姑娘们的沟通是自然而然的、必需的、无所不在的。沟通在人们的工作和生活中亦是如此。

2. 沟通是一门学科

20世纪70年代末80年代初，海外学者把传播学引入中国，将沟通与传播学联系在一起。

（1）沟通的渊源。沟通作为传播学的核心概念，原译自英文单词Communication，该英文单词从翻译角度又可译为传达、通信、交换、交流、交通、交际、交往等，国内一般有3种译法，即交流、沟通和传播。在现代汉语中，交流与沟通意义相近，都是一种相互交换信息的活动；而传播则强调单方面行为及这种行为使信息在社会中发生的传递、流传和散播。

（2）沟通的定义。据不完全统计，沟通的定义迄今有150多个，概括地说，有以下几种类型。①共享说：强调沟通是传者与收者对信息的分享。例如，美国著名传播学家施拉姆认为："我们在沟通的时候，是努力想确立'共同'的东西，即我们努力想'共享'信息、思想或态度。"②交流说：强调沟通是有来有往、双向的活动。例如，美国学者霍本认为："沟通即用言语交流思想。"③影响（劝服）说：强调沟通是传者欲对收者（通过劝服）施加影响的行为。例如，美国学者露西和彼得森认为："沟通这一概念，包含人与人之间相互影响的全部过程。"④符号（信息）说：强调沟通是符号（信息）的流动。例如，美国学者贝雷尔森认为："所谓沟通，即通过大众传播和人际沟通的主要媒介所进行的符号的传送。"

我们侧重在沟通活动和行为方面进行分析和认识，研究个人的沟通行为，研究人际互动中的沟通关系，并着重于其实用性。从这个意义上来讲，我们认为，沟通学应是社会学或人类学的分支学科。沟通是人类的一种行为，是人类的活动，语言的沟通、准语言的沟通和体态语的沟通是它的语言文化表现形式。

我们认为，把沟通学放在社会学或人类学中进行研究，既能加深人们对沟通活动及其过程的理解，又有助于人们对社会化与人际关系、人类互动关系及其影响的理解，更有助于人们认识世界。认识人类语言现象和非语言现象，对于思考人生及其价值都将产生积极意义。

基于此，本书把沟通定义为：沟通是人类借助共同的符号系统（包括语言符号和非语言符号）获得信息，彼此传递和交流信息的个人行为和社会互动行为，是人类有意识的活动及其能力。

1.1.2　沟通的具体内涵

根据沟通的概念和性质，沟通的具体内涵主要包括以下几个方面。

1．沟通不是"只说给别人听"

有人认为，沟通是"我说给你听"。我是说话者，你是听话人，我发出一条信息并传递给你，你收到信息后，把它"译解"，然后采取令我满意的行动。但是，我说给你听，你未必都愿意听；就算听了，也不见得你真正听懂了我的意思；即使听懂了我的意思，你也不一定就会按我的意图去行动。因此，沟通并不是片面的"我说给你听"。

2．沟通不是"只听别人说"

"世事洞明皆学问"，无论何时何地、对何人，我们都有学不完的东西，多听别人的话，可以学到许多书本上没有的东西，对自己有很大的助益。

然而，仅仅你说我听，也不算有效的沟通。因为，仅仅你说我听，我以为听懂了，其实我没有听懂，当我照着你说的去做的时候，结果却证明"原来我听错了"，这等于没有沟通，甚至带来了危害。

3．沟通是"通"彼此之"理"

沟通是人与人之间传达思想、观念或交换情报、信息的过程，等于"你说给我听"加上"我说给你听"，以求得相互了解并且彼此达成某种程度的理解。

沟通，"理"是基础，但"通"理首先要寻求共鸣。常言道，"酒逢知己千杯少，话不投机半句多"，寻求共鸣可使你成为对方的知己，避免话不投机。所谓共鸣，是沟通双方在思想感情上达成一致的体验，产生共鸣意味着沟通双方的情绪已经融洽，这为通"理"铺平了道路，使对方从心理上愿意接受你的观点和主张。

"在多数情况下，你展现自己的知识和技能时，如果对方不能理解你，那么你就不会成功。""实际上，大部分职场中的人都有一个误解，很大的误解。他们认为，在职场中要成功，要得到更高的薪水和职位，只有一个办法，那就是让自己的工作出色。这是职场新人通常会犯的一个错误，他们想当然地认为，只要能够在工作中发挥出色，就能够使自己在职场中取胜。只有经过一段时间以后，他们才会发现，仅凭自己的知识和技能，而忽略与别人的沟通和合作，是无法完成所有工作的。"（戴尔·卡耐基）

【案例在线】

"教科书"级的发言

德国一家著名的电器公司在某一年推出了一个新产品。他们准备设计一个出色的商标，并把这个新产品重点推向中国市场。公司的总经理设计了一个商标，并自鸣得意。在一次会议上，他提议大家对他设计的商标进行讨论。会上，这位总经理说："我想，这个商标绝对是非常合适的。它的主题图像五角星，和中国国旗有相同元素，中国人肯定会喜欢它的。"

看起来举行这次会议的实际意义不大，因为大家似乎只有一种选择，那就是同意总经理的意见，所以绝大多数人都赞扬这个商标。（你的内心或许不赞同总经理的设计，可是你做好提出你的意见的准备了吗？）

这时，广告部经理站了起来，说："这个商标设计得太完美了（言外之意：我认可你的劳动付出与才思），毋庸置疑，中国人一定会喜欢这样的商标的（言外之意：我刚才认真倾听了你的观点）。但是，问题在于我们的产品并不会全部销往中国，也销往亚洲的其他国家，他们都会喜欢这个商标吗？（言外之意：这个设计还是有问题的，我提出问题，你自己想想。）"

本案例中广告部经理在发言时既给总经理留了面子，也暗示了该商标的问题，更不用担心因为自己的发言而得罪人，反倒给别人留下真诚、可靠的印象，他的发言堪称"教科书"级的发言。

1.1.3　沟通的层次

无论是服务他人、观众，还是与朋友交往、与客户谈判等，每一个人都希望成为沟通的高手。而实际上，每个人受到人格特质、家庭成长环境、学习教育情况和社会接触面等诸多因素的影响，形成了具有独立风格与方式的沟通习惯。根据沟通效果，沟通基本可以分为以下4个层次。

1．阻断与抗拒

这个层次的沟通是完全无效的，类似我们常说的冥顽不灵、顽固不化，一般多见于情绪激动、应激、歇斯底里等情况。常听到的语言信号为"哼""你凭什么这么说"等。

2．"鸿沟"现象

这个层次沟通信息的接收与传递往往只是信息的发布与传达，其效果完全取决于接收者的自我认知与重视程度。所谓"鸿沟"现象，是指在沟通过程中基本为单方输出，就像两个人站在天堑的两边，始终无法平等交流，类似我们说的耳边风或填鸭，也就是只有"沟"没有"通"的现象，一般多见于领导训话、指令颁布等。常听到的语言信号为"哦""嗯""啊"等。

3．桥梁效应

这个层次的沟通使双方在互动过程中得到磨合以达成共识。所谓桥梁效应，是指经过互动与信息的碰撞和磨合，双方可以逾越"鸿沟"，形成共识的效应，类似我们所说的讨论、争辩、交流等情况，一般多见于经验交流、共同协作完成某项任务等。常听到的语言信号为"你是什么感觉""说说你的看法"等。

4．及时回应

这个层次的沟通已经超越了基本沟通的范畴，它融合了对人们最根本心理需求的体察与人性化的运用，是确实有效的沟通，类似我们说的发自内心的交流、自然的沟通等情况。常听到的语言信号为"经过我们的相互讨论，我想我们已经达成了共识""请稍等，我5分钟后与你讨论"等。

1.1.4　沟通的基本原则

要使沟通达到良好的效果，必须遵循3个基本原则，具体如下。

1．谈论行为而不谈论个性

"谈论行为而不谈论个性"的原则也就是"对事不对人"的原则。为了避免出现矛盾或激化矛盾，在任何情况下，我们都应该坚持该原则。

2．明确沟通

明确沟通就是在沟通的过程中你说的话一定要非常明确，让对方有准确、唯一的理解。在沟通过程中，有人经常会说一些模棱两可的话。例如，经理拍着下级的肩膀说："你今年的成绩非常好，工作非常努力。"这好像是在表扬对方，但接下来他还说了一句："希望你明年更加努力。"这句话又好像是在鞭策对方，说下级不够努力。所以，沟通时一定要明确自己所说的话，努力了就是努力了，缺乏努力就是缺乏努力。

3．积极倾听

积极倾听是调动全身各器官协同合作，有意识地对信息进行积极主动搜寻的行为，通俗而言，即用耳听、用眼观察、用嘴提问、用脑思考、用心感受。积极倾听，不仅是我们获得信息、实现沟通的途径与原则，而且是更加了解对方思想与情感的途径之一。

1.1.5　沟通的特点

沟通的过程和要素体现沟通的3个特点，具体如下。

1．互动性

沟通是信息发送者和接收者之间的相互活动。也就是说，沟通要有两个或两个以上的沟通主体参加，是信息发送者和接收者相互作用的活动，即参加沟通的一方都试图影响另一方；每一方都既是信息的发送者，又是信息的接收者，其各自不断发出信息，期待对方做出某种反应。

2．动态性

沟通的双方是动态的，不断地受到来自他人信息的影响。同时，信息本身就具有流动的性质，它从事实本身转变为符号的传递过程就是一个动态的过程。

3．社会性

沟通的社会性在于人类能够运用符号系统来沟通彼此的思想，调节各自的行为，结成一个有机的整体，去从事各种社会活动。

需要注意的是，会聊天不等于会沟通。在家庭和学校的沟通没有职业化的技巧，这种沟通是人际沟通，是个人化和情绪化的，而在工作中延续这种沟通会带来不利影响。

1.1.6　沟通的功能

子曰："不知命，无以为君子也。不知礼，无以立也。不知言，无以知人也。"

——《论语·尧曰篇》

孔子在这里向我们说明沟通是"知人"的途径。本书认为，沟通在任何社会制度中的主要功能都有以下几点。

1．获得消息情报

获得消息情报是指收集、存储、整理必要的新闻、数据、图片、事实、意见、评论，以便了解周围环境的情况，并做出反应和决定。

2．社会化

沟通使人们更好地从事社会活动，并增强社会联系和社会意识。

3．动力

沟通可促进各个社会当前目标和最终目标的实现，激发人们的意愿和理想，鼓励人们为实现其共同商定的目标而进行个别活动和社会活动。

4．教育

沟通可以促进智力的发展，培养人的品格，并使其在人生各个阶段获得各种技能和能力。

任务二　沟通的类型

由于沟通具有互动性和社会性，因此我们可以根据不同的标准对沟通进行分类。一般来说，沟通有以下几种分类方法。

1.2.1　语言沟通和非语言沟通

按照信息载体划分，沟通可以分为语言沟通和非语言沟通。

1．语言沟通

语言沟通是指以词语符号实现的沟通，可以分为口头语言沟通与书面语言沟通。口头语言沟通是指借助口头语言实现的沟通，是日常生活中最为常用的沟通方式，同时也是最能保持信息整体性的沟通方式。平时的交谈、讨论、开会等都离不开口头语言沟通。书面语言沟通是指借助书面文字材料实现的信息交流。书面语言沟通可以修正内容，因此是一种准确性较高的沟通方式。书面语言沟通的另一个优点是具有持久性，它使沟通过程超越了时间和空间的限制，让人们不仅可以通过文字记载来研究古人的思想，也可以将当代人的成就传给后代。

2．非语言沟通

非语言沟通包括身体动作、眼神、面部表情及信息发送者和信息接收者之间的身体距离等。

有学者认为，每一种身体动作都有其意义，没有一种动作是随便表现出来的。身体动作弥补了语言沟通的不足，并常常使语言沟通更为复杂。身体动作或运动本身并不带有精确的或普遍性的意义，但当它与口头语言结合起来时，就会使信息发送者传达的信息更为丰富。对信息接收者来说，留意沟通中的非语言信息十分重要。信息接收者在倾听信息发送者语言的同时，还应注意非语言信息，尤其应注意二者之间的矛盾之处。1965年，美国心理学家乔治·米拉经过研究发现，沟通的效果来自文字的不过占7%，来自声调的占38%，而来自身体动作的占55%。当语言信息与非语言信息矛盾时，非语言沟通传达的信息更令人信服。

非语言信息的类型主要有以下几种：形体语言，包括面部表情、目光、肢体动作等；个人身体特征，包括体形、体格、姿势、体味、身高、体重、头发颜色及肤色等；副语言，包括音质、音量、语速、语调、大笑或打哈欠等；空间利用，包括人们利用和理解空间的方式，如座位的布置、谈话的距离等；物理环境，包括内部装潢、整洁度、光线、家具和其他摆设等；时间安排，包括迟到或早退、让他人等候、对时间的不同理解等。

非语言信息的4种沟通功能：反映对他人的态度，如友好或厌恶等；提供心理信息，如是否自信及自信程度等；传递情绪信息，如情绪的变化程度等；揭示相关信息，如个人偏好、权力地位等。

【案例在线】

曾国藩的"一面识人"

有一次，李鸿章带三个人去拜见曾国藩，想请曾国藩为他们分派合适的职务。正巧曾国藩出去散步，当时没在屋内，李鸿章就安排他们站在屋外等候。

曾国藩散步回来，李鸿章禀明来意并请曾国藩考察三人的能力。曾国藩说道："不必了，刚才散步回来，我走过三个人身边，三人同时向我施礼。施礼完毕后，左边那个人还低着头，态度温顺，小心翼翼，大气都不敢喘，可见是老实谨慎之人，虽忠厚但不勇猛，因此安排他镇守后方，做一些后勤供应类的工作再好不过了。中间那位，行礼之时毕恭毕敬，但等我走后，他便左顾右盼，神色不端，看着心浮气躁，明显是个阳奉阴违、两面三刀之徒，万万不可重用。右边那位，始终挺拔而立，神色坚毅，向我行礼时也是不卑不亢，有大将之才，可以委以重任。将来他的成就，不会在你我之下。"

李鸿章听后，便按照曾国藩的要求安排职务。果不其然，右边那位"有大将之才"的，便是后来立下赫赫战功，官至台湾巡抚的刘铭传。

本则故事中，曾国藩仅通过三人的非语言信息的传递解读出三人的性格特征，这体现出非语言信息的沟通功能。

1.2.2 正式沟通和非正式沟通

按照沟通的组织系统划分，沟通可以分为正式沟通和非正式沟通。

1.正式沟通

正式沟通是指通过组织明文规定的渠道进行的信息传递和交流，如按组织系统逐级下达上级批示或下级将情况、意见向上级反映等。正式沟通的优点在于沟通效果好，具有较强的约束力，较重要的信息通常都采用这种沟通方式进行传递，但它也有局限性，如沟通速度慢、不易于沟通感情等。

2．非正式沟通

非正式沟通是在正式沟通渠道之外进行的信息传递和交流，如员工之间私下交谈，各抒己见，数人相聚议论某人某事及传播小道消息等。正式沟通一般是官方、规范的，而非正式沟通却是非官方、非规范的。我们在进行非正式沟通时要注意甄别信息，不要被流言蜚语干扰，以至于混淆视听，使信息失真。

正式沟通与非正式沟通在一些情况下交互使用，可增强沟通效果。例如，同事们对公司的某个制度不满意，私下里经常抱怨（非正式沟通），在这种情况下，非正式沟通解决不了问题，大家不如将意见整合成一份正式的书面意见书，并提出合理的解决方案，通过正式沟通渠道递交给管理部门（正式沟通）。只有这样，管理部门才会重视，问题才有可能被解决。

1.2.3 上行沟通、下行沟通和平行沟通

按照组织结构和流动方向划分，沟通可以分为上行沟通、下行沟通和平行沟通。

1．上行沟通

上行沟通是下级将情况、意见通过组织系统向上级反映的沟通形式，也就是自下而上的沟通，如汇报工作、表明态度、提出建议等。但如果群体的组织结构不完善、组织层次过多，上行沟通就会受影响。因此，疏通沟通渠道，如进行民意测验、召开各种类型的座谈会、设立"建议箱""举报箱"、实行领导接待来访制度、开展抽样调查、鼓励弹劾等是十分重要的。

与上级沟通的具体建议：主动与上级交流，如谈论对工作的意见或建议等，这代表你在用心工作并给上级了解你的机会；学会提建议，要提出成熟的建议并把握交流时机，但千万不要表露出"我比你聪明、你不行"等信息；对上级不卑不亢，要在尊重上级的基础上，有独立的见解；上级需要的是有见识并且诚实可靠的下属；正确对待来自上级的批评和指正，虚心接受正确的部分，拒绝错误的部分；以理服人，不顶撞上级；与上级沟通时应做到语气恰当、措辞委婉、言简意赅。

2．下行沟通

下行沟通是指组织内部上级管理人员向下级人员传达指示，发布命令、通知、通报等。下行沟通顺畅，管理者就能把自己的意图很快地传达给员工，使员工提高行动的自觉性，为实现管理者的决策和集体活动目标而努力工作。

与下级沟通的具体建议：尊重你的下级，这是对方尊重你的前提，你的诚恳态度不是一种妥协和退让，你仍然需要在必要的时候保持权威；清晰、明确地下达指令，话语简洁有力、没有歧义，便于你的下级理解你下达的指令，以确保指令的有效执行；不要朝令夕改，确保指令都是成熟的想法；随时和下级谈心，了解下级的想法和意见，这是防患于未然的重要方法；明确每次沟通的主题，选择合适的时间和地点；彻底了解谈话对象，引导谈话；对下级进行有效批评，要清楚孰能无过，批评时对事不对人，保持公平公正的态度，秉持适度的原则，在批评的最后一定要对其进行鼓励，如此才能达到最佳的沟通效果。

3．平行沟通

平行沟通是指同一层次的组织人员之间的信息交流，即横向联系，包括组织内部平行单位之间的横向信息交流、群体之间的信息交流。平行沟通是保持组织间正常关系的重要条件，对加强平行单位或群体之间的相互了解、增进团结、搞好协作、克服本位主义等极其有益。如果平行沟通渠道不畅通，平行单位、群体就会各自为政，这容易导致隔阂、矛盾和冲突，甚至形成独立

"王国"，因此，平行沟通是不容忽视的一种沟通方式。

在平行沟通中，与同事沟通的具体建议如下。

第一，对同事多赞美，少指责，一定要真诚、有原则地赞美，赞美得越详细、越具体，越能表现你的真诚，赞美的效果就越好。例如，"你很优秀"和"你的工作方法很新颖，你为人又和善，我们都喜欢与你一起工作"相比，很明显第二种说法更能让被赞扬的一方感受到真诚。

第二，端正心态，纠正态度，避免对人不对事。每个人都有优点和缺点，不论你喜欢或不喜欢他，要对事不对人，保持平和。

第三，学会调节气氛，可适当表现幽默，但要注意分寸、场合与对象。讽刺挖苦他人不是幽默，万不可拿他人的痛苦之处开玩笑。

第四，多倾听，少说话，态度谦逊有礼，多发现别人话语中的积极因素。

第五，在遇到为难的事情时学会巧妙地拒绝，以维持关系为前提，讲出你拒绝的原因。

第六，注意交谈中的忌讳，如不要在同事面前说上司的坏话；不要刺探别人的隐私，要保护对方的弱点；保持低调谦虚的态度；不要命令别人；等等。

 情景剧场

陈经理的"委屈"

财务部陈经理每月总会按照惯例请下级吃一顿饭。一天，他准备到休息室叫员工小马通知其他人晚上吃饭。

快到休息室时，陈经理听到休息室里有人在交谈，他从门缝看过去，原来是小马和销售部员工小李在里面。

小李："你们陈经理对你们很关心，我见他经常请你们吃饭。"

小马不屑地说："得了吧！他就这么点儿本事来笼络人心，遇到我们真正需要他关心、帮助的事情，他没一件能办成。就拿上次公司办培训班的事儿来说，谁都知道如果能上这个培训班，工作能力会得到很大提高，升职机会也会大大增加。我们部门几个人都很想去，但陈经理却一点儿都没察觉到，也没积极为我们争取，结果让别的部门抢了先。我真的怀疑他有没有真正关心过我们。"

小李："别不高兴。走，吃饭去。"

陈经理听罢非常委屈，只好躲进了自己的办公室。

本情境中，上级"陈经理"和下级之间因为沟通不充分，产生了误会与隔阂。由此可见，不论在工作还是在生活中，都应重视沟通并注意应用恰当的沟通技巧。

1.2.4　单向沟通和双向沟通

按照信息沟通的方向划分，沟通可以分为单向沟通和双向沟通。

1．单向沟通

单向沟通指的是信息发送者以命令的方式面向信息接收者，一方只发送信息，另一方只接收信息，双方无论在语言上还是在情感上都不存在信息反馈。例如，发指示、下命令、电视授课、广播演讲与报告等都属于单向沟通。单向沟通的优点在于快捷、迅速。但是，在单向沟通中，信息发送者和信息接收者之间没有讨论的余地，所以，通过单向沟通得到的信息往往并不十分准确。另外，它比较严肃呆板，在具有潜在的沟通障碍时，易使信息接收者产生抗拒对立的情绪。

2．双向沟通

双向沟通指的是信息发送者以协商、讨论或征求意见的方式面对信息接收者，在信息发出以后，还需要及时听取反馈意见，必要时，信息发送者与信息接收者还要进行多次的商议交流，直到双方都准确把握了信息，如召开座谈会、听取情况汇报等都属于双向沟通。双向沟通的优点在于信息接收者和信息发送者之间有反馈机会，易于准确把握信息。同时，双向沟通比较灵活自由，使信息接收者有表达自己观点、建议的机会，因此其有利于双方互相理解，形成融洽的人际交往关系。但是，在双向沟通中，信息发送者因为要听取反馈意见，有可能受到信息接收者的质询和挑剔，所以其传递信息的速度较慢。

1.2.5　自我沟通、人际沟通和群体沟通

按照沟通者的目的划分，沟通可以分为自我沟通、人际沟通和群体沟通。

有的时候，信息的发送者和接收者是一个人，这种在个人自身内部发生的信息传递的过程就是自我沟通，它是其他形式的人与人之间沟通的基础。

人际沟通指的是两个人之间发生的信息传递的过程。它是人际交往的起点，是建立人际关系的基础。

群体沟通是指三个及以上的个体之间进行的信息传递过程。

【实战练兵】

实战目的：了解不同沟通类型对沟通效果产生的影响

实战方法：

第一阶段

1．给每名学生一张A4纸。

2．老师发出指令：

大家闭上眼睛，全程不许问问题，把纸对折，再对折，再对折，把右上角撕下来，转180度，把左上角也撕下来，睁开眼睛，把纸打开。

第二阶段

老师请一名学生上来，重复上述指令，唯一不同的是这次学生们可以问问题。

完成后可以请学生讨论：为什么第一阶段和第二阶段会有不同的结果？大家的感受是什么？

实战效果：

学生通过两次不同的实战体验，明白选用合理的沟通类型可提升沟通的效率。

任务三　沟通能力及其培养

1.3.1　沟通能力及其必要性

1．沟通能力的含义

一般来说，沟通能力指沟通者所具备的能胜任沟通工作的优良主观条件，包括外在技巧和内

在动因。其中，恰如其分和沟通效益是人们判断沟通能力的基本尺度。恰如其分是指沟通行为符合沟通情境和彼此相互关系的标准或期望；沟通效益则指沟通活动在功能上达到了预期的目标，或者满足了沟通者的需要。

2．沟通能力的必要性

人是社会动物，社会是人与人相互作用的产物。马克思指出："一个人的发展取决于和他直接或间接进行交往的其他一切人的发展。"因此，沟通能力是一个人生存与发展的必备能力，也是一个人成功的必要条件。

（1）职业工作需要沟通能力

各行各业的工作者，无论是会计、社会工作者、工程师，还是医生、护士、教师、营销员，不仅需要专业知识和技能，而且越来越需要与他人沟通的能力。

（2）实践活动需要沟通能力

人们在生活中每时每刻都离不开实践活动，总免不了与他人沟通。但是，沟通本身不是非常容易的事：要向他人表达一个意思，始终说不清楚；要为他人办一件好事，但有可能弄巧成拙；本来想与他人消除原有的隔阂，但可能弄得更僵。所以说，完成实践活动需要有一定的沟通能力。

（3）沟通也是个人身心健康的保证

与家人沟通，能使你享受天伦之乐；与恋人沟通，能使你品尝到爱情的甘甜；在孤独时，沟通会使你得到安慰；在忧愁时，沟通会使你得到快乐。英国著名文学家、哲学家弗朗西斯·培根有句名言："如果把快乐告诉朋友，你将获得两份快乐；如果你把忧愁向朋友倾吐，你将被分担一半忧愁。"

1.3.2　沟通能力的培养

沟通能力不是某些人所独有的，也不是可望而不可即的。只要勇于实践、积极沟通，人们的沟通能力就必然会提高。但有的人缺乏沟通实践，对沟通的惧怕、忧虑和不适应会导致形成沟通缺陷的恶性循环。害怕沟通是心理现象，也有可能是生理反应，但归根结底是自身缺乏沟通能力导致的；不愿意沟通是一种观念，可能是由生活中的挫折等因素导致的，但害怕沟通是它存在的一个主要原因；沟通缺乏属于一种实践活动，主要受人们不愿意沟通的观念支配。沟通缺乏的结果必然是沟通能力差。因此，实践活动是最基本、最关键的因素，它不仅明显影响人们的沟通心理和沟通认识，而且直接制约人们的沟通能力。

沟通能力的提高没有捷径，只有遵循"敢于沟通，坚持沟通，善于沟通，走向成功"的理念，记住一分钟，理解一阵子，实践一辈子，才有可能成为沟通的高手。

项目小结

- 在多元化社会中想要整合各方意见，就要靠沟通。沟通的具体内涵包括：沟通不是"只说给别人听"，沟通不是"只听别人说"，沟通是"通"彼此之"理"。
- 根据沟通效果，沟通基本可以分为以下4个层次：阻断与抗拒、"鸿沟"现象、桥梁效应、及时回应。
- 高效沟通的3个原则：谈论行为而不谈论个性，明确沟通，积极倾听。人们依靠沟通才能达成共识，并发挥群体的力量。
- 根据不同的标准，沟通可以分为多种类型，不同类型的沟通分别具有不同的优缺点。
- 沟通能力与个人生活密切相关，只有勇于实践、积极沟通，我们的沟通能力才可能得到提高。

项目实训

你想要了解自己的性格属性吗？

你是一个善于沟通的人吗？一起来做下面的沟通技能自我测试吧！请回答以下6个问题，根据表1-1所列得分规则计算得分，算出总分后，你便可知道自己是否善于沟通。

A. 一位女性朋友邀请你参加她的生日宴会，可是参加生日宴会的人中没有任何一位来宾是你认识的。

    a. 你非常乐意去认识他们。

    b. 你愿意早去一会儿帮助她筹备生日宴会。

    c. 你借故拒绝，告诉她说："那天已经有别的朋友约我了。"

B. 在街上，一位陌生人向你询问去火车站的路径，但这是很难解释清楚的，况且你还有急事。

    a. 你让他去向远处的警察打听。

    b. 你尽量告诉他。

    c. 你把他引向火车站的方向。

C. 你表弟到你家来，你已有两个月没见到他了。可是，这天晚上有一个非常精彩的电视节目。

    a. 你关上电视，让他看你假期游玩时拍的照片。

    b. 你说服他与你一起看电视。

    c. 你把电视开着，与他聊天。

D. 你父亲给你寄钱来了。

    a. 你把钱搁在一边。

    b. 你用这些钱和朋友小聚一番。

    c. 你买了一些东西，如一幅油画、一盏漂亮的灯等，装饰你的卧室。

E. 你的邻居要去看电影，让你照顾一下他们的孩子，孩子醒后哭了起来。

    a. 你关上孩子所在卧室的门，到客厅去看书。

  b. 你把孩子抱在怀里，哼着歌让他入睡。

  c. 你看看孩子是否需要什么东西，如果他无故哭闹，你就让他哭，他终究会停下来的。

F. 如果你有闲暇，你会干什么？

  a. 与朋友一起看电影，并与他们一起讨论。

  b. 到商店去买东西。

  c. 待在卧室听唱片。

计分办法（见表1-1）

表1-1　性格属性评分表

题号	a项得分	b项得分	c项得分
A	2分	3分	1分
B	1分	2分	3分
C	3分	2分	1分
D	1分	3分	2分
E	1分	3分	2分
F	3分	2分	1分

  14 ~ 18分：说明你非常喜欢沟通。你的朋友们非常喜欢你，这是可以理解的。你总是面带笑容，为别人考虑比为自己考虑得多，朋友们为认识你而感到幸运。

  8 ~ 13分：说明你不喜欢一个人待着，你需要有朋友在身边，你非常喜欢帮助别人。比起关爱别人，你更加需要被人关爱。

  8分以下：说明你置身于众人之外，仅仅为自己而活着，是一位利己主义者。不要奇怪你的朋友为什么这样少，从你的"贝壳"中走出来吧！

项目二
沟通过程模式

2

学习目标

【知识目标】

1. 了解沟通过程模式的含义及其内容。
2. 掌握沟通过程模式包含的要素。
3. 了解沟通与信息的关系。
4. 掌握沟通中的符号与意义的内涵。

【技能目标】

1. 能够熟悉沟通过程模式。
2. 能够熟练掌握某种类型符号的内涵。

【素养目标】

1. 培养主动沟通的意识和能力。
2. 了解东西方文化差异，培养辩证看待问题的能力。

大仲马就餐

　　法国作家大仲马到德国一家餐馆就餐，本想品尝有名的德国蘑菇，可是服务员根本听不懂法语，而他又不会德语。于是，他灵机一动，在纸上画了一张蘑菇图交给服务员。服务员一看，恍然大悟，马上飞奔出去。大仲马心想，总算让服务员明白自己的意思了，谁知一刻钟后，服务员气喘吁吁地跑回来，递给他一把雨伞。

　　本案例中，由于语言不通，无法实现有效的沟通，大仲马就将他认为能够通用的"符号"图画作为自己的沟通媒介，可是服务员在接收信息时，对该"符号"的解读与大仲马的不同，这就出现了解码差异。我们了解了沟通的基本过程和要素后就可以避免类似问题的发生。假如大仲马不仅画了蘑菇，还在蘑菇下面画上了盘子，排除了蘑菇与雨伞相像的干扰，那么服务员产生理解偏差的概率就会小很多。

任务一　沟通过程模式概述

　　沟通的过程是指沟通主体与沟通客体进行有目的、有计划、有组织的思想、观念、信息交流，使沟通成为双向互动的过程，也是信息发送者将信息通过选定的沟通渠道传递给信息接收者的过程。

　　在传播学的研究史上，不少学者采用构建模式的方法对传播过程的结构和性质做了各种各样的说明。所谓模式，是科学研究中以图形或程式的方式阐释对象事物的一种方法。模式与现实事物具有对应关系，但又不是对现实事物的单纯描述，具有某种程度的抽象化和定理化性质；它与一定的理论相对应，但又不等于理论本身，而是对理论的一种解释或描述，一种理论可以与多种模式相对应。模式是人们理解事物、探讨理论的一种有效方法，正因如此，在沟通学的研究中，模式的使用非常普遍。

　　第一位提出沟通过程模式的是美国学者H. 拉斯韦尔。1948年，他在论文《传播在社会中的结构与功能》中，首次提出了构成传播过程的5个基本要素，并按照一定的结构顺序将它们进行排列，形成了被人们称为"5W模式"或"拉斯韦尔程式"的过程模式。这5个"W"分别指Who、Say What、in What Channel、to Whom、with What Effect。

　　拉斯韦尔程式第一次将人们天天从事却又阐释不清的沟通活动明确表述为由5个环节和要素构成的过程，为人们理解沟通过程的结构和特性提供了具体的出发点。此后，学者们不断地开发和修正沟通过程，提出了比较完整的沟通过程模式，如图2-1所示。

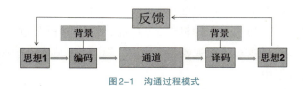

图2-1　沟通过程模式

　　这一沟通过程模式包括7个要素：思想1、编码、通道、译码、思想2、反馈和背景。其中形成思想1、编码由信息发送者完成，而译码、形成思想2则是信息接收者的任务。

任务二　沟通过程模式中的要素

沟通过程模式中的要素包括以下内容。

2.2.1　编码与译码

编码是信息发送者将其信息符号化，编成一定的文字等语言符号及其他形式符号的过程。译码则恰恰相反，是信息接收者在接收符号后，将符号还原为信息，并理解其意义的过程。完美的沟通应该是信息发送者的思想1经过编码与译码两个过程后，与信息接收者形成的思想2完全吻合，也就是说，编码与译码完全"对称"。"对称"的前提条件是双方拥有共同的意义空间，如果双方对信息符号及信息内容缺乏共同经验，也就是缺乏共同语言，则编码、译码过程不可避免地会出现偏差。

因此，甲方在编码的过程中必须充分考虑乙方的经验背景，注重内容、符号对乙方的可读性；乙方译码也必须在考虑甲方经验背景的条件下进行，这样才能更准确地把握甲方要表达的真正意图，而不至于曲解、误解其本意。

2.2.2　通道

通道是由信息发送者选择的、用来传递信息的媒介物。

不同的信息内容要求使用不同的通道。例如，政府工作报告不宜以口头形式而应采用正式文件作为通道；而邀请朋友吃饭，如果采用备忘录的形式就显得不伦不类了。

有时人们可以使用两种或两种以上的通道。例如，双方可先口头达成一个协议，再予以书面认可。由于各种通道都有其利弊，因此选用恰当的通道对有效的沟通十分重要。但是，在各种沟通方式中，影响力最大的仍然是面对面的沟通方式。面对面沟通时，我们传递的除了词语本身的信息外，还有沟通者整体心理状态的信息，这些信息使得信息发送者和信息接收者可以产生情绪上的相互感染。

2.2.3　背景

沟通总是在一定背景下发生的，任何形式的沟通都要受到各种环境因素的影响。例如，研究发现，配偶在场与否对人们的沟通影响很大。妻子在场时，丈夫与异性保持的距离更远，表情也更冷淡，整个沟通过程变得短暂而仓促。在企业中也是一样的，员工在总经理办公室与在自己的工作场所采用的沟通方式是存在重大区别的。从某种意义上说，与其认为沟通是由沟通者本人把握的，不如说沟通是由背景环境控制的。

一般认为，对沟通过程产生影响的背景因素包括以下几个。

1．心理背景

心理背景指沟通双方的情绪和态度。它包含两个方面：其一是沟通者的情绪，情绪处于兴奋、激动状态与处于悲伤、焦虑状态下，沟通者的沟通意愿、沟通行为是截然不同的，后者往往使沟通者的沟通意愿不强烈，其思维也处于抑制或混乱状态，编码、译码过程受到干扰；其二是沟通者对对方的态度，如果沟通双方彼此敌视或关系淡漠，沟通过程则常由于偏见而出现偏差，双方都较难准确地了解对方的思想。

2．物理背景

物理背景指沟通发生的场所。特定的物理背景往往造成特定的沟通气氛，在一个千人礼堂演讲与在自己办公室慷慨陈词，其气氛和沟通过程是大相径庭的。

3．社会背景

一方面，社会背景指沟通双方的社会角色关系。对应不同的社会角色关系，人们有不同的沟通模式。上级可以拍拍你的肩头，告诉你要以厂为家，但你绝不能拍拍他的肩头，告诫他要公而忘私。因为对应于每一种社会角色关系，无论是对于上、下级关系还是朋友关系，人们都有一种特定的沟通方式预期，有关沟通方式只有符合这种预期，才能被人们接纳。但是，这种社会角色关系也往往成为沟通的障碍，如有些下级对上级投其所好、报喜不报忧等，这就要求上级主动改变、消除这种角色预期带来的负面影响。另一方面，社会背景还包括沟通情境中对沟通产生影响但不直接参加沟通的其他人。我们前面提到过，配偶在场与否，人们与异性沟通的方式是不一样的。我们也都有类似的体会，如上司在场与否或竞争对手在场与否，我们的措辞、言谈举止通常是大不相同的。

4．文化背景

文化背景指沟通者长期的文化积淀，也是沟通者较稳定的价值取向、思维模式、心理结构的总和。由于它们已转变为人们精神的核心部分而为我们自动保持，是人们思考、行动的内在依据，因此，通常人们体会不到文化背景对沟通的影响。实际上，文化背景影响每一个人的沟通过程，影响沟通的每一个环节。当不同文化发生碰撞、交融时，人们往往能发现这种影响，三资企业的管理人员可能对此深有体会。例如，西方国家重视和强调个人，人们的沟通风格也是个体取向的，并且人们往往直言不讳，对于组织内部的协商，西方管理者习惯使用备忘录、布告等正式沟通渠道来表明自己的看法和观点。而在一些东方国家，人际接触相当频繁，沟通渠道多是非正式的。东方管理者针对一件事一般是先进行大量的口头磋商，然后才以文件的形式总结已做出的决议。这些文化差异使得不同文化背景下的管理人员在协商、谈判过程中遇到不少困难。

2.2.4　反馈

沟通过程模式的最后一环是反馈，反馈是指信息接收者把信息返回给信息发送者，信息发送者对信息是否被理解进行核实的过程。为检验信息沟通的效果如何，信息接收者是否正确接受并理解了每一条信息的内容，反馈是必不可少的。在得到反馈之前，我们无法确认信息是否已经得到有效的编码、传递和译码。如果反馈显示信息接收者接收并理解了信息的内容，则这种反馈为正反馈；反之，则为负反馈。

反馈不一定来自对方，我们往往可以从自己发送信息的过程或已发出的信息中获得反馈，当我们发觉自己所说的话含糊不清时，自己就可以做出调整，这就是所谓的自我反馈。与沟通一样，反馈可以是有意的，也可以是无意的。对方不自觉地流露出的震惊、兴奋等表情能够给信息发送者很多启示。沟通者应尽量控制自己的行为，使反馈处于自己的控制之下。

【案例在线】

墨子与耕柱子的故事

墨子对耕柱子感到生气，耕柱子很委屈地问墨子："难道我没有比别人好的地方吗？"墨子就问他："假如我要上太行山，你是准备鞭策一匹好马驾车还是鞭策一头耕牛驾车呢？"耕柱子答："当然选好马了。"墨子表示同意，好马才值得鞭策，"我认为你值得鞭策才会对你感到生气。"

本则案例中耕柱子与墨子的问答就是对彼此信息的反馈，信息有了反馈，才有了思想的融通，墨子由此实现了对耕柱子的教导。同时，这则故事也勉励今天的我们要合理看待并虚心接受批评，这样才能不断进步。

2.2.5　噪声

噪声是指妨碍信息沟通的任何因素，它存在于沟通过程的各个环节，并有可能造成信息失真。例如，模棱两可的语言、难以辨认的字迹、不同的文化背景等都属于噪声。典型的噪声包括以下几个因素。

【案例在线】

对"狗"的理解

前些日子出差，客户的公司门口有一家宠物店，我看到宠物店中有一只小狗，经过一番讨价还价，把小狗买了下来带回家去。晚上我给二姐打电话，告诉她我买了一条白色的博美犬，二姐从小就喜欢狗，她非常高兴，马上询问狗多大了、是否可爱等。随后，大姐打电话来询问我最近的情况，小狗在我接电话的时候叫了起来，大姐在电话里一听到有狗在叫，就问狗是否很脏，是否咬人，有没有打预防针，等等。

同样是对于一条狗的理解，不同人的反应差别很大。二姐从小就喜欢狗，所以一听到我买了狗，她在脑海中就描绘出了一条可爱的小狗的图像；而大姐的反应却是关心狗是否会给我带来什么麻烦，她的脑海中则会浮现出"脏脏凶恶的狗"的图像。

同样的一件事物，不同的人对它的概念与理解的区别是非常大的，在我们日常的谈话与沟通当中同样如此。当你说完一句话，你认为可能已经表达清楚了自己的意思，但是不同的听众会有不同的反应，其理解可能是千差万别的，甚至可以理解为相反的意思。这将大大影响我们沟通的效率与效果。我们在进行沟通时，需要体会对方的感受，做到用心去沟通。

本案例中，对于同一件事物，由于经验、背景的差异，不同的人对它的理解是有差异的，这就产生了沟通的噪声。因此，综合考虑信息接收者的背景经验，将有助于实现信息的有效传递。

1．影响信息发送的因素

影响信息发送的因素主要有以下几个。

（1）表达能力不佳、词不达意，或者逻辑混乱、艰深晦涩，从而使人无法准确地对其进行译码。

（2）知识经验的局限。你无法向一个小学生解释清楚相对论，因为他只能在自己的社会经历及知识经验范围内译码，当信息超过这一范围时，他是无法理解的。企业内不同部门的交流也会因各自使用的专业知识、术语不同而困难重重。

（3）形象因素。如果信息接收者认为信息发送者不守信用，则即使信息发送者所发出的信息是真实的，信息接收者也极有可能用怀疑的眼光去看待它。

2．影响信息传递的因素

影响信息传递的因素包括以下几个。

（1）信息遗失。例如，在对本部门员工进行会议通知转述时遗漏了会议的举行时间，从而影响了本部门员工参加会议。

（2）外界干扰。例如，在马达轰鸣的环境下交谈将是一件十分吃力的事情。

（3）物质条件限制。例如，没有电话与网络，你自然无法与千里之外的总部同事进行口头沟通。

（4）媒介的不合理选择。例如，用口头传达的方式布置一个意义重大、内容庞杂的促销计划将使传递信息的实际效果大打折扣。

3．影响信息接收和理解的因素

影响信息接收和理解的因素主要包括以下几个。

（1）选择性知觉。每个人的心理结构及需求、意向系统各不相同，这些差异会直接影响人们接收信息时知觉的选择性，即人们往往习惯于对某一部分信息敏感，而对另一部分信息"充耳不闻"。不难理解，我们对能印证自己推断、论点的信息常表现出高度的兴趣，而对相反的信息却漠然视之。正如有学者指出的，我们不是看到了事实，而是对我们所看到的东西进行解释并称其为事实。

（2）信息"过滤"。信息接收者在接收信息时，往往根据自己的理解和需要对信息加以"过滤"。当信息传递过来时，其每经过一个层次，都会产生新的差异，最后则可能突破允许的范围。"过滤"的程度与组织结构的层次和组织文化密切相关。

（3）信息接收者的译码和理解偏差。前文多次论述，由于个人所处的社会环境不同，其在团队中的角色、地位、阅历也各异，从而对同一信息符号的译码、理解都各异。即使是同一个人，由于接收信息时的心情、氛围不同，其也会对同一信息有不同的解释。

（4）信息过量。管理人员在做出决策前需要掌握足够的信息，但如果信息量过大，则容易使管理者无法分清主次，或是浪费大量时间。

（5）需要特别强调和说明的是，社会地位的差距对沟通有十分重大的影响。

企业内各部门由于分目标各异而形成的冲突和互不信任，也往往会干扰他们之间的有效沟通。例如，技术人员与营销人员，前者往往责怪后者提出一些不切合实际的要求，或是不支持高层次的理论研究；而后者则认为前者不能顺应消费趋势、潮流的变化。

 情景剧场

妻子的要求

妻子即将过生日，她希望丈夫不要再送花、香水、巧克力或请她吃一顿饭了，她希望得到一枚钻戒来见证她和丈夫的爱情。这天下午，丈夫下班回来后，夫妻二人展开的对话如下。

妻子："今年过生日我不要花、香水、巧克力了，没意思，一下就用完、吃完了，不如钻戒，可以做个纪念。"

丈夫："钻戒什么时候都可以买。送你花、请你吃饭多有情调啊！"

妻子嚷着："可是我就要钻戒，别人都有钻戒，就我没有。"

丈夫怒道："别人有的你就一定要有吗？你怎么不看看别人没有的？"

于是二人吵了起来，不欢而散。

本情景中，夫妻二人之间争吵是因为沟通出现了问题。对于信息发送者妻子而言，她的沟通目标不明确、表述不清楚；对于信息接收者丈夫而言，他在解码过程中忽略了妻子内心真正的需求，而是关注到了"别人都有钻戒，就我没有"这一点，从而引发了矛盾与争吵。双方都因缺乏沟通的技巧，导致了一场不愉快的谈话。若要避免此类问题，应在充分理解噪声的基础上，使用恰当的沟通技巧来消除噪声。

4. 消除噪声

沟通的每个环节、每个阶段都存在干扰有效沟通的噪声，我们该如何消除沟通中的噪声呢？

（1）树立基本的沟通观念。

沟通一词，与共同、共有、共享等词语有交集，你与他人"共同""共有""共享"的程度，将决定你与他人沟通的程度。

共同、共有、共享意味着在目标、价值、态度和兴趣上达成共识。人们如果缺乏共识，而只是一味地去尝试沟通，是徒劳无益的。例如，一位经理若只站在自己的立场上考虑，而不去考虑职工的利益和兴趣，势必会与职工产生隔阂，从而给沟通制造无法逾越的障碍。

沟通者必须避免以自己的职务、地位、身份为基础去进行沟通，而应试着去适应他人的思维架构，并体会他人的想法。换言之，不只是"替他着想"，更要能够想象他的思路，进入他的世界，体会他的感受。设身处地替他人着想是很有益的，但若能和别人一起思考、一同感受，则会有更大的收获。在这个过程中，你很可能会遇到"不认同所看到的和所听到的"情况，可是，跳出自我立场而进入他人的心境，目的是了解他人，并不是认同他人。你只有体会到他人如何看待事实，如何看待自己，以及如何衡量他和你之间的关系，才能避免掉入"和自己说话"的陷阱。

沟通者还应该明确有效的沟通不是斗智斗勇，也不是辩论比赛。对信息接收者而言，沟通中的信息发送者所扮演的角色是"仆人"而不是"主人"。信息发送者如果发觉信息接收者心不在焉或不以为意，就必须改变沟通方式。信息接收者握有"要不要听"和"要不要谈"的决定权，信息发送者或许可以强制对方做出沟通行为，但却没有办法控制对方的反应和态度。

（2）全面掌握沟通技巧。

沟通技巧多种多样。首先，知识是沟通的基础。沟通是人们对信息的发送、接收和理解，如果缺乏理解信息所必需的知识，沟通是无法进行的。其次，沟通的核心是系统思考，沟通者必须全面考虑沟通内容的特点、沟通双方的实际情况、沟通背景、沟通渠道等各种因素，寻求最佳的沟通策略和形式，以实现自己的目的。沟通者对任何一个因素考虑不当，都有可能对沟通效果产生不利的影响。在系统思考的基础上，应培养"发送技巧"和"接收技巧"。其中，发送技巧包括说和写，接收技巧包括听和读。对于沟通者来说，熟悉组织的沟通特点，成功地利用或建立适合自己的信息系统，确保组织内信息流动在各个方向上的畅通，也是必要的。

（3）充分利用反馈。

由于种种沟通障碍的存在，信息发送者和信息接收者对相同信息的理解总会存在一定的偏差。这就要求沟通双方积极使用反馈这一手段，减少理解误差的产生。

（4）利用现代计算机技术和通信技术来克服沟通障碍。

现代计算机技术和通信技术的飞速发展给人们的沟通创造了更多的便利条件。开发和建立计算机管理信息系统、决策支持系统和专家系统等，利用计算机技术处理大量数据，并把有用的信息提供给大多数决策者使用，可以使沟通者经济、及时地得到必要的信息，进而做出决策。计算机还可以通过表格、图形等方式直观地显示公司的重要信息，为沟通者提供决策帮助。另外，现代通信技术可以消除距离上的障碍，这使身处各地的决策者可以通过远程通信会议"面对面"地进行直接沟通，并及时做出决策。

【实战练兵】

实战目的： 体验沟通过程模式

实战方法：

由一名同学画出相对复杂的几何图形。推荐一名表达能力强的同学用语言将图形描述出来，不用任何手势和辅助工具。其他同学根据表述人的表述画出图形，并标注图一。表述人只叙述一次，同学们不能提问，不允许交头接耳进行讨论，时间一到立即停止。表述人开始第二次表述，只说一次，但这次表述后允许同学们提问，回答完所有问题后再由同学们画出图形，并标注图二。观察图一和图二是否有差别，并从沟通角度讨论形成差别的原因。

实战效果：

学生通过两次不同的实战体验，体会如何使用沟通技巧来解决噪声问题。

任务三 沟通与信息

从信息科学的立场出发，传播无非是信息的传递或信息系统的运行。传播本质上是信息的流动。那么什么是信息？信息的实质又是什么？

在信息论等信息科学形成以前，人们较少使用"信息"这个概念，即使使用，一般也把它当作消息、情报的同义词，指人们对某种事物的认识。

作为一个科学概念，信息最早出现于通信领域。20世纪20年代，哈特莱在探讨信息传输问题时，提出了信息与消息在概念上的差异，指出：信息是包含在消息中的抽象量，消息是具体的，其中载荷着信息。20世纪40年代，香农和维纳从通信和控制论的角度提出了信息的概念，产生了巨大的影响，信息概念广泛渗透到包括沟通和传播学在内的许多科学研究领域。

香农提出的信息概念是："在人们需要决策之际，影响他们可能的行为选择的概率的物质—能量的形式。"即我们对事物的反应或决策都是基于对事物的认识进行的，任何事物都具有自己的内在属性和规律，这些内在属性和规律以一定的物质或能量的形式表现出来。这些表现形式，如重量、形状、颜色、温度、质感、声音等，便是反映事物内在属性的信息。我们在获得这些信息之前，对象事物具有不确定性，而我们的行为决策也是盲目的；只有获得了这些信息，我们才能做出正确的行为决策。因此，信息具有帮助我们消除对事物的不确定性的功能，并影响我们选择或不选择某种行为的概率。

香农信息理论的一个直接冲击是使传播学者感到了传播的普遍性：所谓传播，无非是信息的传递和交流；信息是普遍的，传播必然也是普遍的。信息的传递和交流无论是通过物理系统、生物系统还是社会系统来进行，都属于传播的范畴，而作为社会科学的传播学的任务，就是在考虑到人类的社会传播与其他形式传播的共性和共同规律的同时，研究和揭示前者的个性和特殊规律。香农的信息理论还解决了信息的量度问题。

维纳是控制论的创始人。他认为，任何系统（包括物理、生物和社会系统）都是按照一定的秩序运行的，但由于系统内部及环境中存在许多偶然的和随机的偏离因素，因此任何系统都具有从有序向无序、从确定状态向不确定状态变化的倾向，为了保持系统的正常运行和系统目标的实现，就需要对系统进行控制。为了实现这种控制，一个重要的方法就是信息反馈。即系统输出物反映了系统的秩序状态和功能执行的结果，把输出物的全部或一部分作为反馈信息送回到系统里，并对系统的运行进行再调整，就可以起到修正偏差的作用。

维纳的信息概念和香农的信息概念有重要的区别。香农主要考察的是离散信息（yes/no信息），而维纳考察的则是连续信息，即信息的不停流动。"我研究信息理论最早是从考察电流的不间断流动开始的。"这样一个视点决定了反馈机制是作为一个前提包含在维纳的信息概念之中的。

自然界的刮风下雨、电闪雷鸣，生物界的扬花授粉、鸡鸣蛙叫，人类社会的语言交流、书信往来，都属于信息传播的范畴。根据信息系统和作用机制的不同，有的学者把信息分为两大类，即非人类信息和人类信息；也有的学者将其分为三类，即物理信息、生物信息和社会信息。这里的社会信息指的是除了人的生物和生理信息以外、与人类的社会活动有关的一切信息。社会信息是沟通的主要内容。

作为信息的一种类型，社会信息也是以质、能波动的形式表现出来的，也具有物质属性。精神内容的载体，无论是语言、文字、图片、影像，还是声调、表情、动作（广义上的符号）等，都表现为一定的物质信号，这些信号以可视、可听、可感的形式作用于人的感觉系统，经神经系统传递到大脑得到处理并引起反馈。

然而，社会信息及其传播又有其他信息所不具备的特殊性质，那就是它伴随着人的精神和心理活动。自然信息的传播通常表现为一定的物理或生物条件的作用和反作用，而社会信息则不同。第一，它并不单纯地表现为人的生理层次上的作用和反作用，而是伴随着人复杂的精神和心理活动，伴随着人的态度、感情、价值和意识形态。第二，即使是作为社会信息的物质载体的符号系统本身，也是与物质劳动密切相关的精神劳动的产物。在这个意义上，我们把社会信息看作物质载体和精神内容的统一、主体和客体的统一、符号和意义的统一。社会信息的传播具有与其他自然信息不同的特殊规律。

2.3.1　沟通中的符号

在人的沟通活动中，信息是符号和意义的统一体。符号是信息的外在形式，而意义则是信息的精神内容。在沟通中，任何信息都携带一定的意义，而任何信息也都必须通过符号才能得到传递和表达。考察符号和意义的性质与作用对把握沟通的过程有重要作用。

符号是信息的外在形式或物质载体，是信息表达和传播中不可缺少的一种基本要素。

符号具有极为广泛的含义。日本学者永井成男认为，只要在事物 X 和事物 Y 之间存在某种指代的事物或表述的关系，"X能够指代或表述Y"，那么事物 X 便是事物 Y 的符号，Y 便是 X 指代的事物或表述的意义。根据这个定义，我们在日常生活中能够感觉到的声音、动作、形状、颜色、气味甚至物体，只要它们能够携带信息或表述特定的意义，都属于符号的范畴。从广义上来说，自然界和社会的符号现象是普遍的，如在动物界，蜜蜂的"8"字飞行就是一种动作图形符号；兽类利用粪便、尿液及其他分泌物来做记号、"划地盘"等现象也是一种符号行为。不过，动物的符号行为是基于先天、本能的机制进行的。动物界的符号连同其意义及对符号的反应都还不能超出条件反射原理的范畴，这种符号行为与人类的能动的符号行为是不能相提并论的。

在人类信息传播活动的发展过程中，声音语言是人类掌握的第一套完整的听觉符号体系，有了声音语言，人类的信息交流才彻底摆脱了动物状态；文字是人类创造的第一套完整的视觉符号体系，有了文字，人类的信息活动实现了体外化的记录、保存和传播。文字是声音语言的再现和延伸，声音语言和文字并称为语言符号体系。语言是人类传播的基本符号体系，但并不是唯一的体系。动作、表情、体态、声音、图形、图片、影像等同样是信息的重要载体，都可以起到符号的作用。

1．符号的类型

人类拥有最完整的符号体系。人类的符号体系既包括信号，也包括象征符。由于语言（包括再现语言的文字）是人类最基本的符号体系，因此，传播学一般也将人类使用的符号分为语言符号和非语言符号两大类。

语言作为人类沟通的最基本的手段，是从劳动中产生并和劳动一起发展的。语言的产生，标志着从动物沟通到人类沟通的重大飞跃。人类的语言与动物的声音信号相比有本质的不同，这表现在：能动性和创造性是人类语言区别于动物界信号系统的最根本的特征。人类不断创造出新词语、新概念、新含义和新的表达方式，并且能够将声音语言转换成文字或其他符号体系加以记录和保存；人类不仅创造出了自己的生活语言，而且创造出了以科学语言、艺术语言及以手语和计算机语言为代表的各种人工语言。

人类的符号体系还包括非语言符号。非语言符号大致可以分为以下几种类型。

第一类非语言符号是语言符号的伴生符，如声音的高低、大小、速度，文字的字体、大小、粗细、工整或潦草等，都是声音语言或文字的伴生物，也称为副语言。副语言不仅对语言起辅助作用，它们本身也具有意义。一般来说，一个人说的话无论声音大小、速度快慢等，写成文字都是一样的，体现不出区别。但是，声调的高低、语气的和蔼或生硬等都具有特定的意义，起着加强语言符号或传递语言符号以外的信息的作用，甚至文字的笔迹也可以反映传播者的许多背景信息，例如书写人的个性、受教育程度、修养及写字时的心情等。

第二类非语言符号是体态符号，例如动作、手势、表情、视线、姿势等。由于它们也能像语言那样传递信息，有人也称之为"体态语言"。一般来说，体态符号既可以独立使用，也可以与语言并用，它们在形成语境（传播情境）方面起着重要的作用。

第三类非语言符号是物化、活动化、程式化的符号。如果说上述两类符号大多还是语言符号的辅助物，那么第三类符号更具有独立性和能动性。日本传播学者林进有这样一段论述："在人的中枢神经系统中，处于比感觉、运动更高的层次并代表高度表象活动（即象征性活动）的，无疑是语言。"但是，语言并不是唯一的继承性的观念体系。各种非语言的象征符体系，如仪式和习惯、徽章和旗帜、服装和饮食、音乐和舞蹈、美术和建筑、手艺和技能、住宅和庭院、城市和消费方式等都包括在其中。这些象征符体系在人类生活的各个领域都可以找到。

2．符号的基本功能

符号是人类传播的介质，人类只有通过符号才能沟通。概括来说，符号的基本功能有3个：一是表述和理解功能，二是传达功能，三是思考功能。

符号的第一个基本功能是表述和理解。人与人之间传播的目的是交流意义，换句话说，就是交流精神内容。但是，精神内容本身是无形的，传播者只有借助某种可感知的物质形式，即借助符号才能将其表述出来，而传播对象也只有凭借这些符号才能理解其意义，因此，人与人之间的传播活动首先表现为符号化和符号解读的过程。所谓符号化，即传播者将自己要传递的信息或意义转化为语言、声音、文字或其他符号的活动；符号解读则是传播对象对接收到的符号加以阐释和理解，读取其意义的活动。不仅如此，传播对象对传来的信息做出反应—反馈的过程也伴随着在符号解读的基础上的再次符号化活动。

符号的第二个基本功能是传达。这就是说，作为精神内容的意义，如果不转换为具有一定物质形式的符号，是不可能在时间和空间上得到传播和保存的。孔子是一位伟大的思想家，但如果没有《论语》这部记录他言行的文字著作，我们可能无从接触他的精神世界。

符号的第三个基本功能是思考，即引发思维活动。思考是人脑中与外部信息相联系的内在意识活动，是内在的信息处理过程。要进行思考，首先要有思考的对象和关于对象事物的知识，而这些都是以形象、表象或概念等符号形式存在于人脑之中的，因此，思考本身也是一个操作符号及在各种符号之间建立联系的过程。例如，我们在对现代交通工具——飞机进行思考之际，脑子里必然会有飞机的形象及有关飞机的功能和用途的各种概念，没有这些形象和概念，我们就不能就飞机进行思考。概念是反映事物内涵和外延的思维方式，它并不能独立存在，而是作为符号与语言共存。思维离不开语言，也就离不开符号。

【案例在线】

一字之差

我国东北某公司与韩国某公司签订一份提供橡子面原料的合同，但是当货物发出去后，韩方拒收。究其原因发现，合同上写的是"橡子"，而我方公司发出的是"橡籽"。虽然两者实质上同为一种东西，但前者是加工后的半成品，后者却是原始农作物。后经了解发现是我方工作人员在签订合同时，由于读音相同而没有细查，以致造成公司的巨大损失。

本案例中，工作人员没有重视符号不同导致公司蒙受巨大损失，所谓的错别字就是符号使用错误。

2.3.2　沟通中的意义

在人类传播中，任何符号都与一定的意义相联系，换句话说，人类传播在现象上表现为符号的交流，而实质上是精神内容的交流，即意义的交流。

意义是一个非常抽象的概念，在不同的学科领域有不同的定义，在日常生活中也有多种多样的理解。从沟通的角度来看，所谓意义，就是人对自然事物或社会事物的认识，是人给对象事物赋予的含义，是人类以符号形式传递和交流的精神内容。人类在传播活动中交流的一切精神内容，包括意向、意思、意图、认识、知识、价值、观念等，都包括在意义的范畴中。

意义活动属于精神活动的范畴，但它与人的社会存在和社会实践密切相关。在与自然和社会打交道的过程中，人不断地认识和把握对象事物的性质和规律，并从中抽象出意义。例如，太阳的升起和落下是一种自然规律，人类在生活中不但认识了太阳的东升西落这一自然规律，而且将对这一规律的认识应用到对人生意义的思考，于是便有了"朝阳一般的年轻人"的比喻，也有了

"夕阳无限好，只是近黄昏"的感叹。意义在人类的社会生活中起着重要的作用，人与人之间的社会传播实质上就是意义的交流。意义活动是人类最基本的活动之一。

意义本身是抽象和无形的，但可以通过语言及其他符号得到表达和传递。符号是意义的载体和表现形态。

1．符号意义的分类

符号是意义的携带者，任何一种符号都有其特定的意义，称为符号意义。符号意义可以分为若干类型。

（1）明示性意义与暗示性意义。这是诗学和语义学中的一种分类，前者是符号的字面意义，属于意义的核心部分；后者是符号的引申意义，属于意义的外围部分。一般来说，明示性意义具有相对稳定性，暗示性意义较容易发生变化。明示性意义是某种文化环境中多数社会成员共同使用和有共同理解的意义；暗示性意义中既有多数成员共同使用的，也有特定个人或少数人基于自己的联想在小范围内使用的，因此，多数成员对它的理解未必都一致。

（2）外延意义与内涵意义。外延是概念符号所指示事物的集合，例如对"人"这个概念的外延可以列举出男人、女人、中国人、外国人、青年人、老年人等，它的范围包括古今中外的一切人。与此相比，内涵则是对所指示事物的特征和本质属性的概括，如"人"的内涵是"能够制造和使用工具，具有抽象思维能力"，这是对人的本质属性的界定。确定外延和内涵，是确定事物概念的两种基本方法。

（3）指示性意义和区别性意义。这是符号学中的分类方法之一。指示性意义是将符号与现实世界的事物联系起来进行思考时的意义。例如，我们在说"植物"这个词时，它的意义是通过现实中的各种植物来表现的，换言之，"植物"这个词的意义就是我们关于自然界中的植物的表象或印象。区别性意义是表示两个符号的含义异同的意义。区别性意义是通过分析符号间的关系来显示的，与意义区分无关的因素一般不包括在内。所以，这种分类方法不考虑暗示性意义、比喻、引申等。

2．符号的暧昧性和多义性

符号是人们交流意义的基本手段，但是符号所传达的意义并不总是很清晰的，有时甚至很模糊。就拿最常用的语言符号的意义来说，在很多场合人们对其是很难做出明确判断的，这主要体现在以下两个方面。

（1）语言符号的暧昧性。例如"水果"一词，从典型的水果到不太典型的水果，其范围很大，例如西红柿等是属于"水果"还是属于"蔬菜"，一般人是不容易分清楚的。一些新词和流行语的意义也具有这种暧昧性，例如现在传媒上大为流行的"潇洒"一词，人们对它的理解就不同，有的人将"潇洒"解释为现代人健康、洒脱的生活态度和行为方式，有的人则用不负责任的放荡不羁或一掷千金的挥霍享乐来注解"潇洒"。"潇洒"一词具有社会规范和价值意义上的暧昧性，以至于我们很难确定对"潇洒"应该持褒扬还是抨击的态度。

（2）语言符号的多义性。多义性指一种符号具有两种及以上的意义，有时我们判断不准其属于哪一种。语言符号的多义性是常见的，一个单词或词组、一个句子都可能具有多种意义。例如"老张的画很珍贵"这句话就有两种意义：一是老张收藏的画很珍贵；二是老张是一位画家，他画的画很珍贵。仅从上面的语言符号中，我们无法判断这句话的意义是哪一种。除此之外，同音异义词的存在也是造成语言符号多义性的一个重要原因。

语言符号具有暧昧性和多义性，这种暧昧性和多义性有时会成为人们之间沟通意义的障碍，但这种障碍不是难以克服的，人们可以借助传播过程中的其他条件或情境来消除语言符号的暧昧性和多义性。不仅如此，人们还能积极地利用这种暧昧性和多义性来创造并表达新的意义。例如民间常说的"外甥打灯笼——照旧（舅）""老虎驾辕——谁敢（赶）"等谐音歇后语，就是巧妙地运用同音异义词进行的生动活泼的意义交流。

总之，意义是从社会生活中产生的。正如社会生活纷繁复杂、千姿百态一样，符号的意义也是丰富多彩、不可穷尽的。上面所谈的只不过是人类传播中复杂的意义活动的若干侧面。

3. 传播过程中的意义

前面我们探讨了符号（主要是语言符号）本身的意义。然而，在具体的社会传播活动中，参与或介入的并不仅是符号本身的意义，还有传播者的意义、受传者的意义及传播情境意义等。

（1）传播者的意义。在传播行为中，传播者通过符号来传达他所要表达的意义，然而，传播者的意义并不总是能够得到正确传达。我们常常会为不能准确完整地表达自己的想法而感到苦恼，或者为自己说出来的话而后悔，这说明我们发出的符号有时并没有正确地传达我们的意图或本意。在这里，符号本体的意义与传播者的意义未必是一回事，这是很明显的。

（2）受传者的意义。对同一个或同一组符号构成的信息，不同时代的人有不同的理解，同一时代的不同个人也会有不同的理解，这说明符号本身的意义与受传者接收到的意义同样未必是一回事。产生这种差异的原因，一是符号本身的意义会随着时代的发展而产生变化；二是由于每个受传者都是根据自己的经验、经历等社会背景来理解和解释符号的意义的，这些因素不同，每个人从同一符号或信息中得到的意义也就会存在差异。

人们常说读书要从"字里行间"去理解，在这里，"字里"就是字面的意义，即文字符号本身的意义；"行间"即文字符号以外的意义或含义，读取"行间"的意义是需要读书者进行联想和推测的，在这个过程中，读书者完全有可能接收到作者意图以外的意义。这种情况也说明，受传者的意义既不等于传播者的意义，也不等于符号本身的意义。

（3）传播情境的意义。语境在传播学中叫作传播情境。传播情境是对特定的传播行为直接或间接产生影响的外部事物、条件或因素的总称，它包括具体的传播活动（如二人对话）进行的场景，如什么时间、什么地点、有无他人在场等。在广义上，传播情境也包括传播行为的参与人所处的群体、组织、制度、规范、语言、文化等环境。在很多情况下，传播情境会形成符号本身所不具有的新意义，并对符号本身的意义产生制约。

总之，符号本身是具有意义的，但意义并不仅仅存在于符号本身，更存在于人类传播的全部过程和环节当中。

项目小结

- 沟通过程模式包括7个要素：思想1、编码、通道、译码、思想2、反馈、背景。
- 噪声可能存在于沟通过程的各个环节，会造成信息流通的不畅。要促成有效的沟通，就应尽可能消除能够预见的噪声。
- 要树立基本的沟通观念，全面掌握沟通技巧，充分利用反馈，在现代技术的帮助下消除沟通噪声。

项目实训

一、"你画对了吗？"

请尝试用精准的语言描述图2-2，请同桌根据描述绘图。

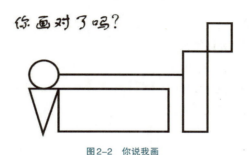

图2-2 你说我画

二、性格类型自我测试（MBTI性格测试）

以下自我测试（共44题）可帮助你辨识自己所属的性格类型，使你更加了解自己。测试方式：请在下列各题A、B两个答案中圈选一个最适合你的答案，注意这些答案并没有正确、错误或较佳之分，只是用以区分你真正的性格类型。

有关计分方式及解析则附于本测试之后。

1. 如果有人问你某个问题，你通常会：

    A．思考一会儿再回答。

    B．不假思索立即回答。

2. 你最容易被何种资料所说服：

    A．包含许多事实的资料。

    B．概括描述的资料。

3. 当你要做出一个决定时，你通常会受下列哪一项的支配？

    A．你如何确定其结果。

    B．你如何期盼其结果。

4. 你喜欢的行事方式倾向于：

    A．制定紧凑的程序。

    B．顺其自然。

5. 你比较喜欢：

    A．短时间的聚会。

    B．长时间的聚会。

6. 当你获得一个新的观念时，充分而详细的资料对你而言是：

    A．事先要了解的重要事项。

    B．令人疲累的事。

7. 当你替别人购买任何物品时，你所关心的是：

    A．你买的东西并无不妥。

B. 对方会喜欢该物品。

8. 当你预备做一个重要的决定时，你通常：

　　A. 会分配适当的时间。

　　B. 需要尽可能多的时间。

9. 当你与朋友外出时，你倾向于选择：

　　A. 安静的餐厅。

　　B. 人数众多的聚会场合。

10. 在描述某些事物时，你通常：

　　A. 直接按照事物本身加以描述。

　　B. 根据个人的理解来描述。

11. 你喜欢与哪一种人共同处理问题？

　　A. 待人和善者。

　　B. 具有先见之明者。

12. 当你采购重要的物品时，你通常：

　　A. 制订好计划再采购。

　　B. 不制订计划，随意地采购。

13. 当有人要求你提供资料时，你会选择：

　　A. 把自己的建议写下来，连同资料寄给对方。

　　B. 亲自与对方约谈。

14. 如果别人使用粗劣的纸张写下建议提供给你，你将：

　　A. 仍然加以珍惜。

　　B. 可能予以忽略，或对之感到嫌弃。

15. 当你购物时，你比较关心的是：

　　A. 它的价格。

　　B. 大家对它喜爱的程度。

16. 当你做出一个不当的决定后，你的感觉是：

　　A. 就当时来说，那是最佳的决定。

　　B. 当时过于仓促。

17. 你喜欢与怎样的人在一起？

　　A. 不太爱说话的人。

　　B. 非常爱说话的人。

18. 你倾向于：

　　A. 注意细微的事情。

　　B. 忽略细微的事情。

19. 当若干人在许多方面具有共同点时，你倾向于：

　　A. 将其视为一个群体。

　　B. 并不认为其是一个群体。

20. 如果给予你一个做出决定的最后期限，而你却感到时间过于仓促，你将会：

　　A. 无论如何，就手头上的资料按时做出决定。

B. 等到资料齐全后才做决定，任由做出决定的时间超过最后期限。

21. 你比较喜欢拥有：

A. 置于大庭广众的办公桌。

B. 局限于一隅的办公桌。

22. 你喜欢购买的东西是：

A. 最新、最大者。

B. 经过试用且属真材实料者。

23. 如果你在沟通、谈判场合中发现有两人发生争执，你会：

A. 对于不和谐的情形感到忧虑。

B. 认为人与人之间产生冲突是件无法避免的事。

24. 当你刚做出一个重要的决定时，你最有可能出现的感觉是：

A. 心中仍担心所做的决定是否正确。

B. 由于已经做出决定，心情顿感轻松。

25. 你认为自己最厌烦的日子为：

A. 必须独处时。

B. 需要与许多陌生人碰面时。

26. 你认为未经试验的新观念：

A. 既有趣又有用。

B. 有时看来颇为有趣，但通常行不通。

27. 如果你的公司发生解雇某些人员的情况，且将使那些遭受解雇者在经济上发生困难，你会：

A. 为遭受解雇者深感忧心。

B. 认为遭受解雇固然不幸，却是经常无法避免的事。

28. 如果你在某天之内的约会过于紧凑，你将会：

A. 设法重新确定某些约会的时间。

B. 尽管仓促万分，仍然全部赴约。

29. 如果在交谈中出现一段颇长的沉默时间，你倾向于：

A. 填补沉默时间。

B. 利用这段时间思考。

30. 当你做出一个决定后，你最想知道的是：

A. 它能够如何适用于未来的计划。

B. 它能够给予你何种即时的利益。

31. 如果有人对你的老板有怨言，你会：

A. 认为与个人有关。

B. 认为与个人无关。

32. 你认为一个人对于时间的看法应是：

A. 具有一般的概念即可。

B. 具有具体的观念。

33. 你宁可选择：

    A. 向别人自我介绍。

    B. 让别人来向你介绍自己。

34. 你将受以下哪一项的支配？

    A. 如何根据观念反映事实。

    B. 如何根据事实表达观念。

35. 当你尝试多次仍无法使一个心怀不满的人感到满意时，你会：

    A. 继续设法让他感到满意，直到成功为止。

    B. 放弃继续尝试。

36. 你在赴约时，通常会：

    A. 迟到。

    B. 准时达到。

37. 如果需要打电话给某人，你会选择：

    A. 请别人代打电话。

    B. 亲自打电话。

38. 当你面对一个新的问题，而并无预定的行事规则时，你的处理方式是：

    A. 依照一般的行事规范及程序进行处理。

    B. 不管已制定的规则如何，仍尽量想出各种解决方案，且想出越多方法越好。

39. 你在付出某种代价后所做出的最佳决定通常是：

    A. 理性而谨慎地做出的决定。

    B. 根据个人感情做出的决定。

40. 当你准备购买物品而拥有若干选择时，你会：

    A. 在获得足够的相关资料后才决定购买。

    B. 先制定一个做出决定的最后期限，并在最后期限之前设法取得一切有关资料。

41. 当你结束一场讨论会之后，你极可能会想：

    A. 我当时为什么不说话呢？

    B. 我当时为什么会说那些话呢？

42. 以下两种人，你以何者自诩？

    A. 实用主义者。

    B. 梦想家。

43. 你在做出决定时，往往倾向于：

    A. 合乎一定的原则及规则。

    B. 视情况而定。

44. 如果你在森林中遇到岔路，你将选择：

    A. 较短的路径。

    B. 需要跋涉的路径。

计分方式

A. 内向、外向比例

下列各题圈选A为答案者，每题可得1分：

1、5、9、13、17、37、41。

下列各题圈选B为答案者，每题可得1分：

21、25、29、33。

总分：如果你获得6分或6分以上的分数，你更有可能是一位内向者，反之则为外向者。内向记为I，外向记为E。

B. 实感、直觉比例

下列各题圈选A为答案者，每题可得1分：

2、6、10、14、18、28、42。

下列各题圈选B为答案者，每题可得1分：

22、26、30、34。

总分：如果你获得6分或6分以上的分数，你更有可能是一位实感类型者，反之则为直觉类型者。实感类型记为S，直觉类型记为N。

C. 思维、情感比例

下列各题圈选A为答案者，每题可得1分：

3、7、15、19、38、39、43。

下列各题圈选B为答案者，每题可得1分：

11、23、27、31、35。

总分：如果你获得6分或6分以上的分数，你更有可能是一位思维类型者，反之则为情感类型者。思维类型记为T，情感类型记为F。

D. 判断、知觉比例

下列各题圈选A为答案者，每题可得1分：

4、8、12、16、20。

下列各题圈选B为答案者，每题可得1分：

24、32、36、40、44。

总分：如果你获得6分或6分以上的分数，你更有可能是一位判断类型者，反之则为知觉类型者。判断类型记为J，知觉类型记为P。

解析

MBTI人格共有4个维度，每个维度有2个方向，共计8个方面，分别是：

外向（E）和内向（I）；

实感（S）和直觉（N）；

思维（T）和情感（F）；

判断（J）和知觉（P）。

4个维度两两组合，共有16种类型。各个维度的字母表示类型如下：

ESFP、ISFP、ENFJ、ENFP、ESTP、ISTP、INFJ、INFP、ESFJ、ISFJ、ENTP、INTP、ESTJ、ISTJ、ENTJ、INTJ。

请组合你刚才得出的记录结果，判断自己属于这16种类型中的哪一种，然后对照下列各种类型的描述解读自己的性格类型。

MBTI的16种人格类型解读如下。

ISTJ

a. 严肃、安静，通过集中心志、全力投入，被信赖并获取成功。

b. 行事务实、有序、实际、有逻辑、真实及可信赖。

c. 十分留意且乐于做任何事（工作、居家、生活均有良好组织且有序）。

d. 负责任。

e. 按照成效来做出决策且不畏阻挠与闲言，坚定为之。

f. 重视传统与忠诚。

g. 传统性的思考者或经理。

ISFJ

a. 安静、和善、负责任且有良心。

b. 行事尽责投入。

c. 安定性强，为项目工作或团体之安定力量。

d. 愿投入、吃苦及力求精确。

e. 兴趣通常不在科技方面，对细节事务有耐心。

f. 忠诚、考虑周到、知性且会顾及他人感受。

g. 致力于创建有序及和谐的工作与家庭环境。

INFJ

a. 因为坚忍、创意及必须达成的意图而取得成功。

b. 会在工作中付出最大的努力。

c. 默默强力、诚挚并用心地关心他人。

d. 因坚守原则而受敬重。

e. 提出造福大众的明确愿景而为人所尊敬与追随。

f. 想了解什么能激励别人及对他人具有洞察力。

g. 光明正大且坚信自己的价值观。

h. 有组织且果断地实现自己的愿景。

INTJ

a. 具有强大动力与意愿来达成目的与创意。

b. 有宏大的愿景。

c. 对所承担的职务具有良好的策划能力并能完成工作。

d. 具有怀疑心、挑剔性、独立性，做事果决，对专业水准及绩效要求高。

ISTP

a. 冷静旁观者——安静、预留余地，会以无偏见的好奇心进行观察与分析。

b. 有兴趣了解原因及效果、技术事件是如何运作的，并且使用逻辑的原理组构事实，重视效能。

c. 擅长掌握问题核心并找出解决问题的方法。

d. 分析成事的缘由且能快速在大量资料中找出实际问题的核心。

ISFP

a. 羞怯、安宁、和善、敏感、亲切且行事谦虚。

b. 避开争论，不对他人强加已见或价值观。

c. 无意于成为领导，常是忠诚的追随者。

d. 办事不急躁、安于现状，无意于以过度的努力破坏现状，非成果导向。

e. 喜欢自由的空间及按照自定的节奏办事。

INFP

a. 希望生活形态与内在价值观相吻合。

b. 具有好奇心且能很快看出机会所在，常成为开发创意的触媒者。

c. 行事具弹性，适应力和承受力强。

d. 具有想了解及发展他人潜能的企图。

e. 对所处境遇及拥有的东西不太在意。

INTP

a. 安静、自持、有弹性及具有适应力。

b. 特别喜爱追求理论与科学事理。

c. 习惯于以逻辑及分析来解决问题。

d. 对创意事务及特定工作有兴趣，对聚会与闲聊无多大兴趣。

e. 关注与个人有关的工作和生活。

f. 追求对有兴趣的事物的逻辑解释。

ESTP

a. 擅长在现场实时解决问题。

b. 喜欢办事并乐于其中。

c. 喜好技术事务及运动，结交爱好相同的友人。

d. 具有适应性、容忍度、务实性，投注心力于会很快有成效的工作。

e. 不喜欢对冗长概念的解释及讨论。

f. 专精于可操作、处理、分解或组合的真实事务。

ESFP

a. 外向、和善、接受力强、乐于与他人分享喜乐。

b. 喜欢与他人一起行动且促成事件发生，在学习时亦然。

c. 知晓事件未来的发展趋势并积极参与。

d. 擅长人际相处，具备完备的常识，能立即适应他人与环境。

e. 生命、物质享受的热爱者。

ENFP

a. 充满热忱、精力充沛、聪明、富有想象力，视生命充满机会，期望得到他人的肯定与支持。

b. 几乎能做成所有有兴趣的事。

c. 对难题很快就有对策并能对有困难的人施以援手。

d. 为达目的常能找出强制自己为之的理由。

e. 即兴执行者。

ENTP

a. 反应快、聪明、擅长多样事务。

b. 会因为有趣而针对问题的两面加以争辩。

c. 对解决新的或有挑战性的问题富有策略，但会忽视或厌烦日常的任务与细节。

d. 兴趣多元，倾向于转移兴趣。

e. 擅长看清他人，有能力解决新的或有挑战性的问题。

ESTJ

a. 务实、真实，具有从事具体技术工作的天赋。

b. 不喜欢抽象理论；喜欢学习，可立即运用事理解决问题。

c. 喜好组织与管理活动且专注于以最有效率的方式行事。

d. 具有决断力、关注细节且能很快做出决策——优秀行政者。

e. 会忽略他人感受。

f. 喜欢做领导者或企业主管。

g. 做事风格偏向于权威指挥性。

ESFJ

a. 诚挚、爱说话、合作性强、受欢迎、光明正大——天生的合作者及活跃的组织成员。

b. 重和谐且擅长创造和谐氛围。

c. 常做对他人有益的事。

d. 被鼓励及称许会有更佳的工作成效。

e. 喜欢与他人共事，能精确且准时地完成工作。

ENFJ

a. 热忱、较敏感、勇担责任，具有能鼓励他人的领导风格。

b. 对别人所想或希求之事会表达真正的关心，且切实用心去处理。

c. 能怡然且有技巧性地带领团体讨论。

d. 爱交际、受欢迎及富有同情心。

e. 对称许及批评很在意。

f. 喜欢带动别人且能使别人或团体发挥潜能。

ENTJ

a. 坦诚、具有决策力的活动领导者。

b. 专精于具有内涵与智慧的谈话，如对公众演讲等。

c. 乐于吸收新知识且能广开信息渠道。

d. 易过度自信，会强行表达自己的创见。

e. 喜欢长期策划及设定目标。

项目三
沟通原则与障碍

学习目标

【知识目标】

1. 掌握有效沟通的4个法则。

2. 掌握有效沟通的6C原则。

3. 了解沟通中的障碍有哪些。

4. 掌握克服沟通障碍的策略。

【技能目标】

1. 掌握与不同人打交道的技巧。

2. 能够自如地克服沟通障碍。

【素养目标】

1. 克服沟通中的障碍，开阔胸襟，充分理解并践行"求真务实""和而不同""求同存异"。

2. 提高个人修养，将社会主义核心价值观内化为精神追求，外化为自觉行动。

夔一足

　　《吕氏春秋·察传》中有一个小故事讲到鲁哀公向孔子求教"夔一足"的事是否真实。孔子说，古时舜帝为了以音乐作为辅助工具，教化天下百姓，便让夔作乐正，夔校正六律、协和五声，用来调和阴阳之气，因而天下归顺。于是舜帝说，夔能调和音律，从而使天下安定，像这样的人有一个就够了，便说了"若夔者一而足矣"。可是后来人们却误传成这位乐官叫夔一足，只有一条腿。

　　本案例中，舜帝赞扬夔有能力，一人足以成事，却被误传为夔一足。这说明在沟通的过程中会出现多种障碍，只有认知这些障碍并将其克服，才能实现有效的沟通。这则故事同时也启发我们对传闻必须进行审查，求真务实。

任务一　有效沟通的原则

　　所谓有效沟通，是指通过听、说、读、写等思维的载体，以演讲、会见、对话、讨论、信件等方式准确、恰当地传达信息，以促使对方接受信息的过程。

　　有效沟通须具备两个必要条件：一是信息发送者清晰地表达信息的内涵，以便信息接收者能确切地理解；二是信息发送者重视信息接收者的反应，并根据其反应及时修正信息的传递方式，以免出现不必要的误解。两者缺一不可。

3.1.1　有效沟通的4个法则

　　如何实现有效沟通呢？我们必须清楚有效沟通的4个法则。

1. 法则一：沟通是一种感知

　　沟通只在有信息接收者时才会发生。

　　与他人说话时，必须考虑到对方的经验。如果一位经理和一个文化水平较低的员工交谈，他必须用对方熟悉的语言，否则将达不到预期的结果。谈话时，试图向对方解释自己常用的专门用语并无益处，因为这些专门用语可能已超出了对方的感知能力。信息接收者的认知水平取决于他的教育背景、过去的经历及他的情绪，如果信息发送者没有意识到这些问题，沟通将是无效的。

　　沟通是否有效取决于信息接收者如何去理解。例如，经理告诉他的助手："请尽快处理这件事，好吗？"助手会根据经理的语气、表达方式和身体语言来判断这究竟是命令还是请求。正如德鲁克所说："人无法只靠一句话来沟通，总是得靠整个人来沟通。"

　　所以，无论通过什么样的沟通渠道，沟通的最基本的问题都必须是：这一信息是否在信息接收者的接收范围之内？他能否收得到？他如何理解？

2. 法则二：沟通是一种期望

　　对管理者来说，其在进行沟通之前了解信息接收者的期待显得尤为重要，这叫有的放矢。只有这样，管理者才知道是否能利用信息接收者的期望来进行沟通，并使其领悟到意料之外的事已经发生。因为我们所察觉到的往往是我们期望察觉到的东西，我们的心智模式会使我们强烈抗拒任何不符合"期望"的企图，出乎意料的事通常是不会被接收的。

　　例如，一位经理安排一位主管去管理一个生产车间，但是这位主管认为，管理该生产车间是件费力不讨好的事。于是经理开始了解主管的期望，并以此进行沟通。如果这位主管是一位积极进取的年轻人，经理就应该告诉他，管理生产车间更能锻炼他，今后他还可能会因此得到晋升。

3．法则三：沟通产生要求

一个人一般不会做不必要的沟通。沟通永远都是一种"宣传"，都是为了达到某种目的，如为发号施令、指导、斥责或款待等而进行的。沟通总是会产生要求，它总是要求信息接收者成为某人、完成某事、相信某种理念，也经常诉诸激励。换言之，如果沟通符合信息接收者的期望、价值观等，它就具有说服力，这时沟通会改变其性格、信仰与期望。假如沟通违背了信息接收者的期望等，其可能不会被接受，或者最坏的情况是被抗拒。

例如，一家公司的员工因为工作压力大、待遇低而产生了不满情绪，纷纷怠工或准备另谋出路，这时，公司管理层反而提出"今天工作不努力，明天努力找工作"的口号，更加深了员工对公司的反感。

4．法则四：信息不是沟通

公司年度报表中的数字是信息而不是沟通，但在每年一度的股东大会上，董事会主席的讲话就是沟通。当然，这一沟通是建立在年度报表中的数字基础之上的。沟通以信息为基础，但和信息不是一回事。

信息不涉及人，不是人际关系。它越不涉及诸如情感、价值、期望与认知等与人相关的成分，就越有效力且越值得信赖。信息可以按逻辑关系排列，在技术上也可以存储和复制。沟通是在人与人之间进行的。信息是中性的，而沟通的背后都隐藏着目的。沟通由于信息发送者和信息接收者的认知和意图不同而显得多姿多彩。

尽管信息对于沟通来说必不可少，但信息过多也会阻碍沟通。就像灯光过于刺眼时，我们的眼睛会不舒服，信息过多也会让人无所适从。

3.1.2 有效沟通的6C原则

为了更有效地进行沟通，在沟通的过程中，我们必须遵循包括清晰、简明、准确、完整、有建设性和礼貌在内的6C原则。

1．清晰

清晰（Clear）是指表达的信息要完整、清楚。在沟通的过程中，信息发送者清晰、准确地编码，是信息有效传递的第一步，尤其是当涉及人员、时间、地点、数据等相关信息时，更应做到清晰无误。

2．简明

简明（Concise）是指表达同样多的信息要尽可能占用较少的信息载体容量。这样既可以降低信息保存、传输和管理的成本，又可以提高信息使用者处理和阅读信息的效率。

3．准确

准确（Correct）是衡量信息质量的最重要的指标，也是决定沟通结果的重要指标。不同的信息往往会导致不同的沟通结果。

准确包括多个层面，一是信息发送者头脑中的信息要准确，二是信息的表达方式要准确，特别是不能出现重大的歧义。

4．完整

完整（Complete）也是对信息质量和沟通结果有重要影响的因素。例如，"盲人摸象"的故事讲的就是片面的信息导致了判断和沟通的失败。

5．有建设性

有建设性（Constructive）实际上是对沟通的目的性的强调。沟通的目的是促进沟通双方的信息传播，因此，在沟通中，我们不仅要考虑所表达的信息是否清晰、简明、准确、完整，还要考虑信息接收者的态度和接受程度，力求通过沟通使对方的态度有所改变。

6．礼貌

情绪和感觉是影响人们沟通效果的重要因素。沟通者很懂礼貌（Courteous），能够在沟通中给对方留下良好的第一印象，甚至可使其产生移情，从而有利于沟通目标的实现。相反，不礼貌的语言和举止会使沟通无法进行下去，更不用说达到沟通的目标了。

以上6个原则的英文首字母都为C，因此，我们将其简称为有效沟通的6C原则。

任务二　沟通中的障碍

沟通中的障碍主要包括信息发送者的障碍和信息接收者的障碍。

3.2.1　信息发送者的障碍

1．目的不明

若信息发送者对自己将要传递的信息内容、交流的目的缺乏真正的理解，即不清楚自己到底要向对方倾诉什么或阐明什么，那么沟通便很难顺利进行。"以其昏昏，使人昭昭"，是不可能的。因此，信息发送者在进行信息交流前必须有明确的目的和清楚的概念，即"我要通过什么通道向谁传递什么信息并要达到什么目的"。

2．表达模糊

无论是口头演讲还是书面报告都要表达清楚，使人心领神会。若信息发送者口齿不清、语无伦次，或词不达意、文理不通，就会产生噪声并造成信息传递失真，使信息接收者无法了解其所要传递的真实信息。

3．选择失误

信息发送者对发送信息的时机把握不准，缺乏审时度势的能力，会大大降低信息沟通的价值；对沟通通道选择失误，则会使信息传递受阻，或延误传递的时机；对沟通对象选择错误，无疑会造成"对牛弹琴"的局面，从而直接影响沟通的效果。

4．形式不当

当我们用语言即文字或口语和非语言（即体态语言，如手势、表情、体姿等）表达同样的信息时，一定要使之相互协调，否则会使人"丈二和尚摸不着头脑"；当我们传递一些十万火急的信息时，若不采用电话、传真或互联网等现代化的快速通道，而是通过邮递寄信的方式，那么信息接收者收到的信息往往由于失去时效性而变得毫无意义。

【案例在线】

"自己"是谁

一个学生给校长信箱发消息说："新学期以来，刘老师对自己很关心，经常肯定自己、表扬自己。"结果校长非常纳闷，搞不清楚这究竟是一封表扬信还是批评信，其中的"自己"是指"老师"还是指"学生"？经过询问，校长才弄清楚这是一封表扬信，信中的"自己"是指学生本人。

本案例中，信息发送者使用的"自己"一词指代不明，这就是由表达模糊而引起的沟通不畅，属于信息发送者造成的障碍。信息发送者遵循有效沟通的6C原则就可以避免此类问题。

3.2.2　信息接收者的障碍

1．过度加工

信息接收者在信息交流的过程中，有时会按照自己的主观意愿对信息进行"过滤"和"添加"。例如，在下级对上级所进行的上行沟通中，信息就因为某些下级投其所好，报喜不报忧，在经过层层"过滤"后或变得支离破碎，或变得"完美无瑕"；又如，在由决策层、管理层和执行层进行的下行沟通中，相关人员经过逐级领会而为信息"添枝加叶"，从而导致所传递的信息模糊或失真。

2．知觉偏差

信息接收者的个人特征，如个性特点、权力地位、社会阶层、文化修养、智商、情商等将直接影响其对信息发送者所传递信息的认识。人们在信息交流或人际沟通中，总习惯于以自己的信息为准则，对于不利于自己的信息要么视而不见，要么熟视无睹，有时甚至颠倒黑白，以达到防御的目的。

3．心理障碍

信息接收者可能由于在信息交流或人际沟通的过程中曾经受到过伤害或有过不良的情感体验，而形成"一朝被蛇咬，十年怕井绳"的心理阴影，从而对信息发送者心存疑惑、怀有敌意，或由于内心恐惧、忐忑不安，拒绝接受信息发送者所传递的信息，甚至抗拒信息交流。

4．思想差异

在信息接收者的认知水平、价值标准和思维方式方面存在差异的情况下，沟通往往是无效的，甚至会引发冲突，导致信息交流的中断以及人际关系的破裂。

 情景剧场

秀才买柴

有一个秀才去买柴，他对卖柴的人说："荷薪者过来！"卖柴的人听不懂"荷薪者"（担柴的人）这三个字的意思，但是听得懂"过来"两个字的意思，于是来到秀才面前。

秀才问他："其价如何？"卖柴的人对这句话不全懂，只听懂了"价"的意思，于是就告诉了秀才价钱。

秀才接着说："外实而内虚，烟多而焰少，请损之（你的木材外表是干的，里头却是湿的，燃烧起来浓烟多而火焰小，请便宜些吧）。"卖柴的人因为听不懂秀才的话，于是就担着柴走了。

本情景中信息的发送者与接收者存在知觉偏差，导致沟通障碍产生。在实际工作和生活中，我们要想与人真诚和谐相处，在沟通中就要重视对沟通对象的判断与了解，克服障碍，使信息和情感得以通畅交流。

3.2.3　克服沟通障碍的策略

尽管存在上述沟通障碍，但是沟通现状并非那么令人绝望。研究表明，有效沟通是将科学与艺术结合在一起的，因而，解决沟通中的思路、理念问题及沟通中的方法、手段等技术问题就显得非常重要。以下是克服障碍、实现有效沟通的策略。

1．明确沟通的目的

沟通者在沟通前必须弄清楚沟通的真正目的是什么，动机是什么，要对方理解什么。确定了沟通的目的，沟通的内容就容易规划了。因为从本质上讲，沟通意味着要在目标、价值、态度和兴趣上达成共识，如果沟通者缺乏共同的目标和感受，而只是一味地去尝试沟通，不仅会失去沟通的意义，更无法实现有效沟通。因此，沟通者在沟通前必须先确定沟通目的，然后对要沟通的信息进行详尽的准备，并根据具体情景选择合适的沟通方式来达到这个目的；另外，不仅要分析信息接收者的特点，学会"换位思考"，而且要善于激发信息接收者的兴趣，这样才能达到有效沟通的目的。

2．尊重别人的意见和观点

在沟通过程中，沟通者要试着去适应别人的思维架构，并体会别人的看法。也就是说，不只是"替他人着想"，更要能够体会他人的世界与感觉。因此，沟通者无论是否同意对方的意见和观点，都要学会尊重对方表达意见的权利，同时将自己的观点更有效地与对方进行交换。

3．考虑沟通对象的差异

信息发送者必须充分考虑信息接收者的心理特征、知识背景等状况，并据此调整自己的谈话方式、措辞或服饰、仪态，要避免以自己的职务、地位、身份为基础去进行沟通。例如，上级在车间与一线工人沟通，如果穿得西装革履且又咬文嚼字，势必会造成一道心理上的鸿沟。技术人员在与其他员工沟通时，也要尽量避免使用过多的专业词汇，否则不仅达不到期望的沟通效果，还可能会弄巧成拙。

4．充分利用反馈机制

许多沟通的问题是由信息接收者未能准确把握信息发送者的意思造成的，为减少这些问题，沟通者应该在沟通中积极反馈。信息发送者只有通过反馈，确认信息接收者接收并理解了自己所发送的信息，沟通过程才算完成；信息发送者要检验沟通是否达到目标，这也只有通过获得信息接收者的反馈才能确定。因此，建立并充分利用反馈机制，无疑是实现有效沟通的重要环节。当然，反馈的方式多种多样，信息发送者可以通过提问、倾听等方式来获得反馈，也可以通过观察、感受等方式来获得反馈。

5．学会积极倾听

积极倾听要求沟通者站在对方的立场并尝试用对方的思维架构理解信息。一般来说，要做到积极倾听，需要遵守以下4个基本原则：专心、移情、客观和完整。专心，是要认真倾听对方表达的内容及细节；移情，指在情绪和理智上都能与对方感同身受；客观，指要切实把握沟通的真实内容，而不是迅速地对其加以价值评判；完整，指要对沟通的内容有完整的了解，而不是断章取义。

【案例在线】

戴尔·卡耐基的故事

有一天，戴尔·卡耐基去纽约参加一场重要的晚宴，在这场晚宴上，他碰到了一位世界知名的植物学家。戴尔·卡耐基从始至终都没有与植物学家说上几句话，大部分时间只是全神贯注地听着。然而等到晚宴结束后，这位植物学家向主人极力称赞戴尔·卡耐基，说他是这场晚宴中"能鼓舞人"的一个人，更是一个"有趣的谈话高手"。其实戴尔·卡耐基没怎么说话，只是细心倾听，却博得了这位植物学家的好感。

本则故事中，戴尔·卡耐基认真倾听植物学家表达的内容及细节，给了对方积极的反馈，使其受到鼓舞，既加强了沟通的效果，又维护了和谐的人际关系。这就提示我们在沟通中，学会积极倾听是非常重要的。本书项目十一将详细介绍倾听的技巧。

6．注意非语言信息

非语言信息往往比语言信息更能打动人。因此，如果你是信息发送者，你必须确保自己发出的非语言信息具有强化语言信息的作用。如果你是信息接收者，你则要密切注意对方的非语言信息，从而全面理解对方的意思和情感。高明的信息接收者精于察言观色，窥一斑而知全豹。

7．避免一味说教

有效沟通是心灵的交流，美国著名管理学家彼得·圣吉在《第五项修炼》中称其为"深度汇谈"，即敞开心扉，彼此进行心与心的交流。这就要求沟通者必须撇开个人职务、学历和地位，以开放的心态、平等的视野进行沟通。如果信息发送者总是居高临下，采取教育或教训的口吻与人交流，那么，即使信息发送者传递的信息非常重要，信息接收者也会因不满和反感而无法正确接收信息。

8．保持积极健康的心态

人的心态、情绪等对沟通过程和结果具有巨大的影响，过于兴奋、失望等情绪一方面易使人产生对信息的误解，另一方面易造成过激的反应。沟通者在沟通前应主动调整各自的心态和情绪，明确自己的角色位置，因为只有心平气和，才能对人、对事、对物做出客观公正的评价。

9．以行动强化语言

中国人历来倡导"言行一致"。只有将语言化为行动，才能真正提高沟通的效果，达到沟通的目的。如果"言行不一致"，那么这种所谓沟通的结果是可怕的。例如，家长要求子女要努力、上进，而自己却沉溺于玩电子游戏，请问这种开导式的沟通有效果吗？在企业中，传达政策、命令、规范之前，管理者最好先确定这样做是否能真正将其化为行动，因为在树立了以行动支持语言的信誉后，沟通才能真正达到目的，才能在企业内部建立良好的相互信任的文化氛围，并使企业的愿景、战略目标等付诸实践。

10．使用恰当的沟通节奏

"条条大路通罗马"，说的正是实现目标有多种途径。沟通者面对不同的沟通对象或面临不同的情境时，应该采取不同的沟通节奏，这样方能事半功倍，否则可能会造成严重的后果。例如，在一个刚组建的项目团队中，团队成员彼此小心翼翼，互不了解，若此时采取快速沟通和参与决策的方式，沟通效果可能不会很好；若能够放缓节奏，广开言路，增加团队成员互相了解的机会，在彼此熟悉之后再进行重大问题的决策，会有更好的效果。随后，倘若这个团队营造了学习的文化氛围，即成为学习型组织，团队就可以导入"深度汇谈"等开放的沟通方式了。

11．选择最佳时间和地点传递信息

时间是决定沟通效果的重要因素。首先，不同的人，其生物钟也不一样，有的人早晨清醒而晚上不清醒，有的人晚上清醒而早晨不清醒，沟通者一定要尽量选择在对方清醒的时间传递信息。其次，即使在一次沟通过程中，一个人也不太可能一直保持精神高度集中，因此，沟通者在传递信息时也要有张有弛，做到疏密有序，这既能让信息接收者感到轻松愉快，又能达到沟通目的。在地点的选择上要注意两点：一是要使双方感到轻松自然，二是应尽量减少周围的干扰因素。

12．选择语言

选择信息接收者容易理解、接受和记忆的语言，并做到清晰。

在这方面我们介绍一种有用的方法，即语序变换术。语序不同，表达的意义往往也不一样。案例如下。

甲、乙两位上级批评员工，你认为哪一位的语言更容易被接受？

甲：小王，你怎么能犯迟到这样的错误呢？我能理解你，可是你也不能迟到啊，下次注意，这是公司的纪律。

乙：小王，你的表现一直挺好。公司有纪律不能迟到，可是我能理解你。下次注意！

乙的批评可能更容易被小王接受，当目的是提醒对方以后注意自己的行为时，最后一句提醒就尤为重要，这就是语序变换术的作用。一个优秀的沟通者要注意选择恰当的语序来表达自己的观点，达到沟通的目的。

【案例在线】

陈某的一次错误的"自信"

2022年3月，某公司外派维修的售后服务工程师陈某打电话要求工厂售后服务部门为其在安徽芜湖的维修现场发送配件一个，按规定，只有陈某以书面申请，并注明具体的规格型号后，工厂售后服务部门才能发货，以保证准确性。但是，陈某说自己干了3年多维修工作，大家都很熟，打电话申请可以节省传送申请的费用并可解客户的燃眉之急。工厂售后服务部门相关人员鉴于这种情况，就相信了陈某，按陈某说的型号发去了配件。结果陈某发现型号错误，要求重新发货，这造成了出差费用、运输费用等的增加，更重要的是影响了客户的生产进度。事后公司处理此事时，陈某一口咬定自己当初报告的型号正确；而工厂售后服务部门人员则坚称陈某当初报告的型号错误。

本案例是很典型的由沟通障碍带来的负面结果，其中影响沟通效果的因素既有信息发送者的障碍，也有信息接收者的障碍。就本案例而言，避免负面结果的最佳方式就是选择恰当的沟通方式，即将口头语言的电话沟通改为书面沟通。在工作和生活中，应根据不同的场合、对象，选择合理的沟通方式与技巧。

【实战练兵】

实战目的：利用有效沟通的6C原则克服沟通中的障碍

实战方法：

由4名学生分别在纸条上写出时间、地点、人物、事件，选派另一名学生综合纸条上的信息，可根据需要合理增加信息，并以下级身份向上级请示纸条上的内容，由听众决定是否接受或同意。

实战效果：

沟通技巧的使用使信息的发送者和接受者克服沟通障碍。

项目小结

- 有效的沟通是通过听、说、读、写等思维的载体，以演讲、会见、对话、讨论、信件等方式准确、恰当地传达信息，以促使对方接受信息的过程。
- 有效沟通的4个法则：沟通是一种感知，沟通是一种期望，沟通产生要求，信息不是沟通。
- 有效沟通的6C原则：清晰、简明、准确、完整、有建设性、礼貌。

- 沟通中存在障碍，因而解决沟通中的思路、理念问题及沟通中的方法、手段等技术问题是非常重要的。

项目实训

一、沟通技能自我诊断

1．步骤

请你根据评价标准对下列陈述进行评分，根据评分结果判断自己的沟通技能处于何种水平。通过自我评价，你可以识别自身的不足，进一步根据自身的特点调整在沟通技能方面的学习方向。

2．评价标准

（1）非常不同意／非常不符合。

（2）不同意／不符合。

（3）比较不同意／比较不符合。

（4）比较同意／比较符合。

（5）同意／符合。

（6）非常同意／非常符合。

3．测试题

（1）我经常通过与他人交流，获取关于自己优缺点的信息，以实现自我提高。

（2）当别人给我提负面意见时，我不会感到生气或沮丧。

（3）我非常乐于向他人开放自我，与他人分享我的感受。

（4）我很清楚自己在收集信息和做决定时的风格。

（5）在与他人建立人际关系时，我很清楚自己的人际需要。

（6）在处理不明确或不确定的问题时，我有较准确的直觉。

（7）我有一套指导和约束自己行为的个人准则和原则。

（8）无论遇到好事还是坏事，我总能很好地对这些事负责。

（9）在弄清楚原因之前，我极少会感到气愤、沮丧或焦虑。

（10）我清楚自己与他人交往时最可能出现冲突和摩擦的原因。

（11）我至少有一个能够与我共享信息、分享情感的亲密朋友。

（12）只有当我自己认为做某件事有价值时，我才会要求别人这样去做。

（13）我在较全面地分析做某件事可能给自己和他人带来的结果后再做决定。

（14）我坚持一周有一个只属于自己的时间和空间去思考问题。

（15）我定期或不定期地与知心朋友就一些问题随意交流看法。

（16）在每次沟通时，我总是听主要的看法和事实。

（17）我总是把注意力集中在主题上并领悟讲话者所表达的思想。

（18）在听的同时，我努力深入地思考讲话者所说内容的逻辑。

（19）即使我认为所听到的内容有错误，我仍能克制自己继续听下去。

（20）在评论、回答或不同意他人的观点前，我总能尽量做到用心思考。

计分方式

（1）非常不同意／非常不符合——得1分。

（2）不同意 / 不符合——得 2 分。

（3）比较不同意 / 比较不符合——得 3 分。

（4）比较同意 / 比较符合——得 4 分。

（5）同意 / 符合——得 5 分。

（6）非常同意 / 非常符合——得 6 分。

评价结果

100~120 分——祝贺你，你具有优秀的沟通技能；

92~99 分——你具有良好的沟通技能，多加练习可以做得更好；

85~91 分——你的沟通技能较好，但有较多地方需要提高；

84 分或更低——你需要严格地训练自己以提高自己的沟通技能。

二、你是否受人欢迎

下面所列 20 个问题可帮助你回答"你是否受人欢迎"这一问题，人际关系在一定程度上反映了你的沟通能力。

（1）当你离开和朋友相处的地方时，朋友们会感到依依不舍吗？

（2）当你生病在家休息时，是否有朋友围绕在你的身边谈天说地，使你不感到孤独？

（3）你很少因为一点儿小事与别人争吵吗？

（4）你是否觉得有很多人都给你留下了美好的印象，从而使你喜欢他们？

（5）对于你的朋友感到有趣的事，你也感到有趣吗？

（6）你愿意做你的朋友喜欢做的事吗？

（7）经常有友人来找你聊天吗？

（8）友人是否常常请你组织安排或主持舞会、野外郊游等集体活动？

（9）你是否参加或被人邀请参加各种社交性聚会？参加各种社交性聚会时，你会感到愉快吗？

（10）是否常常有人欣赏、夸奖你的仪表、才能和气质？

（11）对于许久不见的朋友，你会立刻记起他的名字吗？

（12）同各种脾气与个性的人打交道时，你能否很快地适应？

（13）当你遇上一个陌生人的时候，你认为他喜欢你的可能性大吗？

（14）你能否相当容易地找到你需要的人？

（15）你是否愿意与他人共度假日？

（16）你是否能在最短的时间内与你所遇到的各种人熟悉起来？

（17）你觉得你所遇到的人中的大多数是否容易与你接近？

（18）他人是否很少指责、批评你，甚至对你恶语相向？

（19）你与异性是否很容易接近？

（20）你的朋友是否容易受到你的感染，接受你提出的意见和建议？

对于以上各题，肯定回答者得 5 分，否定回答者得 0 分。算一算你的总分。

如果你的得分在 70 分及以上，你可以非常自豪地说："我是个非常受欢迎的人。"

如果你的得分为 60 ～ 69 分，你可以聊以自慰："我是个比较受欢迎的人。"

如果你的得分为 50 ～ 59 分，你可以稍稍乐观："我给别人的印象不坏。"

如果你的得分为 40 ～ 49 分，你还可以松口气："我勉强受人欢迎。"

如果你的得分在 40 分以下，你就必须注意了，因为这表明你可能不太受人欢迎。

三、测评你的沟通技巧

回答下列问题，测评你的沟通技巧。选择与你的经历最相近的答案，请尽量如实作答。如果你的回答是"从不"选1，是"总是"选4，以此类推，数字代表相应的分数。把得分加起来，参考"分析"，评定你的沟通技巧，根据自己的回答找出你在哪些方面仍然需要改进。

选项：1. 从不　　　　2. 有时　　　　　3. 经常　　　　　4. 总是

（1）我适时地把适当的信息传递给合适的人。　　　　　　　　　　　1　2　3　4

（2）在决定该如何沟通前，我会认真思考信息内容。　　　　　　　1　2　3　4

（3）我表现出自信，讲话时信心十足。　　　　　　　　　　　　　1　2　3　4

（4）我希望对方对我的沟通提供反馈。　　　　　　　　　　　　　1　2　3　4

（5）我注意聆听并在回答前检查我的理解是否正确。　　　　　　　1　2　3　4

（6）评价他人时，我努力排除各种个人成见。　　　　　　　　　　1　2　3　4

（7）会见他人时，我态度积极、礼貌周到。　　　　　　　　　　　1　2　3　4

（8）我及时向他人提供他们需要与想要的信息。　　　　　　　　　1　2　3　4

（9）我利用单独会见的方式检查员工的表现并指导他们的工作。　　1　2　3　4

（10）我通过提问的方式了解他人的想法及他们的工作进展。　　　1　2　3　4

（11）我分发书面指示以提供关于某一任务的所有相关信息。　　　1　2　3　4

（12）我运用专业的电话沟通技巧改善沟通效果。　　　　　　　　1　2　3　4

（13）我通过所有可以利用的电子媒介进行沟通。　　　　　　　　1　2　3　4

（14）我把写文章的规则应用到外部与内部沟通中。　　　　　　　1　2　3　4

（15）会见、调查或做会议记录时，我会使用有效的记录方法。　　1　2　3　4

（16）写重要信件或文件时，在定稿前，我常征求可信赖的人的意见。　1　2　3　4

（17）我运用快速阅读技巧来提高工作效率。　　　　　　　　　　1　2　3　4

（18）演讲前，我认真准备并多次试讲，最终演讲取得了成功。　　1　2　3　4

（19）进行内部培训时，我发挥着明显的积极作用。　　　　　　　1　2　3　4

（20）我安排的大型会议已达到了专业的水平。　　　　　　　　　1　2　3　4

（21）我用软性和硬性推销技巧说服他人接受我的观点。　　　　　1　2　3　4

（22）谈判前，我已经对问题进行了深入的研究，并熟知对方的需要。　1　2　3　4

（23）我写的报告结构合理，内容准确、简明、清晰。　　　　　　1　2　3　4

（24）在提议前，我往往进行彻底的调查。　　　　　　　　　　　1　2　3　4

（25）我努力了解有关听众对组织的看法。　　　　　　　　　　　1　2　3　4

（26）我认真考虑技巧娴熟的人如何帮助我解决公关问题。　　　　1　2　3　4

（27）我能与记者及其他媒体工作人员进行有益的接触。　　　　　1　2　3　4

（28）我确保由合格的专业人员来完成设计之类的专门工作。　　　1　2　3　4

（29）我交给他人的书面指示是以明确的目标为基础的。　　　　　1　2　3　4

（30）我把定期与员工或他人沟通看作重要的工作。　　　　　　　1　2　3　4

（31）我积极接收并回应来自员工和他人的反馈。　　　　　　　　1　2　3　4

（32）我确定了沟通目标，并且不允许任何行为阻碍这一目标的实现。　1　2　3　4

分析

现在你已经做完了自我测评题目，请把各题得分加起来，然后通过阅读相应评语来检查自己的表现。无论你在沟通方面已经取得了多么大的成功，一定要记住：永远有改进的余地。检查一下你在哪一方面做得最差，然后参看本书中的有关内容，找到实用的建议和提示以改进并提高沟通技巧。

32 ～ 64 分：你不能有效地沟通，要倾听反馈，努力从失败中吸取教训。

65 ～ 95 分：你在沟通方面表现一般，要针对弱点努力提高。

96 ～ 128 分：你能极好地进行沟通，但要记住沟通多多益善。

技能篇

项目四

书面沟通

学习目标

【知识目标】

1. 熟悉一般的写作文体。

2. 掌握写作流程。

3. 了解不同文体的写作要求。

【技能目标】

1. 掌握不同文体的写作技巧。

2. 掌握写作流程。

【素养目标】

1. 培养爱岗敬业、诚实守信的职业道德。

2. 培养精益求精的职业精神。

案例导入

"还"字多音惹纷争

2023年4月，张先生承建北京某农业发展有限公司（以下简称"农业公司"）养猪舍7栋，承包工程款总计84 000元。双方约定工程开工时，农业公司应付给张先生总工程款的70%，即58 800元，但农业公司却只付给张先生30 000元，其余款项一直未付。2023年4月7日，农业公司为张先生出具了由其会计乔女士签名的一张写有"还欠张某工程款28 800元"的证明，并盖有农业公司的财务专用章。张先生依此证明将农业公司告上法庭，要求农业公司立即给付工程款28 800元。

然而在法庭上，被告农业公司在承认欠张先生工程款28 800元的同时，提出此欠款已由当时经手人会计乔女士偿还了，并为张先生出具了还款证明，"还欠张某工程款28 800元"中的"还"字应读为"huán"，故不同意张先生的诉讼请求。

法院认为：原告为被告承建养猪舍工程，被告应按约定给付工程款，被告为原告出具的证明，应视为欠款证明，法院对原告的请求应予支持；被告辩称此证明为还款证明，但未提供相关的证据证实，法院不予采信。最终法院判决被告农业公司给付原告张先生工程款28 800元，案件受理费1162元由被告负担。

本案例告诉我们，书面沟通要求严谨、准确，稍有疏忽，就可能酿成大错，造成不可挽回的损失。

任务一　了解书面沟通

4.1.1　书面沟通的重要性

书面沟通是沟通主体将自己或自己所代表的团体的意志用文字表述出来的一个创造性的过程。在沟通过程中，书面沟通是一种重要的沟通方式，可以起到传递信息、澄清事实、表达意志、说服他人及交流感情的作用。对于那些不善言谈的人来说，书面沟通可以发挥他们利用文字表达思想与感情的特长，取得无声胜有声的效果。

【案例在线】

我与公司总经理的一次错误交流

2023年2月，我作为分管公司生产经营的副总经理，在得知一个较大工程项目即将进行招标后，以电话形式向公司总经理简单汇报了项目情况，但并未得到公司总经理的明确答复。我误以为公司总经理已经默认了，便组织业务小组投入时间和经费跟踪该项目，但最终还是因为准备不充分而失败。

事后，在办公会上陈述相关情况时，公司总经理认为我"汇报不详，擅自决策，组织资源运用不当"，并当着部门所有人的面给予我严厉的批评；我认为我"已经汇报，但领导重视不够，故意刁难，失败是由逃避责任所致"。

双方在信息传递、角色定位、有效沟通、团队配合、认知角度等方面存在意见分歧，致使公司内部人际关系紧张，工作被动，如此恶性循环，则公司难以稳定发展。

此案例告诉我们，在工作中，对重要事项应尽量采用书面沟通的形式。沟通是一个信息交流的过程，如果沟通双方所掌握的信息不足或极不对称，沟通效果将大打折扣。此次沟通如果以书面沟通的形式进行，则信息传递会较为顺畅，结果也会有所不同。

4.1.2　书面沟通的文体类型

任何形式的书面沟通都要通过一种事实上的文体表现出来。在沟通的过程中，常用的书面文体大致可以分为以下几类。

1．行政公文

行政公文指国家机关、企事业团体在执行公务活动中所使用的各种应用事务性文书，主要包括命令、决定、公（通）告、通知、通报、议案、报告、请示、批复（函）、意见、会议纪要等。

2．计划类文书

计划类文书指经济管理活动中使用范围很广的重要文书，主要包括工作计划、战略规划、工作方案、工作安排等。

3．报告类文书

报告类文书指调查主体在对特定对象进行深入考察、了解的基础上，经过准确的归纳整理与科学的分析研究，进而揭示事物的本质，得出符合实际的结论，并由此形成的汇报性应用文书，包括调查报告、经济活动分析报告、可行性研究报告、述职报告等。

4．法律类文书

法律类文书指根据一定约定达成某种协议并共同遵守协议的条款，如果违约，违约方将给对方一定的经济补偿的具有法律效力的文书形式，包括合同书、协议书、诉讼书、招标书和投标书等。

5．新闻类文书

新闻类文书指具有公开宣传与传播功能，借助报纸、杂志等载体向大众进行报道，具有新奇性、推广性、借鉴性等特点的文书形式，包括新闻、通信、消息、广告文案等。

6．日常事务类文书

日常事务类文书指人们在处理日常事务活动的过程中经常采用的一种文书形式，主要包括信函类文书和条据类文书。信函类文书包括感谢信、慰问信、求职信、介绍信、证明信、请柬、邀请函等；条据类文书包括请假条、留言条、收条、票据等。日常事务类文书形式固定，书写简单，陈述的事件单一，是人们表达情感和进行沟通的常用文书。

4.1.3　选择文体时应考虑的因素

1．阅读对象

由于语言理解和表达能力存在差异，信息发送者和信息接收者常常会出现理解与把握上的背离，而且如果阅读对象的知识面不够广，这也会造成一定的沟通障碍。因此，在书面沟通中，我们在选择文体时一定要考虑阅读对象的文化水平、个性特点以及阅读时的心情等，选择用阅读对象容易接受的文体来表现内容。

2．传播的信息

不同的信息内容适用不同的文体，不同的文体可以表达不一样的意思。要根据想要表达的文章内容和主题思想来决定使用哪种文体。

3．自身的表达能力

你的表达能力弱，就选择行文比较简单的文体，把要表达的意思表达清楚即可；你的表达能力强，就可以选择行文比较复杂、正规的文体，利用各种观点和支撑材料，非常详细具体地表达自己的意思。同时，要经常练习，以提高自己的书面表达能力，以免因表述不清、词不达意而造成沟通障碍。

4．信息的传播层次

有时书面沟通由于传播层次过多，会产生内容畸变，所以文体选择应根据信息内容所描述的情况以及收文和发文部门的改变而改变。

任务二　掌握写作的流程

书面沟通离不开写作。写作的流程和相关技巧是我们应掌握的必备写作知识。如果掌握了写作的流程，并不断加以实践，写作能力就能迅速提高。一般来说，写作流程可以分成拟定提纲、收集资料、正式写作和编辑修改4个阶段。

4.2.1　拟定提纲

拟定提纲是写作过程中的重要环节，需要花费大量的时间。好的提纲不仅能使写作变得比较容易，而且也会提高写作的质量。这一阶段的主要工作包括确立目标、确定主题、分析读者和列出提纲。

1．确立目标

确立目标即确定为什么写作及要达到什么样的目的和取得什么样的结果。只有写作的目的和意图清晰、明确，作者才知道自己该写什么及怎样写，读者才能知道作者写了些什么以及为什么写这些内容。这样不仅能够使写作的思路更清晰、富有条理，而且还能够使写作有的放矢，减少或避免写作错误，从而提高写作的质量和效率。

2．确定主题

主题是写作的中心思路，确定主题是实现写作目标的基本途径。主题明确，则内容的中心思想突出，能够使读者一目了然。因此，在确立写作目标之后，作者还必须根据写作目标确定写作的主题，并在此基础上进一步确定写作的文体以及写作的主要内容和观点。

3．分析读者

写作的目的不是让作者自己欣赏，而是让读者能够阅读、理解其写作的主要内容和观点。这就要求作者必须认真分析、研究读者，这样，作者才能够选择对读者有用或者读者可能感兴趣的信息，才知道该运用什么样的方法、使用什么样的语言来写作。

4．列出提纲

提纲是内容的整体框架，一个合理的提纲能够反映作者写作的意图、主要内容及观点，是对写作内容的浓缩和概括。列出一个合理的提纲意味着写作任务已经完成了一半。

4.2.2 收集资料

"巧妇难为无米之炊"，无论是写正式的文章还是非正式的便条，都需要利用一些资料，这些资料可以是记忆里的，但更多是从各种渠道收集来的。对于收集的资料，作者还需要对其加以归纳、整理、提炼，以使其成为对写作有用的素材。

4.2.3 正式写作

写作是一个高度复杂的脑力劳动过程。在这个阶段，作者要把自己的思想、意图、内容、观点等以文字的形式表达出来。

在写作过程中，要注意以下几点。

（1）要注意整体设计，包括封面设计美观大方、文字大小合适、页边距设置合理以及表格、插图规范等，这些都会使内容给人留下良好的第一印象。

（2）开头要主题鲜明并具有感染力。作者在开头最好能开门见山地表明写作的目的，使主题鲜明而具有感染力，让读者读完开头便可以知道内容是否与自己的需求有关，或者其中是否有自己感兴趣的话题。

（3）语句简洁。写作时句子不宜太长，如果必须使用较长的句子才能表述完整，也要尽量把长句子的数量降到最低。

【案例在线】

一问一答两符号

雨果写完一本新书之后，将书稿寄给一位出版商。书稿寄出很长一段时间后仍没有得到回信，于是，他在纸上写了一个很大的"？"，寄给出版商。隔了几天，出版商回信了，雨果拆开一看，上面也是一个字没有，只写了一个"！"。很快，他的著作《悲惨世界》出版了，并大获成功。

要达到沟通的目的，一是要知道针对不同的沟通对象应该选择什么样的沟通方式，二是要知道如何进行简洁的沟通。在书面沟通中，只要写作的主要内容和观点能被读者迅速理解，沟通其实也就不难完成了。

（4）书写规范、清楚、工整。所谓规范、清楚、工整，是指用词准确，条理清楚，标点符号正确，语句通顺，不写错字、别字，不生造滥用不符合规范的简化字，等等。这样作者不仅能够给读者带来视觉上的美感，而且还能够更准确地表现内容。

【案例在线】

书写差错

上海曾经发生过这样一起办学广告纠纷。某国际培训学校的收费方式以前一直是一学年收费10 000元，由于一部分学生一次性缴费有困难，因此校方考虑在新的学年里将收费方式改为一学期收费5000元。但广告登出时，却将一学期收费5000元误写为一学年收费5000元，随即报名者纷纷涌来。这一书写差错造成了很严重的后果，尽管校方做出了解释，但仍然有许多人投诉，这使得这一纠纷持续了3年。

校方在登广告时，没有认真检查，造成了严重的后果。因此，我们在进行书面沟通时，应该做到表述准确无误。

（5）注意内容的逻辑性。书面沟通能力主要表现在对篇章结构的正确安排、词句的灵活应用、语法结构的标准规范、格式的正确使用等方面，而这一切都与逻辑性密切相关。

4.2.4　编辑修改

编辑修改是写作的重要环节，写作的过程就是反复修改、反复比较、反复推敲的过程。对提纲、内容、观点等修改的方法是概括、提炼、归纳，对词语、文字、标点符号等修改的方法是增加、替换、删除、合并、扩大等，其目的是找出不足并完善内容。

【实战练兵】

实战目的：让学生掌握写作的流程

实战方法：

学生每4～5人为一组，每组选择一种应用文文体（调查报告、求职简历、实习报告、思想汇报、个人总结），讨论相应写作流程、注意事项，列出大纲，每组派一位代表在全班进行交流，之后进行小组互评和老师点评。

实战效果：

学生了解每种文体的写作流程。

任务三　了解不同文体的写作要求

不同的文体有不同的写作要求，下面主要给大家介绍几种常用文体的写作要求。

4.3.1　求职简历的写作要求

（1）在写作求职简历之前，我们应预先界定谁是阅读者，然后根据界定的阅读者写作求职简历。

（2）求职简历的5个主要组成部分包括抬头、个人信息、工作经历、教育背景和其他事项。

（3）格式选择。

时序型的求职简历按时间倒叙工作经历，从最近的职位开始介绍，然后回溯，着重强调职责和突出的成就。

功能型的求职简历在开始部分就强调求职者特殊的成就和非凡的资质，但是并不将它们与特定的雇主联系在一起。

综合型的求职简历同时借鉴和综合了功能型的求职简历和时序型的求职简历的优点，在求职简历的开始部分介绍个人的价值、资信和资质（功能部分），随后在工作经历部分提供支持性的内容（时序部分）。

（4）求职简历上不要出现薪金历史记录和待遇要求。如果公司要求提供这些信息，写在附信上即可。

（5）求职简历最好与众不同、充满自信和激动人心。

（6）着重介绍最近的工作经历，一般来说，雇主只对求职者10年以内的工作经历感兴趣。

4.3.2　调查报告的写作要求

调查报告是对某项工作、某个事件、某个问题经过深入细致的调查后，将在调查中收集的材料加以统计整理、分析研究，以书面的形式向组织和领导汇报调查情况的一种文书。调查报告具有写实性、针对性和逻辑性等特点。

调查报告的种类主要如下。

（1）情况调查报告。这是比较系统地反映本地区、本单位基本情况的一种调查报告，这种调查报告的目的是弄清楚相关情况，供决策者使用。

（2）典型经验调查报告。这是通过分析典型事例，总结工作中出现的新经验，从而指导和推动某方面工作的一种调查报告。

（3）问题调查报告。这是针对某一方面的问题进行专项调查，说明事实真相，判明问题的成因和性质，确定造成的危害，并提出解决问题的途径和建议，为问题的最后处理提供依据，也为其他有关方面提供参考和借鉴的一种调查报告。

调查报告一般由标题和正文两部分组成。

1．标题

标题有两种写法。一种是规范化的标题，即"发文主题"加"文种"，基本格式为"××关于××的调查报告""关于××的调查报告""××调查"等；另一种是自由式标题，包括陈述式、提问式和正副标题结合式3种。陈述式如"××大学硕士毕业生就业情况调查"；提问式如"为什么大学毕业生择业倾向沿海和京津地区"；在正副标题结合式标题中，正标题陈述调查报告的主要结论或提出中心问题，副标题标明调查的对象、范围、问题，这实际上类似于"发文主题"加"文种"的规范化标题，如"高校发展重在学科建设——××大学学科建设实践思考"等。

2．正文

正文一般分为前言、主体和结尾3部分。前言有几种写法：第一种是写明调查的起因或目的、时间和地点、对象或范围、经过与方法以及人员组成等情况，从而引出中心问题或基本结论；第二种是写明调查对象的历史背景、大致发展经过、现实状况、主要成绩、突出问题等基本情况，进而提出中心问题或主要观点；第三种是开门见山，直接概括调查的结果，如肯定做法、指出问题、提示影响、说明中心内容等。

前言起到画龙点睛的作用，要简练概括、直入主题。

主体是调查报告最主要的部分，这部分详述调查研究的基本情况、做法、经验，以及分析调查研究得出的各种具体观点和基本结论。

结尾的写法也比较多，可以提出解决问题的方法、对策和下一步改进工作的建议；或总结全文的主要观点，进一步深化主题；或提出问题，引发进一步思考；或展望前景，鼓舞和号召大家；等等。

4.3.3 实习报告的写作要求

实习报告是指各种人员实习期间需要撰写的描述该阶段工作、学习经历的文本，它是应用写作的重要文体之一。

撰写实习报告应注意以下两点。

1．准备工作

大家从开始实习的那天起，就要注意广泛收集资料，并以各种形式将其保存下来（如写工作日记等）。丰富的资料是写好实习报告的基础。主要应收集这些资料：单位组织学习的内容、学习方式是什么，学习后效果如何，自己的认识是否提高；在工作中如何灵活运用专业知识；观察周围同事如何处理问题、解决矛盾。实习是观察体验社会生活，将学到的理论知识转化为实践技能的过程，所以大家既要体验还要观察，要通过同事、前辈的言行去观察别人的成绩和缺点，以此作为自己行为的参照。

2．实习报告结构

第一部分：以实习时间、地点、任务作为引子，或把实习过程中的感受结果用高度概括的语言表达出来，以引出实习报告的主要内容。

第二部分：实习过程（实习内容、环节做法）。这一部分主要包括以下内容：一是将学校里学到的理论、方式、方法变成实践的行为；二是观察、体验在学校没有接触到的东西，了解它们是以什么样的形态、方式、方法等出现的。

第三部分：谈实习体会、经验教训、今后努力的方向等。这一部分可以以实习体会、经验教训为条目来架构。例如，在实践中发现自己的优势有团队协作意识强，善于根据自己的知识、能力挑战新工作，事后善于总结，等等；从实践中看到自己的缺陷有专业知识不扎实、动手能力差等。用这些实习体会把自己实践的过程和内容串起来。

大家写实习报告必须写自己的实习经历，可参考别人的资料，但不能抄袭。如有引用或从别处摘录的内容，要标明出处。

4.3.4 思想汇报的写作要求

要求入党的人员为了使党组织更好地了解自己，接受党组织的教育和监督，要积极主动地向党组织汇报自己的思想、学习和工作情况，这是培养自己的组织观念、提高思想觉悟的有效途径。为了便于党组织更加全面、系统地了解申请入党人员的思想状况，我们提倡写书面思想汇报，当然，也可以进行口头汇报。

思想汇报的基本书写格式及内容通常如下。

（1）标题：居中写"思想汇报"。

（2）称谓：汇报人对党组织的称呼，一般写"敬爱的党组织"，顶格写在标题的下一行，后面加冒号。

（3）正文：思想汇报是汇报人结合自己的学习、工作和生活情况，向党组织反映自己的真实思想情况，其具体内容根据每个人的不同情况而定。你如果在对党的基本知识、马克思主义的基本理论的学习中有所收获，便可以通过思想汇报的形式，将学习体会、思想认识上新的提高及存在的认识不清的问题向党组织进行说明；你如果对党的路线、方针、政策或一个时期的中心任务有见解，可以在思想汇报中阐明自己的观点；你如果参加了重要的活动或学习了某些重要文件，可以把自己受到的教育与启发写出来；你如果遇到国内外发生重大政治事件，则要通过学习，提高对事件本质的认识，旗帜鲜明地向党组织表明自己的立场；你如果在自己的日常生活中遇到了个人利益同集体利益、国家利益产生矛盾的问题，也可以把自己有哪些想法，以及对待和处理问题的情况向党组织进行汇报；为了使党组织对自己最近的思想情况有所了解，你可以把自己的思想状况、取得了哪些进步、存在什么问题以及今后的打算写清楚。

（4）结尾：在思想汇报的结尾处，大家可写上自己对党组织的请求和希望，一般用"恳请党组织给予批评、帮助"或"希望党组织加强对我的培养和教育"等作为结束语。

在思想汇报的最后，要署名和注明汇报日期，一般居右写"汇报人×××"，下一行写"××××年×月×日"。

写思想汇报时应注意：思想汇报应是真实思想的流露，最重要的是汇报事实，切忌写空话、套话、假话，做表面文章；写思想汇报应根据不同时期的思想认识状况，集中写新体会，将认识深刻的一两个方面谈深谈透，不要长篇大段地抄录党章、报告、领导讲话和报刊文章的内容，防止形式主义；写思想汇报要实事求是，对自己做一分为二的评价，不仅要对自己的成长进行肯定，而且要找准自身存在的不足，敢于向党组织暴露缺点和问题。

4.3.5 工作总结的写作要求

工作总结就是我们对某一时期已经做过的工作进行一次全面系统的总检查、总评价，以及一次具体的总分析、总研究后，用以记录情况及我们取得了哪些成绩、存在哪些缺点和不足、有什么经验和教训以及今后打算怎么做的一种文书。

（1）情况的概述和叙述。这部分内容主要是对工作的主客观条件，包括有利条件和不利条件以及工作的环境和基础等进行的分析，有的比较简单，有的比较详细。

（2）成绩和缺点。这是总结的中心。总结的目的就是要肯定成绩，找出缺点。成绩有哪些，有多大，表现在哪些方面，是怎么取得的；缺点有多少，表现在哪些方面，是什么性质的，是怎样产生的等内容，都应写清楚。

（3）经验和教训。做过一件事，总会有经验和教训。为便于今后开展工作，我们有必要对以往工作的经验和教训进行分析、研究、概括和集中，并上升到理论的高度来认识。

（4）今后的打算。根据今后的工作任务和要求，吸取前一时期工作的经验和教训，明确努力方向，提出改进措施，等等。

写好工作总结需要注意的问题有三。第一，一定要实事求是，不夸大成绩，不缩小缺点，更不能弄虚作假。这是分析问题、得出教训的基础。第二，条理要清楚。总结是写给别人看的，条理不清楚，别人即使看了也不知所以然，这样就达不到总结的目的。第三，要剪裁得体，详略适宜。材料有本质的，也有现象的，有重要的，也有次要的，写作时要去粗取精。工作总结中的问题要有主次之分，该详写的要详写，该略写的要略写。

4.3.6 申请书的写作要求

申请书是个人、单位、集体向组织、领导提出要求，要求批准或帮助解决问题的专用文书。申请书的使用范围相当广泛，种类也很多。按作者分类，申请书可分为个人申请书和单位、集体公务申请书；按解决事项的内容分类，申请书可分为入团、入党、困难补助、调换工作、建房、领证、承包、贷款申请书等。申请书的写作要求如下。

（1）标题。有两种写法，一是直接写"申请书"；二是在"申请书"前加上内容，如"入党申请书""调换工作申请书"等，一般采用第二种写法。

（2）称谓。顶格写明接收申请书的单位、组织或有关领导的名称。

（3）正文。正文部分是申请书的主体，首先提出要求，其次说明理由。要求要写得清楚、简洁，理由要写得客观、充分。

（4）结尾。写惯用语"特此申请""恳请领导帮助解决""希望领导研究批准"等，也可用"此致""敬礼"等礼貌用语。

（5）署名、日期。个人申请书中要有申请者姓名，单位、集体申请书中要写明单位、集体名称并加盖公章，注明日期。

项目小结

- 书面沟通是沟通的一种重要形式。
- 常用的书面文体大致可分为行政公文、计划类文书、报告类文书、法律类文书、新闻类文书和日常事务类文书等。
- 写作流程可以分成拟定提纲、收集资料、正式写作和编辑修改4个阶段。
- 不同的文体有不同的写作要求。

项目实训

1. 请写一份年度个人学习总结，字数在1000字左右，总结要有标题、正文和落款。

2. 利用假期时间去打工，回来后写一份实习报告，字数在3000字左右，内容包括实习时间、地点、任务、实习感受、结果，以及实习体会、经验教训、今后努力的方向等。

3. 你在某媒体上看到某公司正在招聘，在招职位中有非常适合你的职位，而你也非常希望能够在该公司工作。请你写一份求职信，并附上你的求职简历。要求：求职信的字数在500字左右，求职简历的字数在1000字左右。

项目五

演讲

5

学习目标

【知识目标】

1. 了解演讲的基本含义，清楚演讲与朗诵的异同。
2. 了解演讲的特点、基本要素。
3. 掌握演讲的整体构思技巧。
4. 掌握演讲的语言技巧和非语言技巧。

【技能目标】

1. 能够运用演讲的整体构思技巧。
2. 能够运用演讲的语言技巧和非语言技巧。

【素养目标】

1. 增强自信心。
2. 培养辩证思维能力。

李延的"演讲"烦恼

今夜李延失眠了，原因是明天他要代表自己小组的成员在全班同学面前做一次演讲。

李延现在是某高校的研究生。在读研之前，他有一份很好的工作，有4年的工作经验。李延很热爱自己的工作，并想在这个领域大展宏图。但是让他苦恼的是，他非常害怕演讲，只要一想到演讲，他就会手脚出汗，脑子一片空白。奇怪的是，当与朋友聚会聊天的时候，李延往往是大家关注的谈话中心。单位内部几次提拔年轻干部，李延都因为当众演讲的时候过度紧张而中途停下来，最后没能入选。羞怒之下，李延从原来的单位辞职，专心考研，现在他在国内一所著名高校攻读研究生，他打算一边学习知识，一边改掉自己恐惧演讲的毛病。

但是，一想到明天早上要面对那么多学生和老师，李延的心就凉了半截，准备找别人代替自己，但是又非常不甘心："我离开原来的单位就是为了改掉这个毛病，可是现在又想要放弃……"

演讲是我们常常会遇到的一种特殊的沟通形式，也是让很多人感到棘手的一件事情。那么我们应如何在公众面前讲话，让自己在演讲时更自如，让公众更欣赏自己？本项目将解答这个问题。

任务一　演讲概述

5.1.1　演讲的含义

演讲又称演说、讲演，它是一个人在公共场合向众人就某问题发表意见或阐明事理的传播活动，其基本模式为一人讲，众人听。

5.1.2　演讲与朗诵的区别

1．演讲通俗平易，朗诵典雅华丽

演讲与朗诵的差异之一在于语言是否通俗平易。朗诵的文本是诗歌、散文等文学作品，朗诵就是用口语的形式去"诵"以书面语写就的文本。其语言多典雅华丽，具有文学语言色彩，如朱自清的散文名篇《荷塘月色》的语言。

演讲要尽量选用口语化的词语和句式，尽量不用生僻词语、文言词语、专业术语，尽量不用倒装句和太长的句子。

2．演讲以"讲"为主，朗诵以"演"为主

演讲以讲为主，以演为辅，所讲的是演讲者的本色口语，这是一种介乎日常生活语言和表演语言之间的口语。这种口语首先要像日常谈话那样亲切自然，但又不能像日常谈话那样语调平淡，缺乏激情，否则，演讲就会缺乏鼓动性，失去吸引力。它还要像表演语言那样讲究抑扬顿挫，但又不能像舞台表演那样模拟角色、惟妙惟肖，否则就会失去真实性，失去亲和力。演讲时，音质要基本保持本色，因为演讲是演讲者本人同听众的对话和交流，保持本色的声音才有可能让听众产生亲切感。

朗诵则是一种舞台表演。为了吸引听众，把听众引入原作品的意境，朗诵时要尽量在平淡中寻求语调的变化，如大起大落、激情澎湃。

3．演讲重在"鼓动"，朗诵重在"抒情"

演讲包含3个方面的内容：一是演讲必须发表意见，就是阐明观点和理由，即"说理"；二是演讲必须抒发情感，即"抒情"；三是演讲必须感召听众并促使其行动，落脚点在于"鼓动"。没有"说理"，演讲者的意见就难以令听众信服；没有"抒情"，演讲很难感染听众，引起听众的共鸣；而情理交融才能"鼓动"听众。"说理、抒情、鼓动"三者融为一体才构成演讲。鼓动性是演讲语言的突出特点。

朗诵，其作用重在抒情。《现代汉语词典（第7版）》对"朗诵"的解释是："大声诵读诗或散文，把作品的感情表达出来。"可见，朗诵的根本任务是抒情。优秀的朗诵者总是力争使自己的语言句句含情，抒情性是朗诵语言的突出特点。

4．演讲是灵动地讲，朗诵是照本而诵

优秀的演讲者要根据现场的变化对原先准备的提纲、讲稿做灵活处理。增删、改换演讲的部分甚至全部内容都是允许的，在演讲过程中迸发新的思想火花，即兴发挥讲出蕴含哲理的警句、令人叫绝的妙语，是常有的事。如果出现了忘词或讲错的情况，演讲者可以临时做一些调整和纠错。

朗诵必须照本而诵，不允许变动。朗诵的作品一般是他人写的，一定要尊重作者的原意，朗诵者无权变动文本一词一句，要做到不丢字，不添字，不改字，不读错字，还要读得连贯自然，不结巴，不重复。在此基础上，朗诵者才能根据自己的理解和感悟去发挥，去创造。在传情达意上，朗诵自由驰骋的空间要比演讲小一些。

5.1.3 演讲的特点

1．艺术性

演讲的艺术性在于它具有整体感和协调感，即演讲中的各种因素（语言、声音、表演、形象、时间、环境）形成一种相互依存、相互协调的美感。同时，演讲不单纯是现实活动，它还具备戏剧、曲艺、舞蹈、雕塑等艺术门类的某些特点，并与之融为一体，成为具有独立特征的活动。这种艺术性正如《演讲美学》的作者李燕杰所说："演讲开始几分钟内，就要有相声般的幽默；在演讲过程中，贯穿着小说般的形象；讲到高潮时，必须有戏剧般的冲突；结束之前，要出现诗歌般的激情。"

2．主体个性

演讲是性格的艺术，它不同于戏剧表演，切忌脸谱化、程式化，它必须体现自我，反映个性。不同的演讲家具有不同的风格。有些人的演讲总是旗帜鲜明，富有鼓动性，像高擎的火炬点燃群众的斗争热情；有些人的演讲善于把娴熟的英语运用和巧妙的表演结合得天衣无缝，常常刚柔相济，应变机敏，令人感动；而有些人的演讲庄重大方，情理交融，既体现了优雅谦和的文化素养，又展现出立志救国的英雄气魄。现实生活中的一些演讲也是风格各异：有的狂飙突起，战鼓催征，激荡肺腑；有的鞭辟入里，入木三分，令人警醒；有的像江河奔流直下，一泻千里，气势磅礴；有的似绵绵春雨，浸润心田，引人深思；有的以旁征博引、知识丰富见长；有的以质朴无华、真情实感动人……总之，一切成功的演讲无不是演讲者用自己的语言表达自己的思想情感，无不打上演讲者的烙印，因而，个性是演讲的生命。

3．时效性

演讲直接诉诸听众的视听感官，具有很强的时效性。首先在内容上，古今中外的演讲名篇都切中时代的脉搏，为时代而呐喊。此外，一次演讲的时长受听众可接受性的制约，大众化的演讲

终究以短居多、以短为贵，如果演讲持续时间过长又没有新鲜的内容和观点，就没有人愿意听。

4．针对性

演讲是一种社会活动，是用于公众场合的宣传形式。为了以思想、感情、事例和理论来晓谕听众、打动听众、"征服"听众，它必须要有现实的针对性。所谓针对性，首先是演讲者提出的问题是听众所关心的问题，评论和论辩要有雄辩的逻辑力量，要能使听众心悦诚服，这样才能取得应有的社会效果；其次是要懂得听众有不同的对象和不同的层次，而"公众场合"也有不同的类型，如党团集会、专业性会议，服务性俱乐部、学校、社会团体、宗教团体、各类竞赛涉及的场合，演讲时要根据不同场合和不同对象，为听众设计不同的演讲内容。

5．鼓动性

演讲是一种听众众多、影响广泛的社会活动，它具有说服力强、鼓动性大的特点。这要求演讲者观点正确，态度鲜明，论证严密，用自己的心声去呼唤听众，用自己感情的火花去点燃听众的心，激发听众进行思考，从而接受自己的观点。

5.1.4　演讲的基本要素

1．信息

信息由演讲者与听众共享，演讲中的信息主要是言语信息。由于听众的阅历不同，观察世界的角度不同，对同一词语的理解就不可能绝对一致。因此，只有当人们持有相同的经验或者预期相同时，他们对词语的理解才持有相同的意见，才能谈得上信息共享。这就要求演讲者找到共同的参照事物，促成共识。

2．演讲者

演讲者是信息的来源。演讲者主要以语言传递信息，但还包括用其他形式，如动作、手势、姿态、表情等非语言符号传递辅助信息，甚至演讲者的生理特征、衣着装束等对传递信息也有影响。演讲者在演讲活动中处于主导地位，一场演讲会对听众乃至社会产生怎样的影响，首先取决于演讲者，取决于他演讲的内容和艺术表现。演讲者应有的修养：深刻的思想认识，高尚的道德情操，丰富的文化知识，真挚的感情，高超的演讲技巧，为广大听众服务的意识，适应听众需要的意识。

3. 听众

真正的演讲必然是演讲者与听众的合璧。听众作为演讲的一大要素，不仅有很强的能动性，而且是演讲活动的客观基础和根本归宿。听众的临场反应往往是对演讲质量、效果的一种现实、直接的客观评价。听众对演讲美的鉴赏对演讲艺术的发展起着极大的推动作用，听众对演讲的评论对演讲理论建设也有实用价值。演讲者只有充分地了解听众，掌握听众的心理特点和需求，才能打动听众，发挥演讲的作用，顺利达到演讲的目的。

任务二 演讲的构思

演讲看似是由演讲者"告知"听众的单向过程，然而，演讲实际上是一个双向过程。经验丰富的演讲者能够根据反馈的信号判断他与听众沟通的效果。反馈的信号包括眼神、身体姿态等表现形式。在演讲过程中，听众的眼神、身体姿态将向演讲者反馈这样的信息：听众是否在倾听他的讲话。由此，演讲者将对演讲取得的实际效果与预期的效果进行比较，如果发现没有吸引听众足够的注意力，引起的反响不够强烈，那么，在后面的演讲中，演讲者将设法改换演讲方式，以获得理想的效果。这就要求演讲者具备掌握并运用各种不同的方法、知识、技巧的能力。

5.2.1 确定演讲题目

演讲的题目是一篇演讲稿的有机组成部分，它与演讲的内容、风格、使用的语调有直接关系。内容决定了题目，题目则鲜明地表现了内容的特点。

一个新颖、生动、恰当而富有吸引力的题目有以下3个作用。第一，具有概括性。它能把演讲的主题、内容、目的全面地反映出来。第二，具有指向性。题目一讲出来，听众就知道你要讲的是哪方面的问题，如是政治性的、学术性的还是伦理道德方面的问题。第三，具有选择性。题目能在演讲正式开始之前就告诉听众所要讲的主题，听众可以据此选择听或不听。

那么，应该根据哪些标准来选择题目呢？

标准之一：演讲的题目应能揭示主题。例如，《心底无私天地宽》这样的题目能让人知道演讲的中心思想和主题是什么。

标准之二：演讲的题目应能提出问题。例如，鲁迅的演讲题目《娜拉走后怎样》《未有天才之前》等，让听众有浓厚的兴趣去进行思考，听时自然就更容易理解。

标准之三：演讲的题目应能划定范围。例如，对于《大学生的任务》《美术略论》这样的演讲题目，听众可知道演讲的内容、范围及涉及的具体问题，进而可选择听或不听。

当然，要选择一个好的题目，除了遵循上述3条标准外，还应注意以下问题。

（1）题目要有积极性。要选择那些光明、美好、有建设性的题目，使听众一听就有无限的希望。例如，《自学可以成才》这样的题目就可鼓舞听众充满信心地走自学之路。

（2）题目要有适应性。其一，要适应听众的实际情况，即所选题目要考虑听众的思想修养、文化水平、职业特点、阅历等，这样才能有的放矢。其二，要适合自己的身份，即要选择与自己所从事的工作、专业、知识面接近的题目，因为讲自己熟悉的东西容易讲深讲透，更容易收到好效果。其三，要适应演讲的时间，即要按规定的演讲时间选择题目。如果规定的演讲时间长，题目范围就可大些；如果规定的演讲时间短，题目范围就要小些。

（3）题目要有新奇性。只有"新"和"奇"，演讲题目才能像磁铁一样吸引听众。对于司空见惯、屡见不鲜的事物、人物等，人们是不易关注的。不妨看看鲁迅的演讲题目《老而不死论》《老调子已经唱完》《象牙塔和蜗牛庐》等，这样新奇的题目怎么会不吸引人呢？

（4）题目要有感情色彩。演讲者要把这种强烈的感情注入题目里去，从而打动听众。

（5）题目要有生动性。演讲题目生动，就能给人一种亲切感、愉悦感。像前面举例的《老而不死论》《象牙塔和蜗牛庐》等题目，都非常生动。当然，生动与否主要由主题和内容决定。严肃的主题和内容就不宜用生动的题目，用了反而会冲淡和破坏演讲的严肃性。

5.2.2　演讲的选材

"巧妇难为无米之炊"，演讲中的"米"就是材料。演讲使用的材料及其结构对演讲有至关重要的影响。那么在演讲中，我们应选用一些什么样的材料呢？

1．选择能说明主题的材料

选择材料的第一个标准就是材料要能体现主题。在选择材料时，一定要从主题出发。有些人在写演讲稿时，只从兴趣出发，不管材料能不能说明主题，都用到演讲稿中去，结果不仅不利于说明主题，反而妨碍了主题的表达。

2．选择具有典型意义的材料

所谓具有典型意义的材料，就是指有规律性、普遍性，能说明主题的材料。不要选择那些个别的、特殊的材料，因为个别的、特殊的材料起不到支撑作用，相反会给人偏颇极端的印象。

3．选择真实可信的材料

写演讲稿不是文学创作，演讲稿中所使用的事迹也必须是真实可信的，来不得半点杜撰，而且也不允许利用联想或想象去丰富本来不存在的细节。

4．选择"新鲜"的材料

任何事物都有新旧之分，演讲稿的材料也是一样的，距演讲时间越久远的材料就越陈旧，相反，距演讲时间越近的材料也就越"新鲜"。材料越"新鲜"，时代感就越强，离听众的生活就越近，也就越容易引起听众的兴趣。

5．选择符合听众心理的材料

在演讲之前，演讲者首先要明确以下问题：其面对的是一些什么样的听众？这些听众喜欢什么样的内容？他们关心什么？只有了解了听众，演讲者的演讲才能有的放矢，演讲者选用的材料才能符合听众的心理，听众才爱听、喜欢听。例如，我们要讲《今天的生活如芝麻开花节节高》，歌颂我们现在的美好生活，宣传改革开放以来的成果。如果我们面对的是工厂的工人，那么就可以工作环境的变化为材料；如果我们面对的是街头巷尾的众多居民，那么就可以用衣食住行的变化为材料……演讲者只有针对不同的听众选择不同的材料，听众才喜欢听，否则演讲很难取得好效果。

5.2.3　演讲稿的结构设计

结构合理是演讲成功的基础。演讲者在演讲之前，对如何开头、如何结尾、何处为主、何处为次、怎样铺垫、怎样承接都应成竹在胸，这样才能使演讲思路清晰、顺理成章，中心突出、铺排严谨，首尾呼应、浑然一体。只有如此，演讲者才能在限定的时间里讲出更多的内容，紧紧抓住听众的心，使之跟随演讲者的思路；同时，演讲者也能把忘记演讲内容的风险降至最低，并避免由于害怕忘记演讲内容而怯场的问题。

设计结构最有效的方法是列提纲。列提纲即把整个演讲划分成几个部分，把每个部分有机地连接起来，并在每个部分之间留出适当的空白；列提纲还应当用号码和字母标出标题并反映它们之间的从属关系。

1．正文结构的类型

要想演讲条理清楚、波澜起伏，关键是要安排好演讲稿正文的结构。常见的正文结构有以下几种。

并列式，即把所要演讲的几个主要问题排列起来，一个一个地阐述，可以以时间为序，也可以以空间为序，还可以以问题的逻辑结构为序。这种方式眉目清楚、形式整齐，便于听众理解与记忆。

总分式，即先总体提出观点或主张，然后分别对其加以阐述；或者反过来，先分别阐述问题，再归纳总结。在总分式结构中，分的部分往往又组成一个并列式结构。这种结构的正文在集中论述一个问题时，往往具有较强的说服力。

递进式，即一层深入一层地阐明问题，逐步把道理讲清楚。它可以由表入里、由浅入深，也可以由小及大、由少及多，但其内容既要符合客观事物的发展规律，又要符合听众的认识规律。这种结构的正文往往思维严谨、结构缜密，具有较强的逻辑性。

对比式，即运用比较法阐明问题。它可以是正反对比或新旧对比，也可以是时间对比或空间对比，还可以是问题的性质与类型对比，等等。这种结构的正文便于突出正面观点或主要问题。

以上几种结构最好综合使用：或以一种结构为主、其他结构为辅；或总体上使用某一种结构，局部使用另外几种结构。正文最忌讳平铺直叙，其无论为哪种结构，总的原则是要疏密有致、有张有弛、扣人心弦。

2．正文的结构安排

从内部结构来说，演讲需要形成或创造现场的情绪氛围，所讲的内容应该较为集中，通常一篇演讲稿最多只能讲两三个问题，而且这两三个问题还得在逻辑上很紧密地串联起来，以层层推演的方式，一环扣一环地展开，这时比较忌讳的是平淡罗列，尤其忌讳的是先亮论点，后举例子。这只能使听众停止思考，甚至昏昏欲睡。分散的论点和被动的（亦即无分析的、不能发展论点的）例子无异于催眠曲。而在演讲比赛中，尤其要求集中论点，因为时间的限制更大。演讲稿的结构分开头、主体和结尾3个部分，其结构原则与一般文章的结构原则大致一样。但是，由于演讲是具有时间性和空间性的活动，因而演讲稿的结构还具有其自身的特点，尤其是它的开头和结尾有特殊的要求。

（1）开头要抓住听众，引人入胜。

演讲稿的开头也叫开场白。它在演讲稿的结构中处于显要的地位，具有重要的作用。开场白有两项任务：一是建立演讲者与听众的同感；二是如字义所示，打开场面，引入正题。好的演讲稿，一开头就应该用最简洁的语言、最短的时间把听众的注意力吸引过来，这样才能达到出奇制胜的效果。因此，只有匠心独运的开场白，才能给听众留下美好的第一印象，从而为接下来的演讲做好铺垫。

演讲稿的开头有多种方法，常用的主要有以下几种。

- 开门见山，提示主题。这种开头是一开讲就进入正题，直接提示演讲的中心。例如宋庆龄在接受加拿大维多利亚大学荣誉法学博士学位仪式上的讲话的开头："我为接受加拿大维多利亚大学荣誉法学博士学位感到荣幸。"运用这种方法，必须先明晰地把握演讲的中心，把要向听众提示的论点摆出来，使听众一听就知道讲的中心是什么，注意力马上集中起来。

- 介绍情况，说明缘由。这种开头可以迅速缩短与听众的距离，使听众急于了解下文。例如，有些开头对发生的事情、人物对象做出必要的介绍和说明，为进一步向听众提示论题做了铺垫。

- 提出问题，引起关注。这种方法是根据听众的特点和演讲的内容，提出一些激发听众思考的问题，以引起听众的注意。

- 反弹琵琶，给人意外。有位班主任在欢送毕业生的晚会上致辞："我原来想祝福大家一帆风顺，但仔细一想，这样说不恰当。"这句话一下子就把大家镇住了，同学们屏息静气地听下去——"说人生一帆风顺就如同祝某人万寿无疆一样，是一个美丽而又空洞的谎言。人生漫漫，必然会遇到许多艰难困苦，比如……"最后得出结论："一帆风不顺的人生才是真实的人生，在逆风险浪中拼搏的人生才是最辉煌的人生。祝大家奋力拼搏，在坎坷的征程中，用坚实有力的步伐走向美好的未来！"

"一帆风顺"是常见的吉祥祝语，而老师偏偏反弹琵琶，从另一角度道出了人生哲理。第一句话无异于平地惊雷，又宛若异峰突起，怎能不震撼人心？

- 借题发挥，巧妙过渡。以眼前的人、事、景引出话题，把听众不知不觉地引入演讲之中。比如在教师节庆祝大会上，那天恰好天气阴沉沉的，演讲不妨这样开头："今天天气不好，阴沉昏暗，但我们却在这里看到了一片光明。"接着转入话题，讴歌教师燃烧自己照亮他人的奉献精神，为人类的未来缔造光明。

除了以上5种方法，还有悬念式、警策式、幽默式、双关式、抒情式等开头方法。

（2）主体要环环相扣，层层深入。

这是演讲稿的主要部分，在行文的过程中，要处理好层次、节奏、衔接和遣词炼句等几个问题。

- 层次。层次是演讲稿思想内容的表现次序，它体现着演讲者思路展开的步骤，也反映了演讲者对客观事物的认识过程，演讲稿结构的层次是根据演讲的时空特点对演讲材料加以选取和组合而形成的。由于演讲是直接面对听众的活动，所以演讲稿的结构层次是听众无法凭借视觉加以把握的，而听觉对层次的把握又要受限于演讲的时间。那么，怎样才能使演讲稿结构的层次清晰明了呢？根据听众以听觉把握层次的特点，显示演讲稿结构层次的基本方法就是在演讲中树立明显的有声语言标志，以此适时诉诸听众的听觉，从而获得层次清晰的效果。演讲者在演讲中反复设问，并根据设问来阐述自己的观点，就能在结构上环环相扣，层层深入。此外，用过渡句，或用"首先""其次""再次"等语词来区分层次，也是使层次清晰的有效方法。

- 节奏。节奏是指演讲内容在结构安排上表现出的张弛起伏。演讲稿的节奏主要是通过演讲内容的变换来实现的。演讲内容的变换是在由主题思想所统领的内容中适当地插入诗文、轶事等内容，以便听众的注意力既保持高度集中，又不因为高度集中而产生兴奋性抑制。优秀的演讲家几乎没有一个不长于使用这种方法。演讲稿的节奏变换既要鲜明，又要适度。平铺直叙、呆板沉滞，固然会使听众紧张疲劳；而内容变换过于频繁也会造成听众注意力涣散。所以，插入的内容应该为实现演讲意图服务，而节奏变换的频率也应该根据听众的心理特征来确定。

- 衔接。衔接是指把演讲中的各个内容层次联结起来，使之具有浑然一体的整体感。由于演讲的节奏需要通过适时地变换演讲内容来体现，因而这也就容易使演讲稿的结构显得零散。衔接是对结构的一种弥补，它使各个内容层次的变换更为巧妙和自然，使演讲稿富于整体感，有助于演讲主题深入人心。演讲稿衔接的方法主要是运用同两段内容、两个层次有联系的过渡段或过渡句。

- 遣词炼句。演讲的语言具有艺术性决定了演讲必须讲究遣词炼句。演讲语言与日常口语不同，它更加精练、优美、生动、规范。演讲语言与书面语也不同，它更注重"讲"，因而朴素、明快、简洁。书面语当中的破折号、冒号，在口语中常变为判断词"是""就是"。与书面语相比较，演讲语言中的语气词较多，显得亲切自然，具有鼓动性。要使演讲语言富有文采，必须讲究修辞。恰当地使用修辞手法，可使语言具备音韵美，达到"上口""入耳"的效果。例如：使用对仗，可以增加演讲的节奏感；使用排比，可以体现演讲的气势；连续发问，可以打破呆板的气氛，形成一种毋庸置疑、扣人心弦的强劲节拍；使用顶针格，可以增加演讲的连贯性、严谨性且使演讲内容易懂易记；引用可以增加演讲的可信度，引起共鸣。需要指出的是，演讲语言音韵美的实现始终要为演讲目的服务。因此，对于上述表现技巧，能用、用得巧妙固然是好事，若一时用不上，也不可生搬硬套，以免弄巧成拙。

（3）结尾要简洁有力，余音绕梁。

结尾是演讲内容的自然收束。言简意赅、余音绕梁的结尾能够使听众精神振奋，并促使听众不断地思考和回味；而松散拖沓、枯燥无味的结尾则只能使听众感到厌倦，并随着时过境迁而被遗忘。怎样才能给听众留下深刻的印象呢？有人说："演讲最好在听众兴趣到高潮时果断收束，在其意犹未尽时戛然而止。"这是演讲稿结尾最为有效的方法之一。在演讲处于高潮的时候，听众大脑皮层高度兴奋，注意力和情绪都由此而达到最佳状态，如果演讲在这种状态中突然收束，那么保留在听众大脑中的最后印象就特别深刻。演讲稿的结尾没有固定的格式，或对演讲要点进行简明扼要的小结，或以号召性、鼓动性的话收束，或以诗文名言以及幽默俏皮的话结尾，但一般原则是要给听众留下深刻的印象。

5.2.4 演讲方式的选择

在正式场合发表演讲时，演讲方式至关重要。

1. 照本宣科

演讲者照本宣科地念演讲稿，提出的观点是经过推敲的，材料是精心选择的，语言是流畅而自如的。对于初级演讲者来说，照本宣科式的演讲是较好的选择。但是，这种方式的不利方面是演讲者可能只顾念稿，与听众的沟通极少，现场气氛冷清枯燥。

2．记忆演讲

记忆演讲是指先写出完整的演讲稿，记住它后在现场背诵的一种方式。记忆演讲会产生相当大的压力，演讲者不仅要花时间来记忆，而且会担心忘记内容。另外，演讲者要使记忆演讲听起来出自本能和自然，就需要有相当高超的演技。

3．脱稿演讲

脱稿演讲是最值得推荐的方式。演讲者运用写好的提纲帮助自己回忆，仔细设计和组织好要讲的话、要用的关键词等，偶尔翻一下提纲卡片，就可以从一个论点转向另一个论点。脱稿演讲也具备其他演讲方式的优点。

4．即兴演讲

除非没有别的选择，否则一般不要做即兴演讲。出色的即兴演讲并不是一时的随兴而发，而是演讲者深思熟虑后的见解输出。演讲者往往拥有深厚的思想基础和丰富的信息材料，有着熟练的演讲技巧。在演讲者准备不足的情况下，谦虚的退让要胜过鲁莽的尝试。

任务三　演讲的语言技巧和非语言技巧

5.3.1　演讲的语言技巧

演讲语言的合理运用是演讲成功的决定因素之一。演讲者要提高演讲质量，必须符合演讲语言表达的4个基本要求，具体如下。

1．上口入耳

"上口""入耳"是对演讲语言表达的基本要求，也就是说，演讲的语言要口语化。演讲者说出来的是一连串内容，听众听到的也是一连串内容。听众能否听懂，不但要看演讲者能否说得好，更要看演讲稿是否写得好。如果演讲稿不"上口"，那么演讲的内容再好，也不能使听众"入耳"。

2．通俗易懂

演讲要让听众听懂。如果演讲者使用的语言谁也听不懂，那么这次演讲就会失去听众，也就失去了作用、意义和价值。因此，演讲的语言要通俗易懂。

3．准确精练

演讲用词要能够确切地表达讲述的对象——事物和观念，指出它们的本质及相互关系，以避免产生歧义和引起误解。

4．生动感人

好的演讲，其语言一定要生动。如果只是思想内容好，而语言平平，那就算不上是好的演讲。例如，鲁迅的演讲、闻一多的演讲，都是既有丰富深刻的思想内容，语言又生动感人的。语言大师老舍说得好："我们最好的思想，最深厚的感情，只能被最美妙的语言表达出来。若是表达不出，谁能知道那思想与感情怎样好呢？"由此可见，好的演讲，只有语言的明了、通俗还不够，还要力求语言生动感人。

另外，演讲语言还需注意以下几点。

1．吐字

演讲者一定要吐字清晰，咬字真切。正如戏曲艺术界讲究的"吐字归音，字正腔圆"一样，演讲者还要防止"吃字"现象。例如，把"答案"快说成"蛋"，把"关爱"快说成"怪"，把"只要你们努力"快说成"照你们努力"，等等，这种情况会影响演讲效果。

2．重音

对演讲者来说，利用轻、重音的变化来有效地传情达意是非常必要和重要的。当然，这是指对逻辑重音的运用。它既能突出演讲中某些关键的词、句和段，从而突出地表现某种思想感情，又能美化语言。

3．节奏

演讲时的抑扬顿挫、轻重缓急构成了语言的节奏。它是演讲中的一切要素的有秩序、有节拍的变化。离开变化，节奏便无从谈起；离开了内容，节奏就毫无意义。

演讲节奏的快慢缓急主要是根据表达思想感情的需要而变化的。演讲者在表达一般内容时，语速可以适中，既不能太快，也不能太慢；当表达热烈、兴奋、激动、愤怒、紧急、呼唤等内容时，出言吐语就要快些；当表达庄重、怀念、悲伤、沉寂、失落、失望的思想感情时，语速可以放慢些。

4．语调

语调有高低变化，或者说有抑扬变化。一般来说，高音为升调，即句子调值由低到高，句尾发音往往最高，一般用于疑问句。低音为降调，即句子调值由高到低，句尾发音往往最低，一般用于陈述句、祈使句和感叹句。

5．停顿

停顿就是说话时的间歇。演讲者在演讲时不仅要有停顿，而且还应该巧妙地利用停顿，将停顿变为一种表达艺术，以求更有效地表达思想感情。

6．句式

汉语中的句式多种多样，丰富多彩。每种句式都有其特定的表意功能，其语气、语调、气势等各有不同。一般来说，长句字数多、结构复杂、表意缜密严谨，短句结构简单、明快有力；口语句活泼生动、通俗易懂，书面语句典雅简洁、蕴涵丰富；整句结构相同、整齐匀称、富有节奏感和形式美，散句舒缓悠远、不拘一格。

5.3.2 演讲的非语言技巧

非语言技巧也是演讲的主要技巧之一。它主要配合有声语言生动形象地表达演讲者的思想感情，包括表情、眼神、姿态、手势等。在演讲中合理地运用非语言技巧能够产生较好的现场效果。

1．表情

表情是人的思想感情最复杂、最准确、最微妙的"晴雨表"。人们往往会不由自主地或自觉地运用面部表情来表达自己的思想感情，而其他人能够读懂这种特殊的"语言"，如喜悦、悲痛、畏惧、愤怒、忧虑、怜悯、鄙夷、疑惑、失望等。表情可以对听众施加影响，更好地达到演讲的目的。

2．眼神

眼睛是心灵的"窗户"，而眼神则是从心灵的"窗户"投射出来的"阳光"。眼神是演讲者在演讲中运用的重要的非语言技巧。眼神能帮助人们传达许多具体、复杂甚至难以言传的思想感情，它在演讲与交谈中具有重要的表情、表意和控制场面的作用。在与听众的交流中，有经验的演讲者总是能够恰如其分地、巧妙地运用自己的眼神去表达千变万化的思想感情，去调节演讲和现场的气氛，去影响听众，以收到最佳的演讲效果。

3. 姿态

演讲者在演讲时首先要注意自己的站姿，争取给人留下一种精神饱满、胸有成竹的好印象。著名演讲家曲啸曾在介绍演讲经验时说："演讲者的体态、风貌、举止、表情都应给听众以协调的平衡的至美的感受，要想从语言、气质、神态、感情、意志、气魄等方面充分地表现演讲者的特点，也只有在站立的情况下才有可能。"

4. 手势

大方、得体的手势是演讲必不可少的。自然而安定的手势可以帮助演讲者平静地陈述和讲解，急切而有力的手势可以帮助演讲者升华情感，柔和、平静的手势可以帮助演讲者抒发内心的情感……

在演讲中，手势的使用频率最高，视觉感受最强。可以这样认为，手势是演讲者的第二张脸，它能够传递奇妙的无声语言。例如，一位演讲家曾精确地描述过演讲的手势效应："手是人体敏锐、丰富的表情器官之一。它以众多的不同态势的造型艺术，描摹着事物的复杂状貌，传递着人们的潜在心声，披露着心灵深处的微妙情感。它是激发听众积极思维的信号，是撩拨听众感情之弦的信息。"

> **【实战练兵】**
> **实战目的：掌握演讲的技巧**
> **实战方法：**
> 两名学生一组，分别选不同的题目轮流演讲，之后进行学生互评和老师点评。
> **实战效果：**
> 学生掌握演讲的技巧。

项目小结

- 演讲就是艺术化地发表意见或阐明事理。它由信息、演讲者、听众3个基本要素组成，是演讲者与听众的双边活动，具有艺术性、鼓动性等特点。
- 在构思演讲时，演讲者要确定演讲题目，精心选择演讲材料，合理设计演讲稿的结构，并选择合适的演讲方式。
- 演讲者合理运用语言技巧和非语言技巧可获取更佳的演讲效果。

项目实训

1. 简要概述演讲的整体构思。
2. 回忆自己最近的一次演讲，该演讲的效果如何？在哪些方面需要改善？
3. 演讲的非语言技巧有哪些？
4. 演讲常用的语言技巧有哪些？
5. 创设现场情境，进行演讲练习。

（1）在中秋节（或国庆节、春节）文艺晚会开始之前，面向学生干部的演讲。

（2）在同学或亲人的生日宴会、毕业多年后的同学聚会上的演讲。

（3）在围绕某主题开展的主题班会上的发言（主题由学生自定）。

请选择一种情境展开联想和想象，写一篇400字左右的演讲稿并进行演讲。

6. 演讲技能自我测试

步骤

请你对下列陈述进行评分，并将分值写于空白处，你的回答反映你现在的态度和行为，采用这种方式可以帮助你发现自己在演讲时处于何种水平。通过自我评价，你就可以识别自身的不足，进一步根据自身特点调整你的学习方向。

测试题

总是（5分）→从不（1分）

（1）我在整个演讲过程中眼睛同听众保持接触。　　　　　　　　　5　4　3　2　1

（2）我的身体姿态很自然，我没有因为紧张而做作。　　　　　　　5　4　3　2　1

（3）我能运用基本的手势来强调我的要点。　　　　　　　　　　　5　4　3　2　1

（4）我能运用停顿、重复和总结来强调我的观点。　　　　　　　　5　4　3　2　1

（5）我每次演讲前都会确定具体的目标。　　　　　　　　　　　　5　4　3　2　1

（6）我会对听众的需求、忧虑、态度和立场进行分析。　　　　　　5　4　3　2　1

（7）在组织思路时，我会先写下几个主要的论点。　　　　　　　　5　4　3　2　1

（8）我会特意准备一个颇具吸引力的开场白。　　　　　　　　　　5　4　3　2　1

（9）我在演讲的结尾会呼应开头，且必要时能要求听众采取行动。　5　4　3　2　1

（10）我制作的PPT简明扼要，有助于达到演讲的目的。　　　　　 5　4　3　2　1

（11）我的论点、论据之间有内在的逻辑联系，有助于支持我的观点。5　4　3　2　1

（12）我会把紧张、焦虑转换为热情和动力。　　　　　　　　　　 5　4　3　2　1

（13）我会清楚地叙述我的观点会给听众带来的好处。　　　　　　 5　4　3　2　1

（14）我会热切、强烈地讲述我的观点。　　　　　　　　　　　　 5　4　3　2　1

（15）我会事先演练，以免因过分依赖演讲稿而不能注意听众的现场反应。5　4　3　2　1

（16）我在演讲稿中只写关键词，以免照本宣科。　　　　　　　　 5　4　3　2　1

（17）我会预测听众可能会提出的问题，并且准备相应的答案。　　 5　4　3　2　1

（18）我的声音清楚，语速适中，富有感染力。　　　　　　　　　 5　4　3　2　1

（19）我会有意识地运用语音、语调和语速来强调某些内容。　　　 5　4　3　2　1

（20）演讲前，我会检查场地及相应的设施。　　　　　　　　　　 5　4　3　2　1

（21）准备演讲时，我会估计可能遇到的反对意见。　　　　　　　 5　4　3　2　1

（22）整个演讲过程我充满自信。　　　　　　　　　　　　　　　 5　4　3　2　1

（23）演讲前，我会检查我的衣着打扮是否得体。　　　　　　　　 5　4　3　2　1

自我评价

105～115分——你具有优秀演讲者的素质。

98～104分——你的演讲技能略高于平均水平，有些地方尚需要提高。

98分以下——你需要严格地训练你的演讲技能。

项目六
会见

学习目标

【知识目标】

1. 熟悉会见的一般过程。

2. 熟悉几种主要的会见类型。

3. 熟悉会见的技巧。

【技能目标】

1. 掌握会见的过程。

2. 能运用会见的技巧。

【素养目标】

1. 培养和善亲切、谦逊随和、热情诚恳地与人沟通的习惯。

2. 树立正确的人际交往观念。

3. 培养爱岗敬业、诚实守信的职业品格。

面谈的魅力

李林在爱声公司担任培训师已经十余年了。她当年找工作时，爱声公司才创立两年，规模也不如现在。当时爱声公司给她的反馈是："虽然我们眼下不打算招聘培训师，但你还是可以马上把简历寄过来，因为我们一直在挖掘人才。"翌日，在爱声公司刘总的办公室，秘书拿来了李林的简历，并说："我告诉她和您面谈的话得预约，可她执意要见您。"刘总扫了几眼简历，发现还不错，但没什么过人之处；他感觉李林有点咄咄逼人，但出于礼貌，还是接见了她。就在他见到她的一瞬间，他发现女孩本人比她的简历更能打动人。她的从容淡定、明亮的嗓音、充满朝气的举止、优雅的姿态和真诚的笑容，无一不流露出自信，体现出才能。就在见面握手的那30秒后，刘总感觉，自己已经进一步了解了简历之外的那个李林。他们面谈了半个小时。两个月后，李林如愿以偿地被录用了。

如果李林只是寄了简历给爱声公司，而不坚持去公司面谈，那么就失去了现场展示自己才能的机会。

任务一　会见的一般过程

会见是两个或两个以上个体之间的碰面。从本质上说，它是社会性的，而且是有一定目的的。会见中个体间的互动是复杂的，同时也反映了参加会见的个体在其中的角色。通常，会见的过程包括准备阶段、实施阶段与总结阶段。

6.1.1　准备阶段

会见是正式的，它要求参加者严密地组织，有计划地开展。认真地完成准备工作，才可能完成一次有效的会见。准备工作是会见成功的关键，因为会见的时间并不能因会见双方的喜好与需求无休止地拖延下去。大量统计数据表明，会见的时间一般在30分钟左右，这要求事先做好准备工作，以充分利用宝贵的时间。

在准备阶段要做的工作很多，首要的就是主持会见的人（会见者）本身的准备。在筹备一次会见的时候，主持人首先需要检查一下自己是否具备足够的资料和丰富的知识。例如，第一，自己是否对会见对象有所认识；第二，是否对自己有充分的认识；第三，是否对公司有充分的了解；第四，是否对所讨论的事项有充分的准备；第五，作为主持人，是否能够以客观的态度代表公司发言，以及听取对方的意见。

除了主持人自身的准备外，针对每一次具体的会见，我们需要考虑以下几项重要的内容。

1. 明确会见的目的

会见的目的是一切与之相关的话题的出发点，如果你想成为一名成功的会见者，就必须确定会见的目的。会见的目的就是"为什么要进行这次会见"，比如是为了了解信息，还是为了说服对方转变观念，或是为了发号施令，抑或是为了咨询，等等。只有确定了会见目的，才能进行下一步的准备工作。例如，《爱丽丝漫游奇境记》中有这样一段对话：

"请您告诉我，在这里我应该走哪条路？"爱丽丝问。

"这完全取决于你要到哪里去。"卡特说。

"我根本就不在乎到哪里去。"爱丽丝说。

"那你走哪条路都无所谓。"卡特说。

这段对话给我们的启示是，凡事首先要确定目标，如果像爱丽丝那样，便无法做到有的放矢。因此，只有确定了会见的目的，即明确想要实现的目标后，才能决定怎样去实现这个目标。要使目标明确，必须做到两点：①确切地知道将要完成什么工作；②清楚地说出想要的是什么。

2．确定需要从对方处收集的信息

在会见之前，会见者通常会根据会见目的阅读有关的文件，把会见中想要获取的信息进行归类，并且按照其内在的逻辑关系进行排序，剔除那些重复的问题，然后将需要收集的信息列成一览表。这样可以使其更具有条理性，避免遗忘。

3．准备相关的资料，解答对方可能提出的问题

在准备阶段，会见者需要考虑对方将怎样回答问题，同时还要考虑对方将会提出哪些问题，以及对方的性格与背景如何等。在准备资料时，会见者应做到以下几点：①了解哪些资料是会见所需的，如有时间可全部收集；②找出重要的资料，并仔细推敲；③确定哪些资料可支持自己的观点，找出并做记录和整理。

4．确定会见的地点与时间

（1）会见地点对会见的气氛和结果可以产生较大的影响。与会议的组织类似，在会见时，会见者应尽可能选择一个自己熟悉的地点，这样可以使自己有更强的控制力。如果不能做到，也可以选择一个双方都熟悉的地点，从而营造一种放松的气氛。需要注意的是，办公室的空间安排会对会见的效果产生极大的影响。研究表明，大部分办公室都可以分为两个区域：一是压力区域，即办公桌周围的那片区域，它主要是为正式交谈服务的，其特点通常是办公室的主人坐在办公桌的后面，其是交谈的引导者；二是半社会化区域，即稍微远离办公桌的区域，如果是较大的办公室，其中可能还会有舒适的沙发和茶几，在这个区域内的交谈被认为是建立在比较平等的基础之上的。

另有研究表明，会见双方的相对位置也会影响交谈的气氛。交谈时，双方的座位呈直角的交谈会比面对面的交谈自然6倍，比肩并肩的交谈自然2倍。

（2）会见时间的安排也会影响会见的质量。时间仓促的会见往往只能草草收场而难以收到预期的效果，重要的会见应该安排在双方时间都比较充裕的时候。因此，会见应尽可能提前安排，以便双方安排好各自的工作，从而使会见在不受干扰的情况下进行。

5．确定会见的程序

在决定了会见的目的和研究了有关资料后，会见者应该对会见进行概括性的排练，这是对准备工作的检查和进一步完善。

（1）会见前。确认日程中有恰当而充分的时间安排；确定并通知对方会见的时间及地点；制订会见计划；做好各种准备工作，与对方联络，建立有助于会见的关系。

（2）会见中。相关注意事项如下：如何开始，从何处着手表明目标；按计划展开主题，充分展示证据，加强所要表述的观点；总结并认可有关结论和所采取的行动；是否需要安排下次会见，是否有必要确定何时结束会见；可能出现的问题有哪些，如何清除，如何实现目标，计划是否完成；是否有必要按备选方案与策略进行会见而放弃手头的计划；在会见中如何做记录；等等。

（3）会见后。结束会见后，进行必要的回顾；对会见的内容、过程按照会见记录进行回忆；

整理记录；根据目标和计划评价会见结果；等等。

6.1.2 实施阶段

实施阶段是一次会见的主体阶段，任何准备工作都是为了实施而服务的。实施阶段的主要工作如下。

1．营造适当的会见气氛

会见的气氛是指会谈时的语气和会见的总体状况。一般来说，会见者要与对方建立良好的关系，营造舒适、和谐、开放的气氛，并且在会见的整个过程中，要不断注意这种气氛是否遭到了破坏，要有意识地维护这种气氛。对于大多数被会见者而言，会见是一种独特的经历，其地位的被动性以及被置于尴尬境地的可能性使其不免有些紧张。营造宽松的气氛，有助于使被会见者放松，令信息顺利通畅地互换，提高会见成功的概率。

当然，如果宽松的气氛与会见的目的相悖，也可以选择营造紧张的气氛。

2．提问

提问是会见中获取信息最主要的手段，不同的提问方式会直接影响会见的气氛、被会见者的情感和由此产生的会见结果。一般来说，有以下几种提问方式。

（1）开放式提问与封闭式提问。开放式提问给被会见者提供了充分的表现机会，能有效地鼓励被会见者做出他认为全面完整的答复，从而为会见者提供全面的信息。典型的开放式提问包括"大家对目前的考核办法是怎么看的？"等。封闭式提问则恰恰相反，如"你愿意到我们这个团队工作吗？""你是否对目标的考核办法感到满意？"等，它仅要求被会见者做简短的回答，有时甚至只需以"是"或"不是"作答。

（2）中性提问与引导性提问。中性提问不含有任何有关会见者偏好的暗示，因此，被会见者回答的真实性很强，也比较可靠。中性提问的例子有："你为什么离开那家公司？""你如何看待大学生谈恋爱的问题？""你对此次宣讲会有什么看法？"等。引导性提问则常常有意无意地将被会见者的反应引导至会见者希望的方向。在会见中，使用引导性提问应特别慎重，它虽然有助于证实一些事实性的细节，但运用不当极易造成信息的扭曲与偏差。当然，如果你的会见目的就是说服别人，那么就可以采用这种方式。引导性提问特别适用于说服工作，是推销员经常用的提问方式。通过引导性提问，如"你是否像大多数人一样喜欢使用××产品？"等，推销员可以引导应答者接受他们的想法。

（3）深入性提问。当你对某个问题感兴趣，需要进一步了解事情的细节和始末时，可以采用深入性提问的方式。它有助于会见者对被会见者加深认识，有时也有助于辨别被会见者回答问题的真实性。同时，深入性提问如"你认为自己的交际能力比较好，能够举个例子来证明一下吗？"等，可以把谈话内容从一般引向具体，也可以鼓励社交退缩的人对自己的观点进行深入表达。

（4）别有用意的提问。它具有较强的诱导性，通常被用在需要了解被会见者情绪和情感的场合。会见者可通过这类问题配以适当的语气向被会见者施加压力，迫使其暴露内心情感。当你需要给被会见者施加压力时，可以采用这种提问方式，但在大多数会见中，没有必要使用此种方式，因为它对会见者的技巧有很高的要求。

（5）假设性提问。采用此方式是考察被会见者处理具体问题的能力，或者其他有关信息，如"你若是总裁，如何看待不称职的部门经理？""如果你是营销主管，如何处理与生产部主管的关系？""如果你是人事部经理，如何处理这种事情？"等。这种方式可为被会见者提供在具体环境下处理问题的机会，使其展示他的工作能力和工作方法，也可进一步探究其对某问题的态度或者经验。

（6）重复性提问。当需要确认某个问题时，可以采用这种提问方式，如"看来你是打算辞职了？"等。重复性提问也用于使被会见者了解你在认真地倾听，可融洽气氛。

（7）重复与停顿。严格地讲，重复与停顿并不属于提问的范围，但是它们往往能起到提问的作用，它们是会见者暗示被会见者继续提供信息的信号。

3．倾听

在所有的交流方式中，积极倾听很重要。正像有人说的那样："如果我倾听别人讲话，我就处于有利地位；如果是我讲话，别人就处于有利地位。"一般来说，一位优秀的会见者用于谈话的时间不会超过整个会见时间的1/3，这就意味着，会见者应当利用2/3的会见时间去积极地倾听。

【案例在线】

你认真听了吗？

有位大学毕业生到编辑部去求职，主编照例同他谈话，刚开始一切都很顺利。由于对他的第一印象很好，主编后来就谈起了自己在假期的一些经历。可大学生走了神，没有认真听。临走时，主编问他有何感想，他回答说："您的假期过得太好了，真有意思。"主编盯了他好一会儿，最后冷冷地说："太好了？我摔断了腿，整个假期都躺在医院里。"

认真倾听他人的讲话能够体现对他人的尊重，是良好沟通的基础。

4．回答问题

人们经常强调如何倾听、如何向别人提问，但是对如何回答问题却探讨得很少。在事实相似的情况下，回答问题的方式会在很大程度上影响别人对你的看法，同时也会影响会见的气氛与结果。回答问题的方式大致可以分为直接型回答与委婉型回答两种。

直接型回答的优势在于直接、高效，能清晰地表明说话者的立场，但是直接型回答的效果在很多场合不一定好。委婉型回答适用于一些比较难以应对的情境，可避免双方陷入尴尬境地，同时还可以展示应答者机敏的特征。

例如在面试的时候，可能会遇到这样的问题："你是学艺术的，为什么来申请管理岗位？"

直接型回答："你们已经说明'不限专业'了，所以我想来试试。"

委婉型回答："据说非本专业的灵感往往比内行更多，因为他们没有思维定式。"

5. 记录问题

在多数情况下，把会见要点记录下来是一种明智的做法，这一点对于重要的会见尤为重要。但是在会见中埋头做记录往往会分散注意力，影响会见的正常进行。因此，做记录时应尽量不引人注目，同时也不影响自己积极倾听对方的谈话。要做到这一点，有效的办法之一就是运用一张会见前拟好的标准格式表（即绩效考核会见表，如表6-1所示）。我们在会见前可根据能够利用的文件资料填写有关项目，在会见中再完善相关内容，在会见结束后抽时间对会见加以评注。

表6-1　绩效考核会见表

部门	职位	姓名	考核日期
			年　　月　　日
工作成功的方面			
工作中需要改善的地方			
是否需要接受一定的培训			
本人认为自己的工作在本部门和全公司中处于什么水平			
本人认为本部门和全公司中工作表现最好、最差的员工分别是谁			
对考核有什么意见			
希望从公司得到怎样的帮助			
下一步的工作和绩效的改进方向			
会见人签名			
备注			
说明	① 绩效考核会见表用于了解员工对绩效考核的反馈信息，并最终提高员工的业绩 ② 绩效考核会见应在考核结束后的一周内由上级主管安排，并将会见结果报行政人事部		

6. 结束会见

当会见者获得了所需要的信息之后，他就要准备结束会见了。通常，他会直截了当地说明自己的意图，并感谢被会见者的合作，还会为被会见者提供了解相关信息的机会。会见者应坦率、简洁、全面地回答被会见者的提问，如下次会见的时间与地点安排等。

6.1.3　总结阶段

会见的结束、与被会见者道别并不标志着会见的任务已经完成。此时，会见者手中掌握的只是一大堆事务性、细节性的材料，这些材料必须经过归纳、总结、整理，才能为解决问题提供依据，而解决问题才是会见的最终目标。

【案例在线】

一次不成功的求职

一位先生曾经去应聘，起初一切都进行得很顺利。当商谈到什么时候开始正式工作时，面试官站起身来倒了杯水，轻松地问他："你喜欢玩游戏吗？"求职者误以为是换个话题轻松一下，于是随口答道："我通常在对工作感到疲倦时通过玩游戏来放松。"面试官脸色马上沉下来，说："工作时间玩游戏，这样的员工我们不能要。"

会见总结阶段对于被会见者来说也非常重要，不可以忽视。

任务二 会见的主要类型与技巧

会见的主要类型包括招聘会见、信息收集会见、信息发布会见、考绩会见、咨询会见、申诉会见、解惑会见、对立式会见（谈判）等。会见的技巧是一门非常精深的学问，合理运用会见的技巧，有助于实现会见的目标。

6.2.1 会见的主要类型

1. 招聘会见

招聘会见是会见中最常见的一种类型，就是一般所说的面试。在会见中，通过面试者与应聘者面对面的接触和问答式的交谈，招聘单位可以了解应聘者的各方面情况，从而做出正确的录用选择。但是，一方面，由于面试是一种主观性评价方法，面试的有效性与可信度在很大程度上取决于面试者的经验及技巧；另一方面，从应聘者的角度来看，面试时多多少少会紧张，要克服不稳定的心态、避免表现失真，应聘者就要对面试的目的、内容有一定程度的了解与准备。

大致来讲，招聘会见一般分为3个阶段。

（1）接触阶段。该阶段的目的在于消除紧张和恐惧感，使面试者与应聘者建立和谐的关系。接触阶段交谈的内容一般包括：应聘者明确此次会见的内容和持续的时间，面试者询问应聘者的业余爱好、个人经历（包括学习与工作经历）等。

总之，在这一阶段，面试者主要是通过询问一些易于回答的、挑战性相对不强的问题来缓解应聘者可能存在的紧张情绪，并与应聘者建立融洽的关系。

（2）询问与回答阶段。该阶段的主要目的在于考查应聘者的能力与素质是否适合他所应聘的岗位与企业。不同的企业所关注的能力与素质存在一定的差异，因此问及的问题也会有所不同。一般来说，面试者主要通过询问围绕动机、特质、自我概念、知识与技能5个方面设计的问题来获取应聘者的信息，为对应聘者的最后评价做准备。

① 动机：使行为指向特定的行动或目标，离开了动机，行动或目标就难以实现。

② 特质：指的是个体对情境或信息做出的一类反应。

③ 自我概念：指个体的态度、价值观或自我形象。

④ 知识：指一个人在某一领域所掌握的信息，这种信息的突出特征是区别于学术性知识，它强调的是运用于实践工作中的专业知识。

⑤ 技能：指的是心理或认知技能胜任力，包括分析思维（如处理知识和数据、决定因果、组

织数据和计划的能力）和概念思维（如模式再认的能力）。

（3）结束阶段。该阶段的主要目的有两个：一是面试者与应聘者就今后的进程达成一致意见；二是面试者对应聘者的素质做出大致的判断，为最终形成完整的测评报告做准备。

在招聘会见中，面试者应该注意营造和谐的气氛，紧紧围绕会见的目的，不要轻视应聘者，认真倾听，不应过度关注应聘者的外表。

> **【实战练兵】**
> **实战目的：掌握求职面试技巧**
> **实战方法：**
> 　5名学生一组，运用角色扮演法，其中2名扮演应聘者，其他3名扮演面试官，进行招聘会见情景模拟，之后进行小组互评和老师点评。
> **实战效果：**
> 　学生掌握招聘会见流程及注意事项。

2．信息收集会见

信息收集会见是一种常用的会见类型，是与信息有关的会见，通常与数据、事实、描述、评价与感受等有关。当需要收集与某个话题有关的事例或者需要帮助时，我们可以进行信息收集会见。进行工作分析、绩效指标确定、薪酬体系设计、组织战略贯彻、员工离职原因调查等都需要进行信息收集会见。

（1）信息收集会见的形式

常见的信息收集会见有以下两种形式。

调研会见：当管理者想了解市场的真正需求、顾客的偏好、顾客在挑选产品时最关注的地方、产品销售群体等信息时，往往会使用调研会见的方法。此时，会见双方较多采用简洁、易记录、易分析的封闭性问题。由于调研会见的正确性与可靠性主要取决于调查问卷、被调研者和调研者，因而在这种类型的信息收集会见中，我们应多采用有组织、有条理的问卷调查方式。

离职会见：在信息收集会见中，离职会见是比较特殊的一种会见形式，其特殊性在于获取真实信息有难度。离职会见的目的主要是调查员工自动离职的原因，若一定数量的员工因为相同的原因而离职，就说明企业内部在组织安排、激励机制等管理方面确实存在着问题，需要调整。

（2）信息收集会见的一般过程

大多数的信息收集会见过程都可以分为以下几个阶段。

① 收集背景信息阶段。由于信息收集会见的目的是为以后的分析、行动打基础，并提供最原始的第一手资料，这要求会见过程紧凑，充分利用时间，不必为可以通过其他渠道获得的信息而浪费时间。收集信息时，收集者可借助组织图表、生产记录等一系列文件对所需信息形成概念性认识，并构造会见的基本的、常用的框架，用以回答"什么""怎么样""谁"等问题。

② 准备阶段。在这个阶段，收集者要决定在会见中需要获得何种信息，以及如何获取这些信息。这些决定将回答如下问题：受试者是谁？顺序如何？会见的时间有多长？会见的地点在哪里？是否存在干扰提问与回答的因素？如果有，如何克服？会问一些什么样的问题？会见结果如何记录，是记笔记还是录音？如何展开提问以获取所需信息？

③ 会见阶段。这一阶段是收集者熟练运用各项会见技巧，充分收集所需信息的阶段。由于会

见过程的主旨在于获得大量信息，收集者应循循善诱，调动受试者的主动性，为其创造一个畅所欲言的环境。获得信息的质量不仅取决于提出的问题，而且取决于提问的方式。一个老练的收集者将在会见中运用开放性问题和沉默等技巧，较多地使用追踪性提问，避免对受试者的回答做出当面评论，并掌握会见的时间。

④ 分析阶段。在会见结束之后，收集者有必要分析一下所得到的信息及会见过程的效率。同时，既然信息收集会见以获取信息为目的，那么在会见后将经过整理的会见记录交给受试者核对，将大大提高所获取信息的准确性，进而提高会见的效率。此外，由受试者核对记录的做法也体现了收集者对受试者的尊重，便于下一次会见的开展。

3. 信息发布会见

信息发布会见是以会见者向被会见者发送信息为主要内容的会见形式，如向新员工介绍企业基本情况、对其提出基本要求的迎新会见，向员工代表宣布企业某项重要决策的会见，向骨干员工宣布企业经营状况信息的会见，等等。信息发布会见的主要目的是通过传递必要的信息来影响与激励员工，增强员工的凝聚力，使员工与组织真正成为"命运共同体"。此外，迎新会见还可以帮助新员工明确自己的工作职责，尽快适应新的工作环境，形成正确的工作态度与理念，从而影响新员工对企业的最初看法、态度与期望。

4. 考绩会见

考绩会见即绩效考核会见，又叫"考绩面谈"或"考评会见"，是指绩效考核结束后，管理人员在规定的时间内将考核结果反馈给下属的会见形式。考绩会见的目的：一是使双方对考核结果达成共识；二是共同探讨工作中存在的问题，并提出改进措施。

（1）考绩会见的内容主要包括对考核结果形成一致的看法，总结被考核者在某一特定考核期内的表现，指明被考核者的优点与不足，对下一阶段工作的期望达成一致，制定其个人业绩目标，讨论并确定双方都能接受的绩效改进计划与方法，制定未来的培训与发展目标。

（2）考绩会见的一般过程

高效的考绩会见过程主要包括以下几个阶段。

准备阶段：这一阶段包括通知被考核者会见的时间和地点，保证地点适合会见并有足够的空间进行会见。它还要求考核者阅读有关的背景文件，最重要的是，在会见之前要告诉被考核者对他们进行考绩会见的目的。在被考核者回顾业绩时，应该给其足够的时间，让其能够准备关于工作业绩的想法。

会见阶段：考核者要让被考核者回忆以前制定的目标，并告诉他们这次会见的内容和过程。为了提高被考核者的参与程度，提高考绩会见的效率，许多企业通常会准备一张自我考核表，让员工对自己的工作做出自我评价。考绩会见是一个双向沟通的过程，所以在会见的开始阶段，考核者要鼓励被考核者谈谈他们关于自己工作业绩的观点，考核者也应当恰当地使用倾听技巧。建立在互动基础上的会见，其结果必须是双方达成共识，以便提高工作业绩并制定以后的目标。在考绩会见的过程中，考核者应注意以下问题：

① 建立彼此信任的关系，形成有利的会见气氛；

② 清楚地说明考绩会见的目的是培养员工；

③ 鼓励被考核者讲话，考核者要多听，不要打岔或只顾发表自己的看法；

④ 注意对方的情绪，避免产生对立情绪和冲突；

⑤ 面向绩效本身而回避性格问题；

⑥ 面向未来而不追究既往；

⑦ 优缺点并重，突出优点和对未来工作绩效的期望；

⑧ 以积极的方式结束会见，唤起员工的激情。

会见总结阶段：将会见内容正式记录下来，如果是在一个开放的系统中，则记录要让被考核者看完后再签名确认；共同达成的目标也要记录下来，其中也包括管理人员应采取的支持行动。这些行动的实施与反馈的有关信息对增加考绩会见的可信度都是非常重要的。

5．咨询会见

咨询会见通常涉及被会见者的个人问题，因此，在咨询会见中，参与双方相互间的信任以及由此形成的和谐关系对于提高会见的效率是至关重要的。这就要求会见者不能将自己的观点、反应、情感等强加给被会见者。认识不到咨询的这个基本规律，不仅会影响会见的效率，而且会使被会见者迷惑不解。因此，为了使会见更好地进行，会见者就需要真诚、积极、完全地接受被会见者，体会被会见者的情感。咨询会见的过程通常包括以下几个阶段。

准备阶段：咨询会见是建立在会见者与被会见者之间和谐关系的基础上的，如果会见者对会见感到不自在，那么他应该考虑换一个人代替他进行会见。但是如果被会见者特别提出要与他进行会见，那么他就应该完成这次会见。准备阶段还包括准备一个安静的场所，以保证会见进行时不被打扰；会见者也要留出足够的会见时间。

会见阶段：由于咨询会见相当耗时，如果会见者时间有限，那他在会见开始前应提出来；如果有必要，他还可以考虑另选时间进行会见。还有一个困扰会见双方的问题就是信心，如果会见双方中的某一方对会见没有信心，那么会见就不需要进行下去了。

会见的目的是让被会见者阐述所出现的问题。在会见中，会见者需要倾听被会见者讲述的问题。在这个过程中，会见者不需要阐述自己的观点，而只需要倾听和接受。如果需要采取行动，那么会见者的职责只限于帮助被会见者选择某种行动方案；但真正决策的是被会见者，因为这是他的问题而不是会见者的问题。

会见总结阶段：会见结束后，会见者有必要进行自我评估，并反思一下是否有可改进的地方。在实际工作中，有效的会见还应能减少摩擦或冲突，更好地控制时间，保持高昂的士气，等等。

6．申诉会见

当员工对机构内任何一件事觉得不满意或需要申诉的时候，都应该有申诉的途径。一般的机构总有些政策或措施未能符合全体员工的期望，个别员工对整个机构的制度或人事方面也会产生怨愤的情绪。因此，申诉会见的目的就是在机构内设专人负责聆听员工的不满，给他们一个申诉的机会，以达到"不平则鸣"的目的。申诉会见的主持人应该时时刻刻都做好充分的准备，以应对不同类型的投诉。

（1）主持人本身的态度很重要，应该让人感觉到他充满诚意，有正义感，使申诉者能够倾诉心里所有的不平。

（2）申诉会见进行的时候，主持人需要运用理解力和判断力，去判定这究竟是一宗什么性质的申诉事件。

（3）主持人在了解事情的始末之后，要进一步搜集资料。

（4）主持人在与申诉者交换意见之后，应该着手调查申诉事件的起因，并查明是否有充分的证据支持申诉。

（5）主持人要以最快、最有效率的方式调查这宗事件，并提出解决的办法。

7．解惑会见

随着机构的拓展、组织的改革及科技日新月异的发展，员工面对的问题日益增加，而这些问题会直接或间接地影响他们的生活。因此，企业方面若能为他们提供一种解决问题的方法，或是提供一个讨论问题的机会，则可以减轻员工受到的压力，使其更加专心地工作。

解惑会见是各种会见中最特别的一种会见，因为每一个问题都具有独特性，不可一概而论，因此，主持人便需要运用其人生经验、处世技巧以及判断力给面临困难的人提供帮助。同时，解惑会见的主持人必须在机构内有一定的地位，而且富有经验，在面谈方面具有高超的技巧。在会见的过程中，他应该以诚恳的态度去和有困难的人做真诚的讨论，找出问题的根源，并设法为有困难的人提供解决问题的办法。

8．对立式会见（谈判）

一般的会见形式是由机构的代表，也就是由会见者与被会见者一起详细讨论问题，然而，当双方的观点、立场、身份、地位、等级不同时，便出现了对立式会见，即谈判。

谈判过程一般分为6个阶段，即导入阶段、概说阶段、明示阶段、交锋阶段、妥协阶段、协议阶段。

（1）导入阶段是在谈正题之前的一个短暂的阶段，主要是双方相互寒暄，自我介绍。这时应创造良好的谈判气氛，这种气氛应当是坦诚、和谐、轻松、认真、有条不紊和富于创造性的。

（2）概说阶段是让对方了解己方的目标和想法，同时也要隐藏不想让对方知道的资料，不要将己方的情况和盘托出。

（3）明示阶段是为了达成协议，双方应该心平气和地讨论，追求实现自己的目标是谈判的原则。

（4）交锋阶段会产生明显的对立状态，这时双方都想占优势，自然争论激烈，气氛紧张。

（5）在谈判中，双方结束交锋后便会从容地进入妥协阶段。交锋结束的时候，便是寻求妥协途径的时刻。

（6）协议阶段是经过交锋和妥协阶段，双方认为基本达到自己的理想目标，便拍板表示同意，然后双方在协议书上签字，握手言欢，谈判即告结束。

6.2.2　会见的技巧

会见是一门学问，它包括为人处世的道理，人际交往能力，讲话、表达的艺术，等等。由于篇幅有限，这里只对会见中经常需要用到的几种技巧做简要的介绍。

1．介绍的技巧

（1）介绍的规则。会见时，双方一般都会相互介绍，尤其对于互不熟悉的双方，介绍就显得更为重要了。在较为正式、庄重的场合，运用两条常用的介绍规则：一是把年轻人介绍给年长的人，二是把男性介绍给女性。在介绍过程中，先提某人的名字是对此人的一种尊敬。例如，要把李明（男性）介绍给张燕（女性），可以先这样说："张燕，让我把李明介绍给你，好吗？"然后做介绍："这位是张燕，这位是李明。"假若女方是你的妻子，那么你就先介绍对方，然后介绍自己的妻子，这样做才不失礼节。再如，把一位年轻的女同志介绍给一位德高望重的长辈，则不论性别，均应先向长辈介绍，可以这样说："王老师，我很荣幸能向您介绍王茜。"

在介绍时，最好是姓名并提，还可附加简短的说明，如职称、职务、学位、爱好和特长等。这种介绍方式等于给双方提供了开始交谈的话题。如果介绍人能找出被介绍双方的某些共同点就更好了。例如，甲和乙的弟弟是同学，甲和乙是校友，这样无疑会使其初识时的交谈更加顺利。

（2）记住对方的称呼。人际交往离不开语言，如果把交际语言比喻成浩浩荡荡的大军，那么称呼便是这支大军中的先锋，在进入话题之前，我们一般都会先称呼对方。称呼主要是对方的姓名和社会职务。然而仅仅有称呼也不行，称呼还要恰当，因为人们对称呼的恰当与否一般来说都很敏感。尤其是初见时，它在一定程度上影响着你这次交际的成败。可见称呼的使用是很重要的。

在交际活动中，特别是在慰问、会客、迎送等人们接触不多而时间又比较短暂的会见场合中，容易发生把称呼弄错或张冠李戴的现象。这样不仅失礼、令人尴尬，有时还会影响交际效果。为了避免称呼错误，应该从以下几个方面入手。

① 充分认识称呼错误的严重性。称呼错误容易让人产生不信任感，特别是在人数较多的会见中，一定不要连续出现称呼错误的问题。

【案例在线】
称呼错误的尴尬

某高校一位大学生用手捂着自己的左下腹跑到医务室，对坐诊的医生说："师傅，我肚子疼。"坐诊的医生说："这里只有大夫，没有师傅。找师傅请到学生食堂。"学生的脸瞬间红到了耳根。

正确、适当的称呼不仅反映了自身的教养、对对方尊重的程度，还能体现双方的关系。生活中的称呼要亲切、自然且准确、合理；在工作中，人们彼此之间的称呼应庄重、正式、规范，常见的以交往对象的职务、职称相称。

② 要有充分的准备。如果是正式的会见，事先要对会见对象的单位、姓名、职务、特征等有初步的了解，做到心中有数。这样，经过介绍后，印象就比较深刻了。必要时，在入室落座或会见、就餐前，再做一次详细的介绍。有条件的，可交换名片。

③ 注意观察对方的特征，掌握记忆方法。留意观察被介绍者的服饰、体态、语调、动作等，特别要注意其突出特征或个性特征。对统一着装的人，要格外注意观察其高、矮、胖、瘦、脸型、是否戴眼镜等特征。最重要的是，要将这些特征与对方的职务、姓名等联系在一起，这样才不会出现张冠李戴的现象。

（3）关注主要人物。在人员较多、一时难以全部记住时，要首先注意了解和熟悉主要对象（带队的负责人）以及与自己对等的对象（指所在单位、所从事的业务、职务、级别与自己相同者）。有些人、有些场合不太讲究主客、主从关系的礼节，因此，仅从行为举止、座位的位置上判断是不准确的。例如，有的人会把来客中的司机当成经理，这常常使经理备感尴尬。

（4）做好自我介绍。有时我们需要进行自我介绍。进行自我介绍时，要充满自信，态度要自然、亲切、随和，内容要简洁，语速要不快不慢，目光正视对方。

【实战练兵】
实战目的：掌握介绍的技巧
实战方法：
3名学生一组，运用角色扮演法，两名学生分别扮演A、B公司的工作人员，另一名学生介绍A、B公司的工作人员认识。全班同学点评，老师进行总结。

实战效果：
学生掌握介绍的技巧。

2. 谈话的一般礼节

谈话的表情要自然，语言要和善、亲切，表达要得体。说话时可适当做些手势，但动作不要过大，更不要手舞足蹈。谈话时切忌唾沫四溅。与别人谈话前要先打招呼；别人在进行个别谈话时，不要凑前旁听。若有事需与某人说话，应待别人说完。若有第三者参与谈话，应以握手、点头或微笑等方式表示欢迎。谈话中有急事需要处理或离开时，应向对方打招呼，表达歉意。

谈话一般不要涉及疾病、死亡等内容，更不要谈一些荒诞离奇、耸人听闻、淫秽的内容。一般不询问女性的年龄、婚姻状况，不径直询问对方的履历、工资收入、家庭财产、服饰价格等私人生活方面的问题。与女性谈话时，不说对方长得胖、身体壮、保养得好之类的话。对方不愿回答的问题不要追问，不小心问了对方反感的问题时应表示歉意或立即转移话题。谈话时，不批评长辈、地位高的人员，不议论东道国的内政，不讥笑、讽刺他人，也不要随便议论宗教问题。

谈话中要使用礼貌用语，如"您好""请""谢谢""对不起""打搅了""再见"等；一般见面时先说"早安""晚安""你好""身体好吗？""夫人（丈夫）好吗？""孩子们都好吗？"等；对新结识的人，常问"你这是第一次来我国吗？""到我国多久了？""这是你第一次在国外任职吗？""你喜欢这里的风景吗？""你喜欢我们的城市吗？"等；分别时常说"很高兴与你相识，希望有再见面的机会。""再见，祝你周末愉快！""晚安，请向朋友们致意。请代问全家好！"等。

3. 充分发挥非语言因素在沟通中的作用

语言包含的内容只占沟通信息的一小部分，沟通中的大部分信息都包含在互动中的非语言因素中。对于会见来讲，我们要充分发挥非语言因素在沟通中的作用。

（1）语音、语调。语音、语调的准确使用，以及变化的音高、优美的嗓音、足够的音量等，都能对交谈的进行产生积极影响。交谈的双方都会根据对方的语音和语调来判断对方的心理状态。语言与个性有着一定的联系，这些联系使听话人通过讲话人讲话的方式来认识讲话人的性格特征。例如，一个人讲话时声音尖细且不够洪亮，那么他可能会被认为太年轻或是有些做作；如果言语中缺乏高潮、音调平缓，则可能被认为冷漠、孤傲。

当然，我们也可以通过控制自己的语音和语调来给别人留下某种印象。例如，一个人语调升高、长时间停顿，可能被当作紧张；一个人语速快、音调高，可能被判断为性格外向；一个人如果语调低沉、速度快、重点突出，可能被判断为争强好胜、性格急躁等。

（2）动态的身体语言。动态的身体语言如点头、微笑、手势、眼神交流等。交谈双方往往通过某些身体语言来展示自己的意见、关注点、心理甚至性格。例如，为了在激烈的经济竞争中获胜，据说有的情报人员甚至录下谈判者的足部动作，以分析和研究对方的个性心理特征，以便"对症下药"，采取相应的措施来说服对方。

有关资料介绍，人在神情专注和感情兴奋时，双足会缓缓晃动，或停止不动；而陷入沉思时，脚尖则会频繁摆动；坐下时习惯把脚架起来的人，往往较傲慢和得意，这样做是为了显示自己的地位和优势；那些架腿而又喜欢晃动脚尖的人，往往性格轻浮、目空一切、狂妄自大；那些坐立不安、频频移动双脚停放地点的人，往往内心十分焦虑、烦躁和不安等。

在交谈时，眼神会告诉人们很多的东西，人们可以通过眼神调整交谈的方向、节奏和基调；也可以通过眼神表达丰富的内涵，增强讲话的效果。在非语言信息的传递中，眼神具有特殊的作用，人们往往通过眼神去判断一个人的性情、志向、心地和态度，因为眼神一般不会骗人。所以，交谈双方应该心怀坦诚、目光从容，否则"第一关"就难以通过。对讲话人来说，其应该把自己的真诚、热情和感染力通过眼神传递出去，而听话人的眼神就是无形的"屏幕"，能把自己的情绪传达给讲话人。眼神的交流对交谈状态的维系是必不可少的。

【案例在线】

你的心思他永远不懂

星期五下午3：30，在宏远公司的经理办公室，经理助理李明正在起草公司上半年的营销业绩报告，这时公司销售部副主任王德全带着公司的销售统计材料走进来。

"经理在不？"王德全问。

"经理开会去了，"李明起身让座，"请坐。"

"这是经理要的材料，公司上半年的销售统计资料都在这里。"王德全边说边把手里的材料递给李明。

"谢谢，我正等着这份材料。"李明拿到材料后仔细地翻阅着。

"老李，最近忙吗？"王德全点燃一支烟，问道。

"忙，忙得团团转！现在正起草这份报告，今晚大概又要加班了。"李明指着桌上的文稿回答道。

"老李，我说你呀，应该学学太极拳。"王德全从口中吐出一个烟圈说道，"人过40岁，应该多多注意身体。"

李明闻到一股烟味，鼻翼微微翕动着，心里想：老王大概要等这支烟抽完了才会离开，可我还得赶紧写这份报告呢！

"最近我从报纸上看到一篇短文，说无绳跳动能治颈椎病。我们这些长期坐办公室的人，多数都患有颈椎病。你知道什么是'无绳跳动'吗？"王德全自顾自地往下说，"其实很简单……"

李明心里有些烦了，可是碍于情面不便直说，于是，他看了一眼墙壁上的挂钟，已经4点了。李明把座椅往身后挪了一下，站立起来伸了个懒腰说："累死我了。"又过了一会儿，李明开始整理桌上的文稿。

"'无绳跳动'与'有绳跳动'十分相似……"王德全抽着烟，继续着自己的话题……

这则案例中不仅有语言沟通，更重要的信息体现在非语言沟通上。当王德全在经理办公室抽烟时，李明的鼻翼微微翕动，这表明李明对烟味比较敏感或者不喜欢烟味。如果王德全注意到这种非语言的信息，就应该立即将烟熄掉。另外，李明抬头看墙上的钟，起身整理桌上的文稿，这些举动都传递出一种暗示：你应该离开这里，我现在很忙。如果王德全有感觉到这种暗示，就应该起身告辞了。

从这则案例，我们可以了解到非语言沟通在人际沟通过程中是十分常见且重要的，甚至比语言表达的信息更重要。

（3）静态的非语言。首先，静态的非语言表现为人们在交谈中距离的变化，距离可以表示相互了解的程度。其次，静态的非语言还包括身体的"附加物"，即服饰、发型等，它们通常是判断一个人的类型及其所处的文化团体、社会阶层、精神面貌的重要依据。

有时候，我们要达到预期的目标，往往要进行多次会见。在每次会见中，除了注意上述技巧外，还有非常关键的一点是，要注意把握事情进展的"度"，并据此选择适当的交谈内容和方式。

任务三 会见的其他技巧

6.3.1 赞美技巧

心理学家的研究表明，人们都喜欢得到他人的赞美。因为通过得到他人的赞美，人们能感受到他人对自己的认可和自身的价值。赞美他人，仿佛是用一支火把照亮了他人的生活，也照亮了自己的心田，有助于发扬被赞美者的美德和推动彼此的友谊健康地发展，还可以消除怨恨。可以说，赞美是一种成本低、回报高的人际交往法宝。

学会寻找赞美点非常重要，只有找到贴切的、闪光的赞美点，你才能使赞美显得真诚而不虚伪。很多人也很想赞美他人，可有时就是找不到赞美点。其实，赞美点非常多，每个人身上都有很多，我们只要运用恰当的方法就可找到。

（1）硬件（外在的、具体的），如穿着打扮（衣服、领带、手表、眼镜、鞋子等）、头发、身材、皮肤、眼睛、眉毛等。

（2）软件（内在的、抽象的），如品格、作风、气质、学历、经验、气量、兴趣爱好、特长、做的事情、处理问题的能力等。

（3）附件（间接的、关联的），如籍贯、工作单位、邻居、朋友、职业、用的物品、养的宠物、下级员工、亲戚关系等。

综上所述，一个人身上的赞美点实在太多了。大致而言，赞美软件要比赞美硬件的效果好，而赞美附件的效果更好，因为赞美附件是一种间接的赞美。

赞美是一件好事，但绝不是一件易事。赞美他人时如不审时度势，不掌握一定的技巧，即使你是真诚的，也会变好事为坏事。所以，我们一定要掌握以下赞美的技巧。

1. 赞美必须因人而异

人的素质有高低之分，年龄有长幼之别，因人而异、突出个性的赞美能收到比一般化的赞美更好的效果。

在和名人聊天的时候，不要去称赞他们的作品，只要表达我们从中得到许多喜悦和启发就足够了。如果真的要提及其作品获得的成就这方面的话题，最好谈一谈对方目前和近期的表现，而不要只是搬出其过往的成就。

老年人总希望别人不忘记他"想当年"的业绩与雄风，我们同老年人交谈时，可多称赞让他自豪的过去；对年轻人不妨语气稍显夸张地赞美其创造才能和开拓精神，并举出几个实例证明他的确前程似锦；对于经商的人，可称赞他头脑灵活，生财有道；对于知识分子，可称赞其知识渊博、宁静淡泊……当然这一切要依据事实，切不可虚夸。

2. 赞美必须情真意切

虽然人们都喜欢被赞美，但并非任何赞美都能使对方高兴。能引起对方好感的只能是那些基于事实、发自内心的赞美。相反，若无根无据、虚情假意地赞美别人，对方不仅会感到莫名其妙，更会觉得你油嘴滑舌、诡诈虚伪。例如，对一个不懂音乐的人说我们喜欢其歌声，那么对方不仅不会感谢你，还会十分生气。又如，当我们见到一位其貌不扬的女士，却偏要对她说"你真是美极了"时，对方多半会认定这是十分虚伪的违心之言。但如果着眼于她的服饰、谈吐、举止，发现她在这些方面的出众之处并真诚地赞美，她也许会高兴。

学会真诚地赞美，不但会使被赞美者愉悦，还可以使我们自己善于发现别人的优点，从而对人生持有乐观、欣赏的态度。

3．赞美必须翔实具体

在日常生活中，大多数人取得显著成绩的时候并不多。因此，我们在交往中应从具体的事件入手，善于发现他人哪怕是最微小的长处，并不失时机地予以赞美。赞美用语越翔实具体，说明你对对方越了解，对对方的长处和成绩越看重，从而会让对方感受到你的真挚、亲切和可信，这样你们之间的距离也就会越来越近。如果你只是含糊地赞美对方，说一些"你工作得非常出色"或者"你是一位卓越的领导"等空泛的话语，可能会引起对方的反感，甚至会造成不必要的误解和信任危机。

4．赞美必须合乎时宜

赞美时要见机行事、适可而止。

当别人计划做一件有意义的事时，开头的赞美能激励其下决心做出成绩，中间的赞美有助于其再接再厉，结尾的赞美则可以肯定其成绩，指出其进一步努力的方向，从而达到"赞美一个，激励一批"的效果。

【案例在线】

适得其反的赞美

有一位男士赞美他同事的姐姐："你的身材真好，像模特一样。你年轻的时候一定做过模特吧？"同样是这位男士，曾经在公司组织的舞会上这样赞美自己的女伴："你的舞跳得真好。"对方顿时高兴极了，可男士接着说："你在个子矮的女同事里应该是跳得最好的。"

我们不能让赞美的话语暗含负面评价，以免弄巧成拙。

5．赞美应如"雪中送炭"

俗话说："患难见真情。"最需要赞美的也许不是那些早已功成名就的人，而是那些因被埋没而产生自卑感或身处逆境的人。他们平时很难听到赞美，一旦被人当众真诚地赞美，便有可能振作精神，大展宏图。因此，最有实效的赞美不是"锦上添花"，而是"雪中送炭"。

此外，赞美时并不一定要用一些固定的词语。有时，投以赞许的目光、做一个夸奖的手势、送上一个友好的微笑也能收到意想不到的效果。

父母经常赞美子女，才可能营造出更快乐的家庭氛围；老师经常赞美学生，才可能让班集体天天向上；领导经常赞美下属，才可能塑造出和谐向上的集体。因此我们说："学会人与人之间充满真诚和善意的赞美吧！它是一切成就与快乐不可或缺的养分。"

6．赞美应该讲究间接、暗示策略

我们可以不直接说出对某个人的赞美，而是在其周围的人面前表现出对其的好感，这样赞美的话很快就会传到其耳朵里。直接听到的赞美有时不如间接得到的赞美来得有效。赞美别人最好的办法不一定是拍着肩膀夸赞，而是通过无处不在的关系网来进行。

如果是面对面的赞美，就一定要讲究技巧，尽量用暗示的方法表达对对方的欣赏。

7．赞美他人时要避免伤及第三人

在交际中赞美的威力实在太大了，以至于如果运用不当就可能会伤及在场的第三人，我们对这一点一定要清楚。例如，如果几个人在一起聊天，我们赞美其中一个女孩身材好，其他女孩可能会觉得自己很胖；赞美一个男人能干，其他男人也许会觉得这是在暗示他们无能；等等。所以，赞美他人时请多注意第三人的感受。

6.3.2　说服技巧

在工作生活中，我们常常希望把自己的意见或建议准确而有效地传达给某些人，并且希望对方能够接受我们的意见或建议，然后付诸实践，这个过程就是说服。因为被说服的对象本身经历、经验、价值取向等的不同，我们说服的难度也不同。因此，"怎么样去说服？"这种问题不像"1+1=？"这种问题有明确的答案，说服没有什么绝对的公式，但也遵循一定的规律。

1．调节气氛，以退为进

在说服时，你首先应该想方设法地调节谈话的气氛。如果你和颜悦色地用提问的方式代替命令的方式进行说服，并给人维护其自尊和荣誉的机会，那么气氛就是友好而和谐的，说服也就容易成功；反之，如果你在说服时不尊重他人，摆出一副盛气凌人的架势，那么你的说服多半是要失败的，毕竟人都是有自尊心的。

【案例在线】

老师的"以退为进"

一位中学老师担任了一个成绩不佳的班级的班主任，正好赶上学校安排各班级学生参加平整操场的劳动。这个班的学生躲在阴凉处，谁也不肯干活，老师怎么说都不起作用。后来这位老师想到一个"以退为进"的办法，他问学生们："我知道你们并不是怕干活，而是都很怕热，对吧？"学生们谁也不愿承认自己懒惰，便七嘴八舌地说："确实是因为天气太热了。"老师说："既然是这样，我们就等太阳落山后再干活，现在我们可以痛痛快快地玩一玩。"学生一听就高兴了。老师为了使气氛更热烈，还买了雪糕让大家解暑。在说说笑笑的氛围中，学生被老师说服，不等太阳落山就开始愉快地劳动了。

日常生活中我们可以对他人施加影响，并进行有效说服的工具和方法很多。我们可以应用我们的语言、肢体和眼神，甚至利用环境作为说服的工具，最终实现说服。

2．善意威胁，以刚制刚

很多人都知道用威胁的方法可以增强说服力，而且还不时地加以运用。这便是用善意的威胁使对方产生恐惧感，从而达到说服目的的技巧。

 情景剧场

领队的善意威胁

在一次集体活动中，当大家风尘仆仆地赶到事先预订的旅馆时，却被告知当晚因工作人员失误，大家原先预订好的套房（有单独浴室）中没有热水。为了此事，领队约见了旅馆经理。

领队："对不起，这么晚还把您从家里请来。但大家满身是汗，不洗洗澡怎么行呢？何况我们预订时你们说好会供应热水的呀！这事只有请您来解决了。"

经理："这事我也没有办法。锅炉工回家去了，他忘了放水，我已叫他们开了集体浴室，你们可以去洗。"

　　领队："是的，我们大家可以到集体浴室去洗澡，不过话要讲清楚，套房每人50元一晚是有单独浴室的。现在到集体浴室去洗澡，那就等于降低到通铺的水平，我们只能照通铺标准每人支付15元。"

　　经理："那不行，那不行的！"

　　领队："那您只有给套房浴室供应热水。"

　　经理："我没有办法。"

　　领队："您有办法！"

　　经理："你说有什么办法？"

　　领队："您有两个办法：一是把失职的锅炉工召回来，二是您可以给每个房间拎两桶热水。当然我会配合您劝大家耐心等待的。"

　　这次交涉的结果是经理派人找回了锅炉工，40分钟后，每间套房的浴室里都有了热水。

　　威胁能够增强说服力，但是在具体运用时，我们要注意以下几点。

　　（1）态度要友善。

　　（2）要讲清楚后果，说明道理。

　　（3）不能过分，否则会弄巧成拙。

3. 消除防范心理

　　一般来说，在你和要说服的对象较量时，尤其是在危急关头，彼此都会产生一种防范心理。这时候，要想说服成功，你就要尽量消除对方的防范心理。该如何消除对方的防范心理呢？从潜意识来说，人们产生防范心理的原因是自卫，这说明人们把对方当作了假想敌。那么消除防范心理的最有效的方法就是反复给予对方暗示，表示自己是朋友而不是敌人。这种暗示可以采用多种方法来进行，如嘘寒问暖、给予关心、表示愿给予帮助等。

4. 知己知彼

　　站在他人的立场上分析问题，能给他人一种为其着想的感觉，如此你将更具说服力。要做到这一点，"知己知彼"十分重要，唯有先知彼，而后你方能站在对方的立场上考虑问题。

【案例在线】

总厂负责人的说服技巧

　　某精密机械工厂（以下称总厂）生产某种新产品，将其部分部件委托给一家小工厂制造，当该小工厂负责人将部件的半成品呈示总厂时，总厂发现很多不符合要求。由于交付任务迫在眉睫，总厂负责人只得令其尽快重新制造，但小工厂负责人认为他们厂是完全按总厂的要求制造的，不想再重新制造了，为此双方僵持了许久。总厂厂长见出现了这种局面，在问明原委后，便对小工厂负责人说："我想这件事完全是我们厂考虑不周所致，而且还令你们厂吃了亏，实在抱歉。今天幸有你们厂，我们才发现竟然有这样的缺陷。只是事到如今，事情总是要完成的，你们不妨将部件制造得更完美，这样对你我都是有好处的。"那位小工厂负责人听完，欣然应允。

　　导致说服不能生效的原因往往并不是我们没有把道理讲清楚，而是由于劝说者和被劝说者固执地据守在各自的立场上，如果换个位置，被劝说者就更容易被劝服，沟通就会容易多了。

5．寻求一致

习惯于顽固拒绝他人说服的人，经常都处于"不"的心理状态中，所以自然而然地会呈现僵硬的表情和姿势。说服这种人时，如果一开始就直入主题，往往很难成功。所以，你得努力寻找与对方一致的地方，先让对方赞同你远离主题的意见，从而使其对你的话感兴趣，而后再想办法引入主题，最终求得对方的同意。

6.3.3　拒绝技巧

拒绝总是令人遗憾的，但却又是难以回避的，所以拒绝他人时，必须以得体的方式进行，把对方的不满和不快控制在尽可能小的范围内。如果将不该拒绝的事拒绝了，有时会耽误大事；如果对该拒绝的事不拒绝，轻易应承，则不仅可能导致事情办不成，甚至最终会自食恶果。可见，该拒绝时我们就得拒绝，但是应该讲究拒绝的策略，且我们无论采用什么方式拒绝，都必须以减少对方的不悦和失望、寻求其谅解和认同为基本原则。

一般情况下，我们在拒绝别人的时候要注意以下几点。

1．积极地听

拒绝的话不要脱口而出，不要在他人刚开口时就断然拒绝，过分急躁的拒绝最易引起对方的反感。你应该耐心地听完对方的话，并用心了解对方的理由和要求，站在对方的立场上严肃地思考，弄明白这个请求对对方的重要性。这样才能让对方了解你拒绝他并不是草率决定的，而是在认真考虑之后不得已而为之。

2．以和蔼的态度拒绝

拒绝时你应感谢对方在需要帮助时想到了你，并且略表歉意。注意，过分的歉意会造成不诚实的印象，因为如果你真的感到非常抱歉，就应该接受对方的请求。

不要以一种高高在上的态度拒绝对方，不要对他人的请求流露出不快的神色，更不要蔑视或忽略对方，这些都是没有修养的表现，会让对方觉得你的拒绝是对他抱有反对态度的机械反应，从而对你的拒绝产生逆反心理。从听对方陈述要求和理由到拒绝对方并陈述拒绝的理由，你都要始终保持一种和蔼的态度，以表达对对方的好感和真诚。

3．要明白地告诉对方你需要用来考虑的时间

我们经常以"需要考虑考虑"为托词而不愿意当面拒绝他人，希望通过拖延时间使对方知难而退——这是错误的。如果你不愿意立刻当面拒绝，应该明确告知对方考虑的时间，以展现自己的诚信。

拒绝是相当重要却又不太容易做好的，有人喜欢你直截了当地告诉他拒绝的理由，有人则需要你以含蓄委婉的方法拒绝。拒绝他人的确不是件容易的事，你必须既不含糊，又不让人误解，还不能伤害对方。事实上，"不"字说出口也没有多难，关键是如何说。掌握了要领，拒绝就可以不伤感情。下面介绍几种拒绝的技巧。

1．直接拒绝

直接拒绝，就是将拒绝之意当场讲明。采取此技巧时，重要的是应当避免态度生硬，说话难听。

2．婉言拒绝

婉言拒绝，就是用温和曲折的语言表达拒绝之本意。与直接拒绝相比，它更容易被接受，因为它在更大程度上顾全了被拒绝者的尊严。

【案例在线】

女士的"婉言拒绝"

一位男士送衣服给一位关系一般的女士，这非同寻常。女士旁边的人为讥讽男士，说："这是给您妈买的吧？"这位女士打断旁边人的话，婉言相拒，说："它很漂亮。只不过这种式样的衣服，我男朋友给我买过好几件了，留着送你女朋友吧。"

女士这么说，既暗示了自己已经"名花有主"，又提醒了对方注意分寸，并且为对方留了面子。

3．沉默拒绝

沉默拒绝，就是在面对难以回答的问题时，暂时中止发言。

当他人提出的问题很棘手甚至具有挑衅、侮辱的意味时，"拔剑而起，挺身而斗"，未必勇也。不妨以静制动，一言不发，静观其变。

这种不说"不"字的拒绝，常常会产生极强的心理上的威慑力，令对方不得不在这一问题上"遁去"。

4．回避拒绝

回避拒绝，就是避实就虚，对对方不说"是"，也不说"否"，只是搁置此事，转而议论其他事情，即"顾左右而言他"。遇上他人过分的要求或难以回答的问题时，均可试一试此法。

6.3.4　批评技巧

在实际工作中，批评的初衷往往是让对方认识并改正自身的错误。但由于批评方式错误，有时我们会陷入还不如不批评的尴尬境地。当你以一种良好的言辞技巧有效地去做他人的工作的时候，就能帮助他人改善行为表现，或改变不好的行为方式。请记住，你首先要考虑的不仅是要说什么，还有怎么去说。

批评他人时，应该注意以下几个问题。

（1）是否有必要批评。在批评之前，应该内省一下：批评别人的目的是改善工作状况，还是发泄自己的恼怒。

（2）衡量批评的后果。在批评之前，衡量一下批评所带来的风险与利益得失，估计一下批评对象可能有何反应。如果你的员工、同事或上司从不认为你的批评具有建设性，那么你将来就有遇到麻烦的可能。

（3）选择适当的场合与时机。尽量避免在众人面前批评他人。你可以这样说："有些事情我需要和你谈一谈。咱们找一个比较合适的时间和地方，这样不会受到打扰。"而不要当着所有人的面对其进行批评。否则，即使你说得再对，他也会对你表示反感，甚至反抗。另外，时间的选择很重要。一般情况下，人们总是在事情发展到无法控制的地步时才提出批评，而这时他们往往怒不可遏，无法控制自己的情绪。在这种情况下，我们对他人的批评主要表现为尖刻的讽刺、威胁以及一大堆牢骚、抱怨。这会招致相反的结果，往往会使批评对象变得非常愤怒。通常情况下，如果本应及早批评该员工，你却视而不见，那就可能会造成一些意外的后果。

（4）对事不对人。批评某人时，你应首先声明很尊重对方，要把批评对象的个性与行为区别开来。批评别人的性格等无法改变的东西是徒劳的。

你可以这样开始："我并非要批评你本人，而是觉得你的这一行为不当。我的目的只是增进我们的关系，改进你的行为方式……"你要针对对方的某一行为和情况做出批评，而不要转化为对个人的评价。当你提出批评时，一定要针对某一具体的事，不可泛泛而论。

（5）友好地接近对方。提出批评时，你想得越周全，越体谅对方，对方的回应效果越好。你可以用眼神与对方交流并注意说话的语调，谨慎选择用词，避免使用"你总是""你从不""你应该"这样的表述，因为这类表述往往被看作攻击性的表述，会使人产生抵触情绪。

（6）称赞与批评相结合。因为某人犯了错误或工作做得很糟，你认为必须批评他时，可以先称赞一下对方，使批评变得柔和且易于被对方听取和接受。但你要保证自己的称赞是真诚的，否则对方只会认为你很虚伪。

【案例在线】

含蓄的批评

　　某大学召开全校先进教研室表彰大会，会议于下午1点30分开始，会后会放映电影。个别职工3点30分才到会场，显然只是来看电影的。大会主持人在做会议总结时，一本正经地说："很多同志都积极来参加会议，甚至有的同志3点30分还不辞辛苦地赶到会场，这种精神真让人感动。"台下顿时充满了愉快的笑声，迟到的人也难为情地笑了。这种"称赞"式的批评明显取得了预期效果。

　　主持人的目的是批评个别职工只看电影、不参加会议的行为，但如果一上来就当着全体职工的面责怪他们，肯定会伤害他们的自尊。这位聪明的主持人将委婉、幽默的话"反其意而用之"，含蓄地指出了他们的错误，使他们认识到自己做得不对，同时又保全了他们的面子，他们自然就"难为情地笑了"。

项目小结

- 会见是沟通的一种重要形式。
- 会见包括准备阶段、实施阶段和总结阶段。不同的阶段有相应的注意事项和要求。
- 在日常管理中经常用到的会见类型有：招聘会见、信息收集会见、信息发布会见、考绩会见等。

项目实训

1. 假如你是一场会议的主持人，在会议中遇到如下情况时，你会如何处理？

（1）需要让会议中的讨论热烈起来。

（2）打断大家的谈话。

（3）几名与会者在开小会。

（4）两名与会者就一个观点发生争执。

（5）与会者问了你一个难以回答的问题。

2. 10名学生为一组，每组分为A、B两个团队，分角色进行自我介绍、第三方介绍并进行商务会见情景模拟，之后进行小组互评和教师点评。

项目七
电话沟通

7

学习目标

【知识目标】

1. 了解电话沟通的基本礼仪。
2. 掌握拨打与接听电话的技巧及程序。
3. 掌握转达电话内容的技巧。

【技能目标】

1. 能够熟练接听电话。
2. 能够熟练转达电话内容。

【素养目标】

1. 养成良好的接听电话的习惯。
2. 养成尊重他人、让他人感到舒适的习惯。

一次失败的电话销售

数月以前，国内一家IT企业举行笔记本电脑的促销活动，我是一个接到推销电话的他们认为的潜在客户。

"先生，您好，这里是××公司个人终端服务中心，我们在做一个调研活动。您有时间回答我们的几个问题吗？"

我说："你讲。"

销售员："您经常使用电脑吗？"

我说："是的，我的工作无法离开电脑。"

销售员："您用的是台式机还是笔记本电脑。"

我说："在办公室用台式机，在家就用笔记本电脑。"

销售员："我们的笔记本电脑最近有一个特别优惠的促销活动，您是否有兴趣？"

我说："你就是在促销笔记本电脑，不是搞调研吧？"

销售员："其实，也是，但是……"

我说："你不用说了，我现在对笔记本电脑没有购买兴趣，因为我已经有一台了，而且现在用得很好。"

销售员："不是，我的意思是，这次机会很难得，所以，我……"

我问："你做电话销售多长时间了？"

销售员："不到两个月。"

我问："在上岗前，××公司给你们做电话销售的培训了吗？"

销售员："做了两次。"

我问："是请的电话销售的专业公司给你们培训的，还是你们的销售经理给你们培训的？"

销售员："是销售经理。"

我问："培训了两次，一次多长时间？"

销售员："一次大约就是两个小时吧，就是大致讲了讲，也不是特别正式的培训。"

我问："你现在做这个笔记本电脑的电话销售，业绩如何？"

销售员："其实，我遇到了许多问题，销售业绩不是很理想。"

要从客户的言谈中发现并激发客户的需求，销售员需要善于倾听，并适时地给客户提一些建议，引导客户，而案例中这位销售员明显经验不足，不能够取得客户的完全信任，这是一次失败的电话沟通。

电话作为一种成熟的通信工具，在现代社会的各个领域发挥着重要的作用。电话可以给远方的朋友送去温馨的祝福，可以传递浓浓的爱意，也可以用于联系业务。电话销售已成为一个专门的领域，电话销售员也已然成为大众熟知的职业。身处信息时代，我们有必要全面了解使用电话沟通的基本礼仪、接听和拨打电话的技巧，以方便自己的生活和工作。

任务一　电话沟通基本礼仪

1．重要的第一声

当我们给某单位打电话时，若电话一接通就能听到对方亲切的问候，我们心里一定会很愉快，双方的对话也能顺利展开，并且我们也会对该单位产生较好的印象。因此，我们在电话刚接通时要注意一下自己的表达方式，从而给对方留下良好的印象。

2．要有喜悦的心情

在打电话时，我们要保持喜悦的心情，这样即使对方看不见你，也会被你欢快的语调感染，从而对你留下极佳的印象。面部表情是心情的外在表现，会影响声音，所以即使在电话沟通中，我们也要抱着"对方正看着我"的心态保持得体的面部表情。

3．端正的姿态与清晰的声音

在打电话的过程中，我们绝对不能吸烟、喝茶、吃零食，因为这些表现都能被对方"听"出来。如果你在打电话的时候弯着腰躺在椅子上，你的声音就是"懒散"的，无精打采的；若你坐姿端正，身体挺直，你所发出的声音也会亲切悦耳、充满活力。因此，在打电话时，你即使看不见对方，也要想象对方就在你眼前，尽可能注意自己的姿态。

在讲话时，我们应让嘴巴与话筒保持适当的距离，并控制好音量，以免对方听不清楚；或因声音太大，让对方产生误解。

4．迅速准确地接听

办公室工作人员业务繁忙，有的桌上往往会有两三部电话。听到电话铃声后，我们最好在电话铃响3声之内准确、迅速地拿起听筒接听电话。若电话铃声响起，我们长时间不接，是很不礼貌的，这会让对方心里十分急躁，你的单位也会因此给对方留下不好的印象。即使电话离我们很远，听到电话铃声后，我们也应该用最快的速度拿起听筒，这样的习惯是每个办公室工作人员都应该养成的。如果电话铃声响了5声才拿起话筒，我们应该先向对方道歉，可以这样说："很抱歉，让您久等了。"

5．认真清楚地记录

我们做电话记录时既要简洁又要完整，这时就要用到5W1H技巧。5W1H是指：①When（何时）；②Who（何人）；③Where（何地）；④What（何事）；⑤Why（为什么）；⑥How（如何进行）。在工作中，电话记录与拨打电话、接听电话具有相同的重要性。

6．挂电话前的礼仪

当对方提出要结束电话交谈时，我们应先客气地道别，给出明确的结束语，如"谢谢""再见"等，再轻轻挂上电话，不可自己一讲完就挂断电话。

任务二　拨打电话的技巧

在现代社会中，电话营销员成为大众所熟知的职业。但是很多电话营销员在刚刚开展业务时，虽然通过电话联系了很多的客户，可是结果往往是石沉大海。作为电话营销员，在打电话联系业务时应该做到事前有准备，在打电话的过程中要让对方保持愉快的心情，并能引发对方的好奇心，结束通话后还应做好整理工作。这些都要求电话营销员必须掌握基本的拨打电话的技巧。

7.2.1　拨打电话前的准备工作

1. 研究目标客户的基本资料

在和目标客户进行沟通之前，我们要了解目标客户的基本情况，并根据目标客户情况寻找其诉求。例如，在争取新客户到本公司设立股票户头时，电话营销员可以在电话中这样介绍："张先生，选择在我们营业部开户，您会享受到我们优质的服务，买卖股票更顺手（感性诉求），而我们的手续费也是很合理的（理性诉求）。"熟悉客户的情况以后，我们就可以判断客户的类型，如分析型、犹豫型、挑剔型或擅长交际型等，从而根据不同类型客户的特点使用不同的沟通技巧。

2. 确定自己的主要目标和次要目标

在拨打电话之前，一定要确定自己的主要目标和次要目标，确保即使自己的主要目标没有达成，次要目标也能达成，否则这次通话的效果是不佳的。在通话前，电话营销员可以先列一张电话沟通目标表（见表7-1），填写完毕后再拨打对方的电话。

表7-1　电话沟通目标表

主要目标	电话目的	我因为×××打电话
	明确目标	电话结束后，我希望客户采取×××行动
	两个问题	客户与我交谈的理由；客户的目标是什么
次要目标	在不能和客户达成协议的情况下与客户形成×××关系	

在有明确目标的情况下，电话营销员即使当下没有谈成合作，也保留了日后开展业务的可能，而且公司通过这张电话沟通目标表也可以测评电话营销员的电话沟通效率。

3. 整理一份完整的建议书

在研究客户资料以及确定自己的主要目标、次要目标之后，我们还要根据客户不同的工作背景和类型整理出一份详细的建议书。应对不同的客户时要及时调整思维，使用不同的方法保证对方不挂电话，并且及时做出决策。在客户提出异议时，建议书能引导客户向你设计好的方向发展。切勿一味地按照自己设计好的思路进行，这样有可能会失去客户。

 情景剧场

王强是××公司的销售人员，在朋友王立的介绍下，他要将自己公司的软件通过电话推荐给另外一家公司使用，下面是双方的通话内容。

……（开场白）

王强："您公司里现在用的办公软件怎么样？"

客户："那是很久以前购买并安装的办公软件了，现在已经跟不上业务的发展了，大家普遍反映不太好用。"

王强："那您主要对现在的办公软件的哪些方面不满意呢？"

客户："第一是速度太慢……"

王强："这些问题对您的影响很大吗？"

客户："当然啦，现在不得不一个人做两个人的事……"

王强："那我认为您应该解决这些问题。如果这些问题得到解决，会为你们公司会带来什么好处呢？"

客户："那还用说吗？公司可以节省好多钱，而且我们也不用那么忙了。"

王强："那您理想中的办公软件包括什么功能呢？"

客户：……

王强："那您觉得现在能尽快解决这些问题吗？"

客户："哦。我一直想着手做，就是没时间……"

讨论：

（1）你觉得这则通话是成功的吗？

（2）你认为王强在打电话之前做了哪些工作？

4．其他准备事项

选择适当的时间拨打电话；深呼吸，调整自己的情绪，用积极谦虚和热情的态度对待自己的客户；准备好纸和笔，用以记录时间、地点和人物以及事情的梗概；如果事情有很多，需要进行长时间的通话，可以准备一杯温开水。

7.2.2　通话过程中的技巧

1．要用新奇的开场白吸引对方的注意力

在电话营销中，客户不愿意浪费时间去听一些与自己无关的事情，除非这通电话让他们能得到某种好处。因此，开场白一般都包括3个方面的内容：我是谁/我代表哪家公司，我打电话给客户的目的是什么，以及我们公司的服务对客户有什么好处。

 情景剧场

通话内容1

客户："我听说您能提供××牌的套装工具，这种产品怎么样？"

客户经理："噢，是这样的，我们这个套装包括14把扳钳，价钱是220元。"

客户："我明白了，不过这种工具我不想要，谢谢。"

通话内容2

客户："我听说您能提供××牌的套装工具，这种产品怎么样？"

客户经理："噢，是这样的，这套工具包括14把扳钳。这套工具经过精心设计，适用于市场上任何型号的螺栓、螺母，而且所有扳钳都是经过磁化处理的，可以将螺母从手够不到的地方吸出来。这套工具的质保期为5年，而卖价仅为220元。如果您自己要配齐这套扳钳，至少要花费340元。"

> 讨论：
>
> （1）如果你是客户，你觉得你会和哪位客户经理继续谈下去？
>
> （2）作为客户，你不想和另一位客户经理谈下去的原因是什么？该客户经理的问题出在哪里？

2．达成协议的一般技能

成功的电话销售有3个阶段，即引发兴趣、获得信任和达成有利润的协议，且每个阶段都要求销售人员具有对应的技能。

第一个阶段是引发兴趣。在客户没有兴趣的情况下，销售人员是没有任何机会的，向客户介绍要销售的产品也是没有任何意义的。销售人员在这个阶段需要的技能是对话题的把握。

第二个阶段是获得信任。销售人员要在最短时间内获得一个陌生人的信任是需要高超的技能的，只有在信任的基础上开始销售，才有可能达到销售的最终目的——签约。销售人员在这个阶段需要的技能就是掌握取得客户信任的具体方法，赢得潜在客户的信任。

第三个阶段是达成有利润的协议。只有对潜在客户提出的问题有清晰认识，才有可能达成有利润的协议。销售人员在这个阶段需要的技能是异议防范和预测、掌握有效谈判技巧、预见潜在的问题等。

电话销售中的4C流程也是销售人员必须了解的。4C流程本身不是技巧，而是实施技巧的一个标准流程。经验不足的销售人员在初期可以按照这个销售流程执行，熟练以后，即便不再刻意执行这个流程，也能在不知不觉中促使客户签约。4C流程包括"迷惑"（Confuse）客户、唤醒（Clear）客户、安抚（Comfort）客户、签下（Contract）客户。第一个C是应用在第一个阶段的，第二个C和第三个C是应用在第二个阶段的，第四个C是应用在第三个阶段的。

3．有效结束电话交谈

不管是否能和客户达成协议，销售人员都要在适当的时候礼貌地结束电话交谈。

（1）和客户达成协议。如果和客户达成了协议，销售人员要在结束电话交谈之前将重要信息复述一遍，以确保信息的正确性，然后说些礼貌用语以结束电话交谈。例如，感谢对方购买自己的产品，感谢对方对本公司的支持，或者是用赞美的语言来肯定对方的决策。

（2）和客户不太可能达成协议。对没有希望达成协议的客户，销售人员要尽快结束电话交谈，但是也要使用礼貌用语。例如，"王先生，虽然您没有购买我们的产品，但还是感谢您给予的意见，希望将来有机会为您服务"。不能因为没和对方达成协议，语气就变得生硬，或者直接挂断电话。

7.2.3　结束电话交谈后的整理工作

1．记录好客户的情况

电话交谈结束后的记录工作也是很重要的，销售人员对不同的电话沟通效果要分别进行记录，以便为后面的推销工作提供信息。

如果业务联系成功，销售人员要及时记录客户的需求信息，如需求数量、时间以及送货方式等，必要时应建立客户资料库。

如果遇到接电话的不是客户本人的情况，销售人员也应该及时进行记录，稍后再打过去或者隔天再打过去，同时记录打电话的次数。如果连续几次都没有和客户本人联系上，就要找出具体原因或放弃。

将记录中没有希望达成协议的客户从通信录中删除，以免重复拨打电话，不然不仅会浪费销售人员的时间，而且会浪费客户的时间，从而增加客户的厌烦感。

对于电话沟通中并没有做出决定的客户，销售人员需要把本次通话时间、主要事宜和姓名准确地记录下来，以便再次针对此类客户制订详细的计划，争取下次电话销售的成功。

记录在电话沟通中得到的转介绍的客户名单，并将其作为自己的潜在客户。

2．迅速调整情绪去拨打下一个电话

不管电话交谈的结果是成功还是失败，销售人员都应该尽快调整情绪去联系下一笔业务。能控制自己的情绪是对销售人员的基本要求。

任务三　接听电话的技巧

拨打电话和接听电话是沟通的互动过程。因此，在拨打电话时应注意的技巧同样适用于接听电话的环节。例如，调整心态，以积极友好的态度对待对方；准备好纸和笔，以便记录通话中的重要信息；等等。

7.3.1　接听电话前的准备工作

1．调整心态

在电话沟通中，声音可以反映你的心情及你的内心活动，因此，如果在对方打来电话时，你在处理繁忙的工作或心情不好，应该深呼吸以平复心情，让声音清晰明朗、音量适中，并且以礼貌用语给对方留下良好的第一印象。

2．准备纸和笔

接听电话时，你应准备好纸和笔，以便随时对通话中的重要信息进行记录。

7.3.2　通话过程中的技巧

1．技巧性地询问客户的姓名

如果你能在不经意间说出客户的姓名，会让客户觉得自己很重要，即使客户有什么不满，也会因此而稍微缓和。如果你不能准确地说出客户的姓名，你可以委婉地询问"我想您是张先生吧？""您不会是公司的新客户吧？"等。在得知客户姓名后，如果确认是老客户，应找出相应的客户记录，有针对性地与其进行交谈。

2．有效倾听，了解客户的意图

客户打来电话时，销售人员并不知道客户打来电话的真正意图，因此，不要急于解释或说话，要集中精力倾听，尽量了解情况；不能同时与两个人通话或者心不在焉，以致在客户讲完之后不知所云，这会给对方一种不被尊重的感觉，从而破坏与客户的关系。在倾听的同时应思考回答难题的对策，争取在客户结束讲话之后给出问题的解决方案。即使问题并不在自己的责任范围之内，销售人员也要耐心解释，这样会让客户觉得你很有经验，从而对你产生良好的印象。

3．其他应该注意的事项

在电话沟通中，销售人员如果需要翻阅资料，在翻阅完资料回来接听电话时要先道歉："抱歉，让您久等了。"如果你估计要让客户等很长时间，就要先跟客户道歉，说明情况后挂断电话，之后再回拨给客户，不过此时一定要记住自己的承诺。

对于没听明白或者是重要的事情，一定要再次询问或复述给对方听，以确保信息的正确性。

如果接听电话时对方要找的人不在，要先和对方讲清楚，然后礼貌地询问对方是否需要传话。如果先询问对方有什么事情，再说对方要找的人不在，会让对方觉得其要找的人不想接听电话，这时会让对方有一种被玩弄和被欺骗的感觉。

如果电话在有访客的时候响起，这时候要坚持访客优先的原则，在征得访客的同意之后再接听电话，也可以让别人帮忙接听，并告诉对方晚些时候再打电话过来或者自己晚些时候回复对方。切勿在听到电话响起时就马上接听而把访客晾在一边，这是不礼貌的做法。

4．有效结束电话交谈

如果暂时没能有效解决客户的问题，销售人员要向客户道歉，并向客户承诺会尽最大努力解决问题，同时向客户致谢，如"谢谢您打电话来""谢谢您提出的宝贵意见，我们会改正的"等。

要让客户先挂断电话，销售人员不要先说"再见"，否则会让客户觉得你不耐烦，从而可能对你产生不满。

7.3.3　结束电话交谈后的整理工作

结束电话交谈以后，要记录客户在电话中提出的问题，方便以后查询和改进工作；注意按重要程度记录谈话内容，以免遗漏或将顺序打乱而使有的客户等待的时间过长；要记录对客户的承诺，并尽快地落实，这样会使客户感觉到自己被重视。

任务四　接听电话和拨打电话的程序及应注意的问题

7.4.1　接听电话的程序

接听电话的程序如图7-1所示。

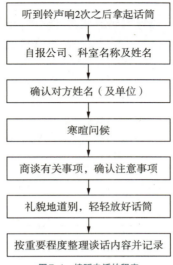

图7-1　接听电话的程序

7.4.2　拨打电话的程序

拨打电话的程序如图7-2所示。

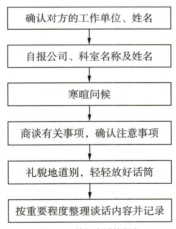

图7-2　拨打电话的程序

拨打电话的要点如表7-2所示。

表7-2　拨打电话的要点

要点	具体内容	具体改进计划
要点1　电话旁应备有记事本和笔	◇　是否把记事本和笔放在触手可及的地方 ◇　是否养成随时记录的习惯	
要点2　先整理电话沟通的内容，后拨打电话	◇　时间是否恰当 ◇　条理是否清楚 ◇　语言是否简练	
要点3　态度友好	◇　是否微笑着说话 ◇　是否真诚地面对通话者 ◇　是否使用平实的语言	

续表

要点	具体内容	具体改进计划
要点4　注意自己的语速和语调	◇ 确认信息接收对象 ◇ 先吸引接听者的注意力 ◇ 发出清晰悦耳的声音	
要点5　不要使用简略语、专用语	◇ 用语是否规范准确 ◇ 对方是否熟悉公司的内部情况 ◇ 是否对专业术语进行必要的解释	
要点6　养成复述习惯	◇ 是否及时对关键字句加以确认 ◇ 善于分辨关键字句	

7.4.3　拨打和接听电话时应注意的问题

1．电话铃声响2次后，拿起听筒

电话铃声响1秒、停2秒，如果过了10秒仍无人接听电话，一般情况下打电话的人就会开始急躁，心想："糟糕！人不在。"因此，我们应在电话铃声响3次之内接听电话。那么，是否铃声一响就应立刻接听电话，而且越快越好呢？也不是，那样反而会让对方感到惊慌。较理想的做法是，电话铃声响2次后开始接听电话。

2．自报姓名

接听电话时，首先应说"您好。这是××公司"等；拨打电话时则首先要确认对方的工作单位、姓名等信息。

任务五　转达电话内容的技巧

7.5.1　转达电话内容的关键

常出现这种情况：客户打电话找领导，领导却不在公司。这时，代接电话者态度一定要热情，可用下面的方法转达电话内容。

根据你所知道的情况，告诉对方领导回公司的时间，并询问对方："需要我转达什么吗？"对方可能会表达下列几种愿望：①稍后再打电话；②想尽快与领导通话；③请转告领导……

如果领导暂时不能回公司，你可告诉对方："我们领导出差在外，如果您有要紧事，由我转达行吗？"

当对方不便告知具体事项时，应留下对方的姓名、电话号码以及公司的名称。

你若受客户委托转告，则应边听客户讲边复述，并按5W1H方法认真进行记录。

通话结束时应道别："我叫××，如果我们领导回来，定会立刻转告。"自报姓名的目的是让对方感到你很有责任感，办事踏实可靠，使对方放心。

向领导转达电话内容时，应告诉领导客户的姓名、公司名称、电话号码及其打电话过来的时间等，并与领导一一确认。无论如何，你都必须复述对方的姓名及其所讲事项。

7.5.2　慎重告知无法接听的理由

通常，被指定接电话的人无法接电话的原因很多，如生病休息、出差在外、上卫生间等。这

时，代接电话的你应学会应对各种情况。

　　告诉对方××不在办公室时，应注意不要让对方产生不必要的联想。例如，尤其不能告诉对方××的出差地点，因为其出差所办的事情或许正是不能让对方知晓的商业秘密。

　　另外，如果遇到领导正在参加重要会议，你突然接到客户的紧急电话，应正确判断，妥当处理。如果领导事先说过"开会期间，不得打扰"，那转接客户的紧急电话之类的事当然不能视作例外。此时，我们可以拿张纸条，在纸条上写"××先生打电话找您，接电话（　），不接电话（　），请画钩"，然后悄悄走进会议室，将纸条递给领导，让领导一目了然。如此这般，既不对会议造成过多影响，又能让领导决定是否接电话，这是一种很合适的方法。

> **【实战练兵】**
> **实战目的：让学生掌握电话沟通的技巧**
> **实战方法：**
> 2名学生一组，采用角色扮演法，1名学生扮演客服人员，1名学生扮演客户。客户家里的Wi-Fi出现故障，客户上不了网，拨打客服电话要求解决问题。
> **实战效果：**
> 通过电话沟通，解决客户的实际问题，提高学生的电话沟通能力。

项目小结

- 电话沟通的技巧包括拨打电话的技巧、接听电话的技巧。
- 拨打电话和接听电话的程序、电话销售技巧等。
- 学会尊重他人、团结协作，营造良好的人际关系。

项目实训

　　1. 某客户需要更换资费套餐，打电话咨询中国电信客服中心。采用角色扮演法，2名学生一组，分别扮演电信客服人员和客户，进行电话沟通，提高电话沟通能力。

　　2. 2名学生一组，分别扮演分别多年的老朋友进行电话沟通。

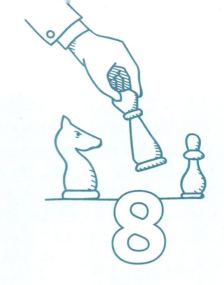

项目八
上下级沟通

学习目标

【知识目标】

1. 掌握与上级沟通的6个技巧。

2. 了解向领导请示、汇报的程序和要点。

3. 掌握与不同风格的领导沟通的技巧。

4. 掌握说服领导的技巧。

5. 掌握与下级沟通的原则。

6. 掌握下达命令的技巧。

7. 掌握赞美下级的技巧。

8. 了解批评下级的五步法及注意事项。

【技能目标】

1. 能够熟练运用各种上下级沟通技巧，维持和谐的人际关系。

2. 能够掌握与领导相处之道，学会与不同风格的领导打交道。

【素养目标】

在职场上尊重上级、理解下级，摒弃对上级溜须拍马、阿谀奉承，对下级指手画脚、高高在上的不良作风，学会真诚地与上下级打交道。

案例导入

张三的苦恼

张三是名校管理学硕士，出任某大型企业的制造部门经理。张三一上任，就对制造部门进行改革。张三发现生产现场的数据很难及时反馈上来，于是决定从生产报表着手改革。借鉴跨国公司的经验，张三设计了一份非常详细的生产报表，从报表中可以看出生产中的任何一个细节。

每天早上，所有的生产数据都会及时地放在张三的桌子上，张三很高兴，认为自己拿到了生产的第一手数据。没过几天，部门发生了一次大的品质事故，但报表上根本没有反映出来，张三这才知道，报表的数据都是员工随意填写上去的。

为此，张三多次开会强调认真填写报表的重要性，每次开会后的前几天有一定的效果，但过不了几天又回到了原来的状态。张三怎么也想不通到底哪里出了问题。

后来，张三将生产报表填写与业绩、奖金挂钩，并要求基层领导经常检查，员工这才开始认真填写报表。

从本案例可知，部门领导除了要为部门的经营策略、业务数量、客户关系等问题考虑之外，还需要关注怎样处理好与下级的关系。能否建立一个关系融洽、积极进取的团队，在很大程度上取决于部门领导是否善于与下级进行沟通。

任务一　与上级沟通

8.1.1　与上级沟通的原则

在日常的工作中，学会与上级沟通，将会对自己的职业生涯产生关键性的影响。应该如何与上级沟通呢？都有哪些技巧和方法？下面我们从与上级沟通的原则开始介绍。

1．有敬业精神

（1）对工作有耐心、恒心和毅力。

（2）苦干加巧干。

（3）敬业，要能干会道。

2．担当第一

有才华且能干的下级更容易引起上级的注意；当上级交代的事情有难度时，要有勇气承担，以显示自己的胆略和能力。

3．关键信息（5W1H）要请示

对于关键人物（Who）、关键事情（What）、关键地方（Where）、关键时刻（When）、关键原因（Why）、关键方式（How）等需要请示上级。

4．要有独立性，能独当一面

对工作要有独立的见解，能够承担一些重大的任务，重视其他同事忽略的问题。

8.1.2 与上级沟通的6个技巧

以下是与上级沟通的6个技巧，供读者参考。

1. 主动报告

认为上级不重用自己时，要扪心自问，你会主动报告你的工作进度吗？这一点很重要。举个例子，孙小姐是某总经理的下级，昨天总经理一下飞机，她在车里面就不停地向他报告，从本次会议来了多少人、有什么人参加，到会场布置怎么样、设备怎么样，这是她主动报告工作进度的行为。如果等总经理来问，那么其效果就要打一个很大的折扣了。所以我们要养成对工作进度进行主动报告的好习惯，以便让上级知道自己在做什么、做到了什么程度，如此一旦有了偏差还来得及纠正。

2. 充实自己，努力学习

一个人只有努力与上级站在同样的位置，才可能知道上级在想什么，所以，要想了解上级的心思，充实自己、努力学习就变得十分重要。例如，上级每个月读4本书，而我们每个月连2篇文章都没有看完，这样怎么能跟得上上级呢？我们不断学习，努力做到上级想到什么我们也能想到什么，上级看到什么我们也能看到什么，那么与上级沟通就容易多了，这就是心有灵犀一点通，是沟通的最高境界。

3. 不多次犯同样的错误

孔子说，颜回从来不重复同样的错误。我们可能做不到像颜回这样，但我们可以告诉自己："一个人第一次犯错是不知道，第二次犯错是不小心，第三次犯错就是故意的了。"所以不要多次犯同样的错误。

【案例在线】

希尔顿的经营技巧

有一次希尔顿去日本东京，在飞机上遇到了一位女记者。这位女记者问希尔顿："希尔顿先生，您取得了辉煌的成就，您的经营技巧是什么？我和所有人都想知道。"

希尔顿听后笑了笑，对女记者说："你到了东京之后，住进我的酒店，临走时把你不满意的地方告诉我，当你下次来住时，我们不会再犯同样的错误。这也许就是我的技巧吧！"

希尔顿酒店创立于1919年，如今遍布世界各洲的各大城市，成为全球最大规模的酒店之一。希尔顿的成功与他的经营理念是分不开的，人无完人，"绝不犯同样的错误，永不停步"就是希尔顿成功的诀窍。

4．不忙的时候主动帮助他人

身边的同事遇到困难时，你如果不是太忙，应伸出手帮上一把。你这样做，上级就会认为你识大体，会替他照顾忙不过来的地方。

其实一个人在不忙的时候，应该主动地去帮助别人，很多公司的职员都有这种好习惯。例如，某快餐店的柜台前很少出现三四列客人在排队的情况。因为该快餐店有规定，不忙的时候一定要支持别的人。

5．毫无怨言地接受任务

有的时候上级临时交代一些事情要下级做，下级就很不情愿，这种做法不合时宜。要想让上级喜欢你，那么你就要积极地接受其交代的任务，并做到让上级满意。

6．对自己的工作主动提出改善计划，让领导进步

领导的进步往往带来整个部门乃至整个公司的进步。而整个部门或整个公司的进步则是每个人对自己的工作主动地提出改善计划的成果。

总之，人们常说成功不容易，其实，只要你做得比别人稍微好一点，稍微主动一点，你就很可能成为上级的得力助手。因为在这个世界上，能够按这句话行事的人不是很多，所以，你只要稍微努力一些，就很可能成功。

8.1.3　向领导请示、汇报的程序和要点

对于领导，你可能与其相处得非常融洽，也有可能相处得不够愉快。但是无论如何，你都应该合理运用沟通技巧，争取与领导建立良好的关系，这样你们双方都会感到很愉快。

【案例在线】

小杨的困惑

小杨刚刚加入公司，进入了公司刚刚组建的战略规划部，他的临时领导是由公司技术研发部的王经理兼任的。王经理主要负责公司研发工作，并没有特别强的管理理念，但是小杨认为越是这样，自己就越有发挥能力的空间，因此在到公司的第五天，小杨拿着自己的建议书走进了王经理的办公室。

"王经理，我到公司已经快一星期了，有些想法想和您谈谈，您有时间吗？"

"来来来，小杨，早就应该和你谈谈了，最近一直扎在实验室里就把这件事忘了。"

"王经理，据我目前对公司的了解，我认为公司主要的问题在于职责界定不清，雇员的自主权利太小，使他们觉得公司对其缺乏信任……"小杨按照自己事先所列的提纲开始逐条向王经理叙述。

王经理微微皱了一下眉头说："你说的这些问题确实存在，但是公司在赢利，就说明我们公司目前实行的体制有它的合理性。"没等小杨说话，王经理接着问道："那你有具体方案吗？"

"目前还没有，这些还只是我的一些想法，希望先得到您的支持，再向下推进。"

"那你先回去做方案，把你的材料放这儿，我先看看。"说完，王经理的注意力又回到了研究报告上。

小杨此时真切地感受到了不被认可的失落，他似乎已经预料到了自己第一次提建议的结局。果然，小杨的建议书石沉大海。小杨陷入了困惑之中，他不知道自己是应该继续和王经理沟通，还是干脆放弃这份工作，另寻发展空间。

小杨在向领导汇报时没有做好准备工作，导致沟通最终失败，也让小杨陷入了困惑之中。

1. 向领导请示、汇报的程序

（1）仔细聆听领导的命令。对一项工作确定了大致的方向和目标之后，领导通常会指定专人来负责该工作。如果领导明确指示你去完成某项工作，那你一定要用最简洁有效的方式弄清领导的意图和工作的重点。此时，你不妨利用传统的5W1H方法来快速弄清楚工作要点，即弄清楚该命令的时间（When）、地点（Where）、执行者（Who）、目的（Why）、需要做什么工作（What）、怎样去做（How）。在领导下达命令之后，立即将自己的记录进行整理，简明扼要地向领导复述一遍，看是否还有遗漏或者自己没有领会的地方，并请领导加以确认。例如，领导要求你完成一项关于ABC公司团体保险计划的工作，你应该根据自己的记录向领导复述并获得领导的确认。你可以说："总经理，我对这项工作的认识是这样的，为了增强我们公司在团体寿险市场的竞争力（Why），您希望我们团体寿险部门（Who）不遗余力地（How）于本周五之前（When）在ABC公司总部（Where）和他们签订关于员工福利保险的合同（What），请您确认一下是否还有遗漏。"如果领导点头认可了，那么你就可以进入下一个环节了。

（2）与领导探讨工作的可行性。领导在下达了命令之后，往往会关注下级对问题的解决方案，希望下级能够提出对该问题大致的解决思路，以便在宏观上把握工作的进展。所以，下级在接到领导的命令之后，应该积极开动脑筋，对即将负责的工作有一个初步的认识，并告诉领导你的初步解决方案，尤其是对于可能在工作中出现的困难要有充分的认识，对于在自己能力范围之外的事务，应该提请领导协调别的部门加以解决。例如，上例中关于争取签订ABC公司员工福利保险合同这个目标，你应该快速地制定行动的方案与步骤并确定其中的关键环节。

（3）制订详细的工作计划。在明确工作目标并和领导就该项工作的可行性进行讨论之后，你应该尽快制订一份工作计划，交给领导审批。在该工作计划中，你应该详细阐述行动方案与步骤，尤其是对工作进度要给出明确的时间表，以便领导进行监督。

（4）在工作进行过程中随时向领导汇报。如果你已经按照制订的计划开展工作了，那么，你应该留意自己的工作进度是否和计划中的一致，无论是提前还是延迟，你都应该及时向你的领导进行汇报，让领导知道你现在在干什么，取得了什么成效，并及时听取领导的意见和建议。

（5）在工作完成后及时总结汇报。经过你和部门同事的共同努力，你们终于完成了这项工作，签下了ABC公司的员工福利保险合同。当大家都在兴高采烈地欢庆成功之时，作为事项负责人的你仍不应该松懈。你应该及时将此次工作进行总结汇报，总结成功的经验和其中的不足之处，以便在下一次的工作中改进。同时不要忘记在总结报告中提及领导的正确指导和下级的辛勤工作。至此，一项工作的请示汇报才算基本结束。

千万不要忽视请示、汇报的作用，因为这是你和领导进行沟通的重要渠道。你应该争取把每一次请示、汇报工作都做好，如此，领导对你的信任和赏识也会慢慢加深。

2．向领导请示、汇报的要点

（1）尊重而不吹捧。作为下级，我们一定要充分尊重领导，在各方面维护领导的权威，支持领导的工作，这也是下级的本分。首先，对领导的工作要支持、尊重和配合；其次，可以在生活上关心领导；最后，在难题面前要帮助领导解围，有时领导处于矛盾的焦点上，下级要主动出面，勇于解除矛盾，承担责任，为领导排忧解难。

（2）请示而不依赖。一般来说，在自己职权范围内应该大胆负责、创造性地开展工作，这是值得倡导的，也是为领导所欢迎的。下级不能事事请示，遇事没有主见，大事小事都不敢做主，这样领导也会觉得你办事不力。该请示、汇报的必须请示、汇报，但绝不要依赖、等待。

（3）主动而不越权。对工作要积极主动，敢于直言，善于提出自己的意见，不能唯唯诺诺。在处理同领导的关系上，要改变两种错误认识：一是领导让做什么就做什么，做得好坏都不是自己的责任；二是自恃高明，对领导的工作思路不研究、不落实，甚至另搞一套，阳奉阴违。

当然，下级的积极主动、大胆负责是有前提的，要有利于维护领导的权威，维护组织内部的团结，在某些工作上不能擅自超越自己的职权。

【案例在线】
小琴和她的领导们

小琴之前在一家化妆品公司工作，从上班的第一天起，她就踏踏实实地工作，且其工作能力也很强。因此，小琴深受领导和同事们的欢迎，但她一直没有获得晋升。原因是她不善于主动与领导沟通，许多事都等着领导来找她。

小琴吸取了失败的教训，积极总结经验，又以全新的面貌到了另一家公司上班。一个月后，她接到一份传真，上面说她花两个星期争取到的与某客户的一笔业务出现了问题。如果在以前，她会等领导来找她，再向领导汇报，但现在她马上就去找领导了。领导正准备打电话同这位客户谈一笔生意，她在此之前将情况向领导做了汇报，并提出了具体的建议和意见。领导掌握了这些材料后，在与客户交谈时便顺利地解决了出现的问题。

此后，小琴常常主动向领导汇报工作情况，并及时针对问题提出解决的办法。除此之外，小琴还在销售和管理方面提出了一些不错的方案，从而得到了领导的认同。不久，她就被升为业务主管。

小琴在新公司工作时，积极主动地向领导汇报工作，提出解决问题的方法，从而获得领导的认同。可见，向领导请示、汇报需要做好准备，积极主动。

8.1.4　与不同风格的领导沟通的技巧

由于性格和经历不同，领导的风格也各有不同。仔细揣摩每一位领导的风格（见表8-1），并在与他们交往的过程中灵活应对，运用不同的沟通技巧，我们就会获得更好的沟通效果。

表8-1 不同的领导风格

领导风格	倾向
控制型	直接下命令，不允许下级违背自己的意志，关注工作的结果而不是过程
互动型	亲切友善地与下级相处，愿意聆听下级的困难和要求，努力营造融洽的工作氛围
实事求是型	按照自己的行事标准要求下级，注重问题的细节，善于理性思考

【案例在线】

沟通的魅力

小陈是某销售公司的文员。春节前夕，按照公司的惯例，经理交给她很多客户的名片，并亲自挑选了很多精美的明信片模板，让她按照名片逐一寄出明信片。小陈在接过名片时，曾提醒经理将地址已改变或在业务上已没有往来的客户挑出来，但经理不耐烦地说："你别管，按名片寄出去就是了！"

两天后，当小陈把写好的明信片交给经理过目时，经理却大声指责她将一些已经不在国内的客户错误地写在了"最精美"的明信片上。小陈觉得很委屈，想说出来却又担心被经理安个"顶撞上司"的罪名，便忍了下来。回去后，她大哭了一场，可心里还是难受，以致影响了工作。后来，她把心事说给了有关专家。在专家的建议下，小陈利用休息时间去拜访了经理，并向经理坦诚地说出了内心的想法。结果出乎小陈意料，经理竟诚恳地承认了错误。从此，他们在工作上配合得相当默契，为公司创造了不错的业绩。

在与上级的沟通中不仅要沟通日常工作事务，还要表达出你的情绪。假设你的情绪问题得不到解决，就会引发沟通障碍，进而会让人厌烦沟通，会让下级与上级的隔膜越来越重。

1. 控制型领导的性格特征及与其沟通的技巧

（1）性格特征。态度强硬，充满竞争心态，要求下级立即服从，注重实际、做事果决，志在求胜，对琐事不感兴趣。

（2）与其沟通的技巧。与他们相处时重在简明扼要、干脆利落，不拖泥带水，不拐弯抹角。面对这一类人时，无关紧要的话少说，直截了当，开门见山地谈即可。

此外，他们很重视自己的权威性，不喜欢下级违抗自己的命令。所以，下级应该更加尊重他们，认真对待他们的命令。在称赞他们时，也应该称赞他们的成就，而不是称赞他们的个性或人品。

2. 互动型领导的性格特征及与其沟通的技巧

（1）性格特征。善于交际，喜欢与他人互动交流，喜欢他人赞美自己，凡事都喜欢参与。

（2）与其沟通的技巧。要亲近这一类领导，你应该和蔼友善，也不要忘记留意自己的身体语言，因为他们对下级的一举一动都十分敏感。另外，他们还喜欢与下级当面沟通，喜欢下级与自己开诚布公地谈问题，即使你对他们有意见，他们也希望你能够摆在桌面上来谈，而不是私下发泄不满情绪。

3. 实事求是型领导的性格特征及与其沟通的技巧

（1）性格特征。讲究逻辑而不喜欢感情用事，为人处世自有一套标准，喜欢弄清楚事情的来龙去脉，理性而缺乏想象力，是方法论的最佳实践者。

（2）与其沟通的技巧。与这一类领导沟通时，直接谈他们感兴趣的且实质性的话题是最好不过的。他们同样喜欢直截了当的方式，对他们提出的问题也最好直接作答。同时，在向其汇报工作时，多就一些关键性的细节加以说明。

8.1.5　说服领导的技巧

下级对于领导的指示，要认真执行。那么，怎样说服领导，让领导理解自己的主张，同意自己的看法呢？具体如下。

（1）选择恰当的提议时机。刚上班时，领导会很繁忙，到快下班时，领导又会疲倦心烦，显然，这两个时间段都不是向领导提议的好时机。总之，记住一点，当领导心情不太好时，无论多么好的建议，其都难以细心静听。那么，什么时候提议比较好呢？我们推荐10:00左右，因为此时，领导可能刚刚处理完一些业务，同时正在安排当日的工作，你适时地以委婉的方式提出你的建议，比较容易引起领导的思考和重视。还有一个较好的时间段是在午休结束后的半小时里，此时，领导经过短暂的休息，可能会有更好的体力和精力，比较容易听取别人的建议。总之，我们要选择领导时间充足、心情舒畅的时候提出改进方案。

（2）资料及数据都具说服力。对改进工作的建议，如果只凭嘴讲，是没有太大说服力的，但如果你事先收集整理了有关的数据和资料，并做成书面材料，就会更加具有说服力。

【案例在线】

数据的说服力

A主管：关于在通州地区设立灌装分厂的方案，我们已经详细论证了它的可行性，大概3~5年就可以收回成本，然后就可以赢利了。请董事长一定要考虑我们的方案。

B主管：关于在通州地区设立灌装分厂的方案，我们已经会同财务、销售、后勤部门详细论证了它的可行性。财务评价报告显示，该方案在投资后的第28个月，财务净现金流将由负值转为正值，这预示着该项投资将从第三年开始赢利，经测算，该方案的投资回收期是4~6年。社会经济评价报告显示，该方案还可以拉动与我们相关的下游产业的协同发展。这有可能为我们将来的企业前向、后向一体化方案提供有益的参考。与该方案有关的可行性分析报告我已经带来了，请董事长审阅。

在上述两位主管的报告中，显然B主管的报告更具说服力，所以，领导会对B主管感到比较满意。

记住：只有摆出新方案的利与弊，用各种数据、事实逐项证明，才能避免领导认为你有头脑发热、主观臆断的倾向。

（3）做好准备。若领导对于你的方案提出疑问，而你事先毫无准备，回答时吞吞吐吐，前言不搭后语，自相矛盾，就不能说服领导。因此，应事先设想领导会提出什么问题，自己该如何回答。

（4）讲话简明扼要，重点突出。在与领导交谈时，语言一定要简单明了。对于领导最关心的问题，你要说得重点突出、言简意赅。例如，对于设立新厂的方案，领导最关心的多半是投资的回收问题。他希望了解投资的数额、投资的回收期、项目的赢利点、赢利的持续性等问题，因此，你在说服领导时，就要重点突出、简明扼要地回答领导最关心的这些问题，而不要东拉西扯，分散领导的注意力。

（5）面带微笑，充满自信。我们已经知道，在与人交谈的时候，一个人的口头语言和身体语言所传达的信息量占很大的比重。一个人若是对自己的意见和建议充满信心，那么他无论面对的是谁，都会表现自然；反之，如果他对自己的意见和建议缺乏必要的信心，这种不自信也会在言谈举止上有所流露。试想一下，如果下级表情紧张、局促不安地对领导说："经理，我们对这个项目有信心。"此时领导会相信他吗？领导肯定认为，"我从他的身体语言中读到了'不自信'这3个字，我不太敢相信他的建议"。同样的道理，你在面对自己的领导时，要学会用自信的微笑去感染领导、说服领导。

（6）尊敬领导，勿伤领导自尊。最后要注意一点，领导毕竟是领导，因此，无论你的可行性分析和项目计划有多么好，也不能强迫领导接受。毕竟领导统管全局，他需要考虑和协调的事情你并不能完全明白。因此，你应该在阐述完自己的意见和建议之后礼貌地告辞，给领导一段思考和决策的时间。即使领导不采纳你的意见和建议，你也应该感谢领导倾听你的意见和建议，同时让领导感受到你工作的积极性和主动性。

> **【实战练兵】**
> **实战目的：让学生学会与上级沟通的技巧**
> **实战方法：**
> 4名学生一组，运用角色扮演法，其中1名学生扮演下级，其他3名学生分别扮演控制型领导、互动型领导和实事求是型领导，下级分别向3位领导汇报同一项工作。
> **实战效果：**
> 4名学生针对汇报工作的效果展开讨论和评估，分析和不同风格的领导沟通的技巧。

任务二　与下级沟通

8.2.1　与下级沟通的原则

1．尊重下级

领导与下级在人格上是平等的，职位高低不等于人格上的贵贱。有句话说得很对："伟人是从对待小人物的行为中显示其伟大的。"尊重你的下级，实际上你所获得的是不断增加的威望。

事情往往就是，你越是在下级面前摆架子，越想让下级服从你，就越容易被下级看不起，你的下级越会认为你是"小人得志"；你越是尊重下级，他们在心目中就越尊敬你。

2．多激励，少斥责

每个人的内心都有自己渴望获得的评价，希望别人能给予赞美。领导应适时地鼓励、慰勉、认可、褒扬下级。当下级不能愉快地接受某项工作任务时，领导可以说："当然，我知道你很忙，抽不开身，但这事只有你去解决，才可能成功，思前想后，我觉得你才是最佳人选。"这样一来，下级便乐于接受该项工作了。

这一沟通技巧的要点在于对下级某些固有的优点给予适度的褒奖，使下级得到心理上的满足，使其在较为愉快的情绪中接受工作任务。我们对于下级在工作中出现的不足或失误要特别注意，不要直接训斥，要同下级共同分析失误的根本原因，找出改进的方法和措施，并鼓励他。要知道，斥责会使下级产生逆反心理，而且很难平复，这会为以后的工作带来隐患。

例如，你是领导，与几位下级去打保龄球比赛，比赛的时候，下级抛过去的球打倒了7个球瓶。这时，作为领导，你可能会有两种表达方式。其一："真厉害，一下就打倒了7个，不简单！"这是种激励，对方听起来很舒服，其反应可能是"下次我一定打得更好！"。其二："真糟糕，怎么还剩3个没有打倒呀？你是怎么搞的？"对方为了缓解压力，就会产生防御思维和想法，其反应可能是"我还打倒了7个呢，换了你还不如我呢！"。这两种不同的表达方式，前者能起到激励作用，后者会使下级产生逆反心理，从而导致不同的行为结果。

3．放下架子，从下级的角度考虑问题

作为领导，你在处理许多问题时，都要换位思考。例如，你能否说服下级的关键在于你谈论的是否是下级所需要的。如果换位思考，领导站在下级的角度考虑问题，抓住下级的关注点，这样沟通就容易成功了。你站在下级的角度，为下级排忧解难，下级就更愿意替你排忧解难，帮你提高业绩。

4．成为下级真正的朋友

要推心置腹，动之以情，晓之以理。领导对下级的说服过程在很大程度上可以视为情感的征服过程。只有善于运用情感技巧，以情感人，才能打动人心。情感是沟通的桥梁，要想说服对方，必须架起这座桥梁，才能攻破对方的心理堡垒，征服对方。领导与下级谈话时，要使下级感到领导不抱有任何个人目的，没有丝毫不良企图，而是真心实意地帮助自己，为自己的切身利益着想。这样沟通双方的心理距离就会拉近许多，就会产生"自己人""哥们儿"的效应。

情感是交往的纽带，领导如果能够很好地运用情感，使自己成为下级真正的朋友，便能成为实现群体目标的主导力量。

5．语言幽默诙谐

领导与下级谈话时，应做到语言幽默诙谐，营造一种和谐的交谈气氛和环境，从而取得良好的谈话效果，如此还可以拉近上下级之间的距离。

6．与下级常谈心，增强凝聚力

有一位厅级领导，在他还是一般职员的时候，有一次他的领导（厅级）在路上见到他，和他打招呼、握手并问候他，领导的举动在他心里产生了莫大的震动。回去后，他心情久久不能平静。他当时认为，这是领导对自己的重视和认可。此后他的工作一直做得很出色，受到了单位领导的一致赞扬。现在他成为一个厅级领导后，也经常找下级谈心，谈工作、谈生活、谈发展……每次谈心，下级都受到很大的鼓舞。他的这个举动增强了全员的凝聚力，使整体工作进行得有声有色。领导经常找下级谈心，可以充分了解下级对单位发展的看法、下级的心态及情绪变化，以及对自己工作的反馈等，从而有利于更好地开展工作。

下级都想得到上级的重视和认可，这是一种心理需要。所以，领导常和下级谈心，对于形成群体凝聚力，完成目标、任务，有着重要的意义。

7．增强当众讲话时的语言表达能力

当众讲话属于公共场合的沟通，如果一位领导在公共场合的讲话没有鼓动性，言语平平、淡而无味，甚至连条理性都没有，那么这位领导在员工心里的威望就会大打折扣。因为领导对于广大员工来说是能力的象征，若当众讲话没有鼓动性，员工会认为这位领导能力不行。这就要求领导要努力提高自己的语言表达能力，训练自己当众讲话的基本功，以便振奋士气，激励下级，起到统一思想、统一步调的作用，推动形成一股强大的向心力，使广大员工以满腔的热情投入工作。

8.2.2 下达命令的技巧

命令是领导对下级特定行动的要求或制止。它也是一种沟通，只是带有组织阶层上的职权关系；它隐含着强制性，会让下级有种压抑的感觉。若领导经常使用直接命令的方式要求下级做好各项工作，也许部门整体看起来非常有效率，但是其工作质量一定无法提高。因为直接命令的方式剥夺了下级自我支配的权利，抑制了下级的创造性思考和积极负责的心理，同时也让下级失去了参与决策的机会。

命令这一沟通方式虽然有缺点，但要确保下级按照组织制订的计划工作，它也是必要的。那么领导应该如何下达命令呢？

【案例在线】

王伟的人事调动

王伟所在的公司要进行人事调动，负责人陈成对王伟说："把手头的工作放一下，去销售部工作，我觉得那里更适合你。你有什么意见吗？"

王伟撇了撇嘴，说："意见？您是负责人，我敢有意见吗？！"实际上，他的意见大得很。当时销售部的状况特别糟糕，王伟想："这一次人事变动把我调到那个最不好的部门去，肯定是负责人陈成搞的鬼，见我工作出色就嫉妒，怕我抢了他的位置。好，你就等着瞧吧，我会让你难堪的。"

来到销售部以后，王伟的消极情绪非常严重，他总是板着一张脸，对同事爱搭不理的，别人主动和他打招呼，他只是应付地点一下头。一来二去，同事们渐渐疏远了他。

第一天，一个客户打来电话，请王伟转告陈成，让陈成第二天到客户那里参加洽谈会，请陈成务必赶到，因为有非常重要的生意要谈。王伟认为这是个绝好的报复机会，他就像什么事也没发生一样，吹着口哨兴高采烈地回家了。

第二天，陈成将王伟叫进办公室，严厉地说："王伟，客户那么重要的电话你怎么不告诉我？你知道吗？要不是客户早晨打电话给我，一笔1000万元的大生意就白白地溜走了！"

陈成看了看王伟，见他一副毫不在意的样子，根本没有承认错误的表现，便说："王伟，说实在的，你工作能力还不错，但在为人处世方面还不够成熟，我本想借此机会锻炼你一下，可你却让我大失所望。我知道你心里对我不满，而你非但不与我沟通，反而暗中给我使绊子。你知道吗？部门的前途差一点儿毁在你的手里。你没能通过考验，所以我现在只能遗憾地宣布，你被解雇了！"

领导下达命令，需要正确传达意图，同时，需要确保下级有执行意愿，如果下级没有执行意愿，心里只想着应付，最终结果往往不尽如人意。

领导下达命令的目的是让下级按照自己的意图完成指定的行为或工作，因此，在下达命令时应该考虑以下两点。

1．正确传达下达命令的意图

你在下达命令时，要正确地传达下达命令的意图，不要经常变更命令；不要下达一些自己都不知道意图的命令；不要为了证明自己的权威而下达命令。正确地传达下达命令的意图是比较容易做到的，你只要注意5W1H的重点，就能正确地传达你的意图。

2. 使下级积极地接受命令

对于命令，我们应该打破固有的思维，不要陷于"命令即服从"的固有认知。命令应该是领导让下级正确了解其意图，并让下级容易接受及愿意执行的一种表达方式。

或许你会说，领导有下达命令的权力，下级必须执行，但有意愿的执行的结果与无意愿的执行的结果会有很大的差异。有执行意愿的下级，会尽全力把接受的工作做好；无执行意愿的下级，心里只想着应付过去就好。

那么，如何增强下级执行命令的意愿呢？必须注意以下5个技巧。

（1）态度和善，用词礼貌。领导在与下级沟通的时候可能会忘记使用一些礼貌用语。"小张，进来一下""小李，把文件送去复印一下"等表述会让下级有一种被呼来唤去的感觉，下级会认为领导缺少对他们起码的尊重。因此，为了改善和下级的关系，使其感觉到自己受尊重，不妨使用一些礼貌用语，如"小张，请你进来一下""小李，麻烦你把文件送去复印一下"等。要记住，一位受人尊重的领导，首先应该是一位懂得尊重别人的领导。

（2）让下级明白工作的重要性。下达命令之后，你要告诉下级工作的重要性。例如，"小王，这次项目投标能否成功，对我们公司今年在总公司中的业绩排名至关重要，希望你能竭尽全力争取成功"。告诉下级工作的重要性，可以激发下级的使命感，让其觉得"领导很信任我，把这样重要的工作交给了我，我一定要努力"。

（3）给下级更大的自主权。一旦决定让下级负责某一项工作，你就应该尽可能地给其更大的自主权，让其可以根据工作的性质和要求，更好地发挥个人的创造力。例如，"这次展示会交由你负责，关于展示主题、地点、时间、预算等，请你做出一个详细的计划，下个星期你选一天向我们介绍你的计划"。此外，还应该提供支持，让下级取得必要的信息，如"财务部我已经协调好了，他们会提供一些必要的报表"。

（4）共同探讨，提出方案。领导即使已经下达命令，进行了相应的授权，也切不可就此不再过问工作的进展。尤其当下级遇到问题和困难，希望领导协助解决时，领导更不可以说："不是已经交给你去办了吗？"领导应该意识到，其之所以是你的下级，就是因为其阅历、经验可能不如你多，这时候领导应该和下级一起分析问题、探讨状况，尽快提出一个解决方案。例如，"我们都了解了目前的状况，让我们来讨论一下该怎么做吧"。

（5）让下级提出问题及意见。领导可询问下级有什么问题及意见，如"小王，关于这个投标方案，你还有什么意见和建议吗？"你可采纳下级好的意见，并称赞他。例如，"关于这点，你的意见很好，就照你的意思去做吧"。

上述5个技巧能增强下级接受命令、执行命令的意愿，从而使下级能积极地执行所接受的命令。

8.2.3　赞美下级的技巧

要建立良好的人际关系，恰当地赞美他人是必不可少的。美国一位著名社会活动家曾提出一条原则："给人一个好名声，让他们去实现目标。"事实上，被赞美的人会付出惊人的努力，从而不让别人失望。赞美能激发他人自我满足的强烈需求。心理学家马斯洛认为，荣誉和成就感是人的高层次需求。一个人具有了某些长处或取得了某些成就后，还需要得到社会的认可。如果你能真心实意地赞美一个人并满足其需求，那么任何一个人都可能会变得更通情达理，更乐于协作。因此，作为领导，你应该努力去发现能对下级加以赞美的小事，寻找他们的优点，从而形成一种赞美的习惯。赞美下级是对下级的行为、举止及进行的工作给予正面的评价，是发自内心的肯定与欣赏。赞美的目的是传达一种肯定的信息。你激励下级，下级就会更有自信，就想要做得更好。

【案例在线】

鸭子只有一条腿——领导要善于赞美下级

某王爷手下有个著名的厨师，他的拿手好菜是烤鸭，他做的烤鸭深受王府里的人，尤其是王爷的喜爱。不过这个王爷从来没有给过厨师任何表扬，这使厨师整天闷闷不乐。有一天，王爷家里来了一位客人，王爷点了数道名菜招待客人，其中一道就是王爷最喜爱的烤鸭。厨师奉命行事，然而，当王爷夹了一条鸭腿给客人时，却找不到另一条鸭腿了，便召来厨师问道："烤鸭的另一条腿到哪里去了？"

厨师说："禀告王爷，我们府里养的鸭子都只有一条腿。"王爷感到诧异，但碍于客人在场，不便问个究竟。

饭后，王爷便跟着厨师到鸭笼去查个究竟。时值夜晚，鸭子正在睡觉。每只鸭子都只露出一条腿。厨师指着鸭子说："王爷你看，我们府里的鸭子不全都是只有一条腿吗？"王爷听后，便大力拍掌，吵醒鸭子，鸭子被惊醒后都站了起来。王爷说："鸭子不是都有两条腿吗？"

厨师说："对！对！对！不过，只有鼓掌时，鸭子才会有两条腿呀！"

要使人们始终处于施展才干的最佳状态，有效的方法之一就是表扬和奖励，没有比受到上司批评更能扼杀人们积极性的了。在下属情绪低落时，激励、奖赏是非常重要的。身为管理者，要经常在公众场所表扬佳绩者或赠送一些礼物给表现特佳者，以资鼓励，激励他们继续奋斗。

赞美下级作为一种沟通技巧，也不是随意说几句恭维话就可以达到目的的。事实上，赞美下级也有一些技巧及注意点，具体如下。

1．态度要真诚

赞美下级时必须真诚。每个人都珍视真心诚意，因为它是人际沟通中最重要的品质。英国专门研究社会关系的卡斯利博士曾说过："大多数人选择朋友都是以对方是否真诚而决定的。"古人说得更好："精诚所至，金石为开。"如果你在与下级交往时不是真心诚意的，那么你要与下级建立良好的人际关系就是不可能的。所以在赞美下级时，你必须确认被赞美者的确有此优点，并且要有充分的理由去赞美他。

2．赞美的内容要具体

赞美要依据具体的事实，除了用广泛的用语，如"你很棒！""你表现得很好！""你不错！"等，最好还要加上对具体事实的评价。例如，"你的调查报告中关于技术服务人员提高服务品质的建议是一个能解决目前问题的好方法，谢谢你提出了对公司这么有用的方法。""你这次处理客户投诉的态度非常好，自始至终保持委婉、诚恳，并针对客户提出的问题给出了解决方案，你的做法正是我们期望员工能做到的。"

3．注意赞美的场合

在众人面前赞美下级，对被赞美的人而言，这样受到的鼓励是最大的，这是一个赞美下级的好方式。但是采用这种赞美方式时要慎重，因为若被赞美者不能得到其他下级的认同，其他下级难免会有不满的情绪。例如，获得业务竞赛的第一名、做出获得社会大众认同的义举、对公司做出重大的贡献、在公司服务25年等，这些值得被公开赞美的行为都是在公平、公开的竞争下产生的，或是已被社会大众或公司全体员工认同的。

4．适当运用间接赞美的技巧

所谓间接赞美，就是借第三者的话来赞美对方，间接赞美往往比直接赞美对方的效果要好。例如，你见到下级，对他说："前两天我和刘总经理谈起你。他很欣赏你接待客户的方法，你对待客户时的热心与细致值得大家学习。好好努力，别辜负他对你的期望。"如此一来，下级受到的激励肯定会超乎你的想象。

间接赞美的另一种方式就是在当事人不在场的时候进行赞美，这种方式有时比当面赞美所起的作用还要大。一般来说，间接赞美除了能起到激励作用外，还能让被赞美者感到你对他的赞美是诚挚的，因而更能加强赞美的效果。所以，作为领导，不要吝惜你对下级的赞美，尤其是在面对你的领导或者全体下级时，要恰如其分地夸奖你的下级。下级一旦知道了你对他的赞美，就会对你心存感激，在感情上也会与你更亲近，你们的沟通也就会更加有效。

【案例在线】

让下级知道你关心他们

克莱斯勒汽车公司曾为美国总统罗斯福特制了一辆汽车。克莱斯勒汽车公司的一名工程师将这辆车送去白宫。该工程师回忆当时的情形，感叹道："我教罗斯福总统如何驾驶这辆有许多特别装置的汽车，而他让我领会到了很多为人处世的艺术。"

该工程师这样说道："我到白宫时，总统非常高兴，他直呼我的名字，这让我也非常高兴。更让我难以忘怀的是，当我说出有关这辆车的每个细节时，他都非常注意地听着。"

罗斯福在众人面前说："这辆车本身就是一个奇迹，你只要按下按钮，它就能自己启动，驾驶这辆车根本不需要费大力气。它的设计实在是太奇妙了，我不清楚其中的原理，真希望有时间能够把它拆开，看看它是怎么被制造出来的。"

当罗斯福的很多朋友和同仁赞美这辆车时，他又说："××先生，我非常感谢你，你要花很多时间、精力，才能设计并制造完成这辆车，这是一件非常好的工艺品。"他赞赏反光镜、照明灯、椅垫的式样、驾驶座的位置、衣箱里的特殊衣柜和衣柜上的标记等。换而言之，他观赏了车里的每一个细节。他知道车里的每一个细节都花了工程师很多心思。他特意把这些细节指给自己的夫人、女秘书及劳工部长看。他甚至还对旁边的侍从说："你要特别留意这些经过特殊设计的衣箱。"

当工程师讲完驾驶要领后，罗斯福对他说："好了，××先生，我已经让中央储备董事会等了30分钟，我想我该回去工作了。"

有一次，该工程师带了一位机师到白宫去，并把他介绍给罗斯福。这位机师没有同罗斯福谈话，而罗斯福也只听到过一次他的名字。这位机师是个害羞的人，所以他一直待在人群后面，但在人们要离去时，罗斯福找到这位机师，叫他的名字，和他握手，并感谢他到白宫来。罗斯福的这一行为并非仅出于礼貌，他是十分真诚的。

回到纽约后不久，该工程师收到了罗斯福亲笔签名的相片和一封谢函，这让工程师感到很讶异。

被赞美是人们的一种心理需要，是被尊重的一种表现。恰当地赞美别人，会给人以舒适感，同时也会改善领导与下级的人际关系。所以，在沟通中，我们必须掌握赞美他人的技巧。

8.2.4　批评下级的技巧

俗话说："金无足赤，人无完人。"我们在与下级沟通的过程中，除了会发现其优点，往往还会发现下级的缺点和错误，这时，及时地对其加以指正和批评是很有必要的。有人说赞美如阳光，批评如雨露，二者缺一不可，这是很有哲理的。我们在与下级的沟通中，既需要真诚赞美，也需要中肯批评。下面我们就一起来探讨批评下级的技巧。

作为领导，批评下级是日常工作中的一项重要内容。对待下级，我们不仅要对其进行适当的激励，当下级犯了错误时，我们还需要对其及时提出批评，督促下级尽快改正错误，不断进步，变得更加优秀。反之，对下级放任不管，只会阻碍下级的发展和团队的建设，甚至会影响整体的工作业绩。

俗话说："良药苦口，忠言逆耳。"有人认为，批评就是"得罪人"的事。所以，有些领导从不当面批评下级，因为他们不知道如何处理批评下级后彼此的人际关系，因而造成下级的不当行为一直无法得到纠正。有些领导在批评下级后，不但没有达到目的，反而会使下级产生更多的不平和不满。事实上，之所以会产生这样的后果，恐怕就在于领导在批评下级的时候缺乏技巧。

1. 批评下级的五步法

运用以下五步法进行批评，能使你的下级心服口服，从而使批评起到真正的作用。

（1）直接、客观地提出问题。领导在批评下级时，应铁面无私、直截了当地提出问题，这样下级才能客观、清醒地认识到自己存在的问题，有明确的改正方向。

 情景剧场

　　主管："小李，我今天是想和你谈谈你迟到的问题。我平时也不止一次地提醒过你。"

　　小李："我知道，我有时是不太准时。"

　　主管："你知道你所谓的'有时不太准时'的频率有多高吗？你几乎每天都迟到，你甚至没有一次能准时参加晨会。"

　　小李："昨天我没有迟到，而今天的晨会我也准时参加了。"

　　主管："你……"

　　主管第一句话就一针见血，直接提出问题，目标非常明确。但是，接下来主管的话就不能让小李信服了，因为主管使用了过于绝对的语句"你几乎每天都迟到，你甚至没有一次能准时参加晨会"，从而遭到了小李的反驳。所以我们要运用事实客观地说明问题。

（2）批评下级时，要说明事实，不要谈感受。事实是最有说服力的证明。领导说明有依据的事实，可以避免下级因不服气而与自己争论。

 情景剧场

　　主管："你知道你不准时的频率吗？（拿出一张考勤表）上个月你迟到了6次，有2次没能准时参加晨会。"

　　小李："看来我迟到的次数是不少，我以后会注意的。不过您也看到了，我并没有因迟到而影响工作呀。"

主管："这倒是事实。不过，你一定要认识到，迟到本身就是很严重的问题。"

领导应该以事实为依据，有准备地找下级谈话，如果没有准备，谈话就可能没有效果，因为有的下级会转移话题。

上面小李说的"我并没有因迟到而影响工作呀"就是在转移话题，而主管对此没有准备，如此，"不过，你一定要认识到，迟到本身就是很严重的问题"的说法就显得比较苍白无力了。小李经过几次这样的谈话后，很可能会对主管的批评不以为然。

这就是主管在说明事实方面出了问题，准备不够充分，没有让小李认识到问题的严重性。

（3）让下级认识到问题的存在。批评的重要目的之一就是让下级认识到问题的存在。如果通过批评，下级仍然没有认识到问题的存在，那么批评就是毫无意义的，因为下级没有认识到问题的存在，也就无法改正错误。

 情景剧场

小李："看来我迟到的次数是不少，我以后注意。不过您也看到了，我并没有因迟到而影响工作呀。"

主管："没有影响工作吗？那你说，如果公司的其他人也每月迟到6次，会不会影响你的工作呢？"

小李："这个……会影响我的工作。如果我去找他们，他们没在，我至少还要再跑一次。"

主管："如果其他部门的人来找你，你偏偏不在，他们会如何评价我和咱们部门呢？"

小李："他们也许会说您管理不善，说我们部门有问题。看来迟到真是个大问题，我真的需要注意这个问题了。"

主管："好，非常高兴你能进一步认识到这个问题。明天不要再迟到了。"

上例中，主管成功地让小李认识到了问题的存在，其中，主管所使用的技巧有以下两个。

（1）换位思考。让小李站在其他同事的角度，考虑自己迟到会造成什么麻烦。作为成年人，我们都有对事物的分析能力和判别能力，一旦意识到或感受到问题的严重性，就会主动地改进。

（2）使用引导式的问题。提出"如果……你觉得会怎么样？"的问题让小李回答，小李在回答问题时，会深入思考自己的问题。

虽然下级认识到了自己的问题，但这还不足以保证问题能够得到解决，我们还需要让下级认识到问题的重要性并对其进行跟踪观察。

（4）说明后果。领导在批评下级时，应指出下级的行为所带来的后果，以便让下级认识到问题的重要性。

 情景剧场

主管："既然你能意识到迟到是个大问题，那如果你再迟到会怎么样呢？"

小李："总不会开除我吧？"

> 主管："当然有这种可能。《员工守则》里有明确的规定，迟到次数超过一定范围的员工将会被开除。你很能干，我不希望迟到这种事影响你的事业发展。"
>
> 小李："后果真的有那么严重？"
>
> 主管："（有一点得意）当然。"
>
> 在说明后果方面，不少的领导都存在着以下误区。
>
> （1）把话说得太明白，有点像在威胁下级。
>
> （2）认为大家心里知道就可以了，直接指出来总觉得在面子上有些过不去。
>
> （3）想给自己留条退路，不想得罪人。

事实上，领导要站在帮助下级的角度上看问题，恰当地说明后果不仅能警告下级，而且还可以让下级对下一步的改进计划更加认真地执行。

（5）找到解决问题的办法。与下级一起找到解决问题的办法，是批评下级的最后一步。其实，很多时候问题并不难解决，之所以长期地拖着不能解决，可能是因下级从来就没有意识到问题的严重性和严重后果。一旦领导明确地指出来，一般来说，下级就会自己主动地想办法解决。找到解决办法，是领导和下级共同的责任，领导只有与下级一起找到合适的解决办法，下级才能真正地去改正错误。

 情景剧场

> 小李："后果真的有那么严重吗？"
>
> 主管："（严肃）当然。有什么办法可以让你不迟到呢？"
>
> 小李："其实我现在每天早上都去我家附近的餐馆吃早点，有时候会排队。以后我会在家准备一些早点，或提前10分钟起床。"
>
> 主管："如果这样能解决你的迟到问题，那就太好了。"

2. 批评下级的注意事项

批评下级是教育下级的一种方法。因此，领导在批评下级时，除了要讲究一些技巧，还要掌握以下注意事项。

（1）以真诚的赞美开头。俗话说："尺有所短，寸有所长。"一个人犯了一次错误，并不等于其一无是处。所以在批评下级时，如果你只提他的短处而不提他的长处，他就会感到不平衡，感到委屈。例如，一名员工平时工作颇有成效，偶尔出了一次质量事故，如果领导批评他的时候只抓住错误不放，而不肯定他以前的成绩，他就会感到以前的工作"白干了"，从而感到被批评是伤了自己的面子，损害了自己的利益。所以，领导应在批评下级前帮他打消这个顾虑，甚至让他觉得你认为他是"功大于过"的，那么他就会主动放弃心理上的抵抗，对你的批评也就更容易接受。

（2）尊重客观事实。批评他人通常是比较严肃的事情，所以你在批评的时候一定要客观具体、就事论事。要记住，我们批评他人，并不是批评对方本人，而是批评他错误的行为，千万不要把对下级错误行为的批评扩大到对其本人的批评上，更不可以否定下级的人品、人格，那样会造成不可调和的矛盾。

（3）批评时不伤害下级的自尊与自信。不同的人由于其经历、学识、性格等的不同，接受批评的能力和方式也有很大的区别。在沟通中，我们应该根据不同的人采取不同的批评技巧。但是这些批评技巧有一个核心，就是不损及对方的面子，不伤害对方的自尊。批评是为了让下级做得更好，若伤害了下级的自尊与自信，其结果未必会好。可行的方式如，"我以前也会犯这种错误……""每个人都有处于低谷的时候，重要的是如何缩短处于低谷的时间""像你这么聪明的人，我实在无法同意你再犯一次同样的错误""你以往的表现都优于一般人，希望你不要再犯这样的错误"等。

（4）批评时问清楚下级犯错误的原因。你虽然可能已经清楚地了解了客观真相，但在对下级进行批评时，还是要认真地倾听下级的解释，这样做有助于你了解下级是否已经弄清楚自己的错误，也有利于对其进行进一步的批评。下级往往会告诉你一些你可能并不清楚的事情。如果你没有办法证实这些事情，则应立即结束批评，做进一步的调查了解。

（5）选择适当的场所。不要在大庭广众之下批评下级。批评下级时，最好选在单独的场合，如独立的办公室、安静的会议室、休息室或者楼下的咖啡厅等。每个人都会犯错，你要以宽广的胸襟，以爱护下级的心态，包容下级，正确、适时的批评对下级和部门都具有正面的效用。

（6）不要威胁下级。威胁下级容易让其产生你"仗势欺人"的感觉，同时难免会造成你与下级的对立。这种对立会极大地影响内部的团结与合作。如果下级感觉自己受到了侮辱，则很难再全心全意地为公司工作了。

（7）友好地结束批评。正面地批评下级，对方或多或少会感到一定的压力。如果闹得不欢而散，对方的精神负担一定会增加，并且对方可能产生消极情绪甚至对抗情绪，这会为以后的沟通制造障碍。所以，批评下级应该在友好的气氛中结束，这样有助于彻底解决问题。在结束批评时，你不应该以"今后不许再犯"这样的话作为警告，而应该对下级表示鼓励，如"我想你会做得更好"，或者"我相信你"等，并伴以微笑，这会帮下级打消顾虑，增强其改正错误、做好工作的信心。

在下级认识到自己的错误后，你应尽快结束批评，过多的批评会让下级感到厌烦。另外，你不应该就下级的某个错误反复批评。如果在批评下级时发现下级有抵触情绪，你就应在批评下级后几天内找下级谈谈心，消除可能产生的误解；如果下级被批评后仍然没有改正错误，你要认真地分析他继续犯错误的原因，而不应盲目地对其再次进行批评。

项目小结

- 下级与上级沟通时需要做到：主动报告；充实自己，努力学习；不多次犯同样的错误；不忙的时候主动帮助他人；毫无怨言地接受任务；对自己的工作主动提出改善计划，让领导进步。
- 领导与下级沟通时需要做到：尊重下级；多激励，少斥责；放下架子，从下级的角度考虑问题；成为下级真正的朋友；语言幽默诙谐；与下级常谈心，增强凝聚力；增强当众讲话时的语言表达能力。

项目实训

1. 学生自由分组，2人为一组，分角色进行上下级沟通情景模拟。小组内互评，教师最后点评。

2. 准备关于向领导请示、汇报的工作单，思考一下你的请示、汇报工作是否做到了尽善尽美。

如何记录命令要点？

如何制订详细的工作计划？

如何确定工作时间表？

如何根据工作时间表把握工作的进度？

如何及时向领导反馈信息？

你在汇报时做到要点突出、层次清楚了吗？

3. 请回想一下，你是否有以下行为，并据此反思自己在与下级沟通的过程中存在的不足。

你常常赞美你的下级吗？

你对下级的赞美是发自内心的吗？

你能针对下级的具体行为及时地加以赞美吗？

你喜欢当众赞美或批评你的下级吗？

当下级不在场的时候，你还会赞美你的下级吗？

你常常因为害怕影响与下级的关系而不愿意当面批评他吗？

你的批评常常会令你的下级难堪吗？

你在批评下级的时候，能做到对事不对人吗？

4. 下面是一些批评下级的说法，这些说法着重于谈感受，请你把它们改为谈事实的说法。

（1）你怎么又迟到了？

（2）你办事可真够慢的！

（3）你怎么总是盯着别人的缺点？

5. 假设你是一位主管，你的一名下级最近工作态度不是很积极，而且经常发表一些消极的言论，请你根据批评下级的五步法对他提出批评。

6. 请用表8-2自检批评下级时使用的方法是否得当。

表8-2　批评下级自检表

批评下级的要点	是否做到	改进计划
以真诚的赞美开头		
尊重客观事实		
批评时不伤害下级的自尊与自信		
批评时问清楚下级犯错误的原因		
选择适当的场所		
不要威胁下级		
友好地结束批评		

7. 请用表8-3自检赞美下级时使用的方法是否得当。

表8-3　赞美下级自检表

赞美下级的要点	是否做到	改进计划
赞美的态度真诚		
赞美的内容具体		
赞美的场合适当		
适当运用间接赞美的技巧		

8．沟通测试

与领导沟通时，你注意过以下要点吗？请用表8-4进行自检。

表8-4　与领导沟通的自检表

说服领导的要点	一贯如此（3分）	经常如此（2分）	很少如此（1分）
能够自始至终保持自信的笑容，并且音量适中			
善于选择在领导心情愉悦、精力充沛时与其谈话			
已经准备好了详细的资料和数据以佐证自己的方案			
对领导将会提出的问题胸有成竹			
语言简明扼要、重点突出			
和领导交谈时亲切友善，能充分尊重领导的权威			
说明	15～18分：能在工作中自觉地运用沟通技巧，你是一个非常受欢迎的人，你的领导很赏识你。 10～14分：你已经掌握了很多沟通的技巧，并已经尝试着在工作中运用它，你的领导认为你是一个有潜力的人，但你还需要努力。 6～9分：你应该抓紧时间学习一下和领导沟通的技巧了，因为你现在和领导的关系很不融洽，适当地学习沟通技巧可以帮助你充分发挥自己的能力，去争取更为广阔的发展空间		

项目九
接近客户

学习目标

【知识目标】

1. 正确理解和使用A-I-D-M-A接近法接近客户。
2. 能熟练掌握接近客户前的准备工作。
3. 懂得接近不同类型的人的技巧。
4. 掌握电话接近客户的技巧。
5. 掌握获取客户好感的六大法则。

【技能目标】

1. 能够运用相关技巧，快速接近客户。
2. 能够运用获取客户好感的六大法则，快速拉近与客户的距离。

【素养目标】

1. 树立正确的人际交往观念。
2. 培养爱岗敬业、诚实守信的职业品格。

亚当森的故事

美国柯达公司的创始人伊斯曼，曾捐款在罗切斯特市建造一座音乐厅、一座纪念馆和一座戏院。为承接这批建筑物内的座椅制造业务，家具制造厂商展开了激烈的竞争，结果都失败而归。在此情况下，优美座位公司经理亚当森亲自出马，前去拜访伊斯曼，希望拿下这笔价值9万美元的生意。伊斯曼的秘书在引见前，就对亚当森说："我知道你想得到这笔订单，但我可以告诉你，如果你占用了伊斯曼先生5分钟以上的时间，你就失败了。他是一个很严厉的大忙人，所以你进去后要快快地讲，讲完马上出来。"

亚当森微笑着点头称是。亚当森被引进伊斯曼的办公室后，看见伊斯曼正埋头于桌上的一堆文件，于是静静地站在那里仔细地打量起这间办公室来。

"先生有何见教？"过了一会儿，伊斯曼抬起头来，发现了亚当森。

秘书为亚当森做了介绍后，便退了出去。

这时，亚当森没有谈生意，而是说："伊斯曼先生，在等您的时候，我仔细观察了您的这间办公室。我本人长期从事室内的木工装修工作，但从没见过装修得这么精致的办公室。"伊斯曼听后，走到墙边，用手在木板上一摸，说："这是英国橡木，是我的一位专门研究室内细木的朋友专程为我订的货。"

伊斯曼心情极好，带着亚当森仔细地参观起办公室来，把办公室内的所有装饰一一地向亚当森做介绍，从木材谈到比例，又从比例谈到颜色，从手艺谈到价格，然后又详细介绍了他的设计经过。亚当森微笑着聆听，表现得饶有兴趣。亚当森见伊斯曼谈兴正浓，便好奇地询问他的经历。伊斯曼便向他讲述了自己苦难的青少年时代的生活，母子俩在贫困中挣扎的情景，自己发明柯达相机的经过，以及自己为社会所做的巨额捐赠……

亚当森不但听得出神，而且由衷地赞扬他的善举，本来秘书警告过亚当森，谈话不要超过5分钟，结果，亚当森和伊斯曼谈了一小时，又一小时，一直谈到中午。

伊斯曼对亚当森说："上次我在日本购买了几把椅子，放在我家中的走廊里，由于日晒，都脱了漆。我昨天到街上买了油漆，打算自己把它们重新漆好，您有兴趣看看我的油漆表演吗？好了，到我家里和我一起吃午饭，再看看我的手艺吧。"

不用说，最后亚当森拿到了这笔9万美元的订单。

在接近伊斯曼之前，亚当森详细了解了伊斯曼的兴趣爱好和个性特点。伊斯曼对室内装修有着浓厚的兴趣和特殊的爱好，凡事喜欢自己动手，也喜欢向别人炫耀自己在这方面的眼光及手艺，而在工作上极为严厉和认真。在接近伊斯曼的过程中，亚当森投其所好，采用赞美接近的方法，称赞伊斯曼办公室的装修精致高雅，引起伊斯曼对自己的好感及谈话的兴趣，并暂时抛开要谈的生意，像朋友一样"闲谈"，在听伊斯曼讲话的过程中了解其真正的需求。亚当森深深懂得"要推销产品首先要推销自己"的道理，故在谈生意之前先与伊斯曼交上朋友，等彼此熟悉信任了，再谈生意，这样生意才能谈成。

"接近客户的前30秒，决定了推销的成败。"这是成功推销者共同的心得，那么接近客户是否有一定的技巧可用呢？在接近客户时，我们应该注意哪些方面的问题呢？这就是接下来我们要共同探讨的问题。

任务一 接近客户的技巧

9.1.1 什么是接近客户

接近客户在专业沟通技巧上被定义为由接触客户至切入主题的阶段。

在接近客户前，首先要明确你的主题是什么，然后根据你的主题选择适当的接近方法。例如，主题是想和未曾碰过面的客户约时间见面，那么你可以选用电话约见的方法；想约客户参观展示，可以采用写邀请函的方法；想向客户介绍某种新产品，那么直接拜访客户比较合适。

9.1.2 接近客户的注意点

从接触客户到切入主题的这段时间，需要注意下列两点。

1. 迅速打开客户的心防

任何人对从未见过面的人，内心深处总是会有一些警惕戒备。当客户第一次接触推销员时，他是主观的，也是带有防备心理的。"主观"的含义很多，包括对个人穿着打扮、头发的长短、品位，甚至高矮胖瘦等产生喜欢或不喜欢的直觉反应。主观的切入点会使客户对于不符合自己价值观或审美观的人有一种天然的抗拒心理。防备心理是指人们对不太熟悉的人都会产生一种本能的不信任，这在无形中会在客户和推销员之间筑起一道防卫的墙。

因此，只有在迅速地打开客户的心防后，客户才可能用心听你讲话。关于打开客户心防的基本途径，国际上有A–I–D–M–A接近法，这是比较符合实际的。A–I–D–M–A接近法包括Attention（引起注意）、Interesting（引发兴趣）、Desire（激发购买欲望）、Memory（留下印象）、Action（促成行动）5个方面，具体如下。

快速地进入主题，通过寒暄进入主题并表现你的专业水平，让客户对你形成较好的第一印象，这样就可以引起客户的高度注意（Attention）。

不仅要引起客户的注意，还要使客户觉得跟你谈话很高兴，要引起他的兴趣（Interesting）。

与客户谈话的过程中要着重于对产品的解说，在进行产品展示时，你的表达要非常有层次，引发客户对这个产品的兴趣，促使他产生想拥有的欲望，这就是激发客户的购买欲望（Desire）。

当你激发了客户的购买欲望，如果他当时没有立即采取购买行动，你最起码要做到让客户对你以及对你所销售的产品都留下深刻的印象（Memory）。

给客户留下深刻的印象后，最终还要促成他购买的行动（Action）。

> **【案例在线】**
>
> 　一位推销节水水龙头的推销员在进入某办公室后，微笑着径直拿出一样东西递给一位职员，说："请您看一下。""这是什么？"这位职员好奇地看着这个"与众不同"的水龙头。与此同时，推销员又拿出几个水龙头分给在场的其他人。在大家议论纷纷时，推销员抓住时机展开了进一步的说明。等对产品有了相当的了解后，就有人准备掏钱购买了。
>
> 　推销员推销水龙头时，快速进入主题，并表现出了专业水平，从而引起了客户的注意，成功引导客户购买。

2．学会在推销产品前，先推销自己

接近客户要注意在推销产品前先将自己推销出去。

"客户不是购买产品，而是购买推销产品的人。"这句名言流传已经很久。说服客户购买产品不仅靠强而有力的说辞，更要仰仗推销员言谈举止中散发出来的魅力。

【案例在线】

丰田汽车公司的神谷卓一曾经说过，"接近客户时，不需要一味地向客户低头行礼，也不应该迫不及待地向客户说明产品，这样做反而会引发客户的逃避心理。当我刚进入公司开展推销业务时，在接近客户的过程中，我只会向他们介绍我们的汽车，因此，在初次接近客户时，往往都无法迅速地与客户进行沟通。在无数次失败后，我终于体会到，与其直接说明产品，不如谈些有关客户的太太、小孩的话题或谈些社会新闻。让客户喜欢自己，才能真正带来推销业务的成功。因此，接近客户的重点是让客户对一位以推销为职业的推销员抱有好感，从心理上先接受他。"

在推销活动中，推销自己和推销产品同样重要。所谓推销自己，就是让客户喜欢你、信任你、尊敬你、接受你。当你能把自己推销出去之后，就不用担心产品推销不出去了。

9.1.3　接近客户前的准备

1．明确客户类型

不同类型的客户有不同的需求，只有针对目标客户进行深入细致的分析，找出客户真正的兴趣点，才能尽快接近客户、打动客户，直至达成销售目的。不同客户对于产品方面的要求有相应差别，推销员要因人而异地制定策略。

一家大型的企业中，可能有总经理、主管等高中级领导，还有工程人员、财务人员等，以及使用产品并负责维护这些产品的人，这些人都与采购有关。面对同样的产品，每个人的角度不同，关注点也不同。例如，技术部门关心的是故障率，财务部门关心产品的性价比，等等。每类客户关心的内容都不一样，所以推销员在做产品介绍的时候，就要有针对性地介绍。

2．建立详尽的客户资料储备库

建立客户资料储备库是每个成功的推销员必须做的工作，要认真搜集大客户资料，特别是决策人的个人资料并记录下来。只有掌握了客户个人资料，才有机会真正挖掘出客户的实际的内在需求，做出切实有效的解决方案。当掌握了这些资料的时候，销售策略和销售行为往往到了一个新的转折点，必须依托新的思路、新的方法。当这些资料越来越齐全的时候，需要进一步分析客户的需求，仔细区分6类客户，执行"以人为本"的销售策略，这样你便能对自己未来将要进行的客户拜访产生足够的信心，从而获得成功。

客户的个人资料包括：

- 年龄、家庭状况、婚姻状况；
- 收入；
- 喜欢的运动；
- 喜爱的餐厅和食物；
- 宠物；
- 本人及家庭成员的健康状况；
- 在企业中的作用、职位；
- 与同事之间的关系；
- 今年的工作目标；
- 个人发展计划和志向等；
- 可以见面的机会。

3. 拜访前的思考

（1）确定当次拜访的时长。如果闲谈，10小时也不够。像舞刀弄剑，一寸短一寸险，很多优秀推销员的经验是倾向于投身"肉搏式"的谈话，以每次不超过15分钟为限。谈话时应该一针见血，切中主题，切勿拖泥带水。

（2）确定谈话内容。推销员应明白客户在采购对象、采购金额、销售模式及服务方式等方面均有不同要求，因此，推销员应分析最吸引客户的因素，并需要准备有效果、有目的，具有吸引力、震撼性的谈话内容。

（3）确定拜访时间表。时间表一方面可以促使自己行动起来，另一方面有助于在适当的时间内找到适当的人。一般来说，打电话找人的时间最好是9:00至10:00，或者14:00至16:00。另外，不同的客户有不同的适宜拜访的时间，举例如下 。

- 行政人员在10:30到15:00最忙。
- 股票行业在开市的时候最忙。
- 银行工作人员在10:00前、16:00后相对空闲。
- 拜访教师最好在放学后。
- 拜访忙碌的高层人士最好在9:00前，即秘书上班之前。

9.1.4 如何引起客户的注意

引起客户的注意处于接近客户的第一个阶段。推销员要设计出别出心裁的方法引起客户的注意。引起客户注意的方法如下。

1. 请教客户的意见

人的大脑储存着无数的信息，绝大多数的信息平常你不会想到，也不会用到，可是当别人问你某个问题时，你就会立刻集中于这个问题，相关的信息、想法也会突然涌现。请教意见是吸引客户注意的一个很好的方法，特别是一些与业务相关的问题。当客户表达看法时，你不但能引起客户的注意，同时也能了解客户的想法，另外你也满足了客户被人请教的优越感。例如："赵工程师，您是电子方面的专家，您看看我厂研制投产的这类电子设备在哪些方面优于同类老产品？"

2．迅速指出客户能获得哪些重大利益

迅速地告诉客户他能立即获得哪些重大利益，是引起客户注意的一个好方法。

3．告诉客户一些有用的信息

每个人对身边发生了什么事情都非常关心、非常注意，这就是为什么新闻节目的收视率一般较高。因此，你可以收集一些关于业界、人物或事件等的最新信息，用于在拜访客户时引起客户的注意。

9.1.5 面对秘书的技巧

与秘书交谈也有一些特定的沟通技巧。

1．向秘书介绍自己，并说明来意

例如，"我是××公司的推销员王××，我要向王处长报告有关融资项目可行性计划的提案事项，麻烦您转达。"

注意，向秘书说明来意可用简短的表述或用一些较深奥的技术专有名词，让秘书认为你的拜访是很重要的。

2．拜访对象不在或在开会时的沟通步骤

（1）请教秘书的姓名。

（2）请秘书将名片或资料转交给拜访对象。此时，推销员应让秘书转达一些让拜访对象感兴趣又可引发其好奇心的说辞。例如："我想向××总经理报告有关如何增强员工工作稳定性的事宜。"

（3）尽可能从秘书处了解一些拜访对象的个性、作风、兴趣及工作时间等。

（4）向秘书道谢。

9.1.6 会见关键人士的技巧

1．接近关键人士的技巧

（1）准确称呼关键人士：准确叫出对方的姓名及职称。

（2）简单自我介绍：清晰地说出自己和公司的名称。

（3）恳请对方一见：诚恳地请求对方能拨出一点时间见你。

（4）和关键人士聊天：根据事前准备的资料，配合关键人士的情况谈一些令对方感兴趣的话题。

【案例在线】

日本推销大师原一平为了应对各种各样的关键人士，选定每周星期六下午到图书馆苦读。他研读的范围极广，上至时事、文学、经济，下至家庭电器、烟斗制造、木屐修理。举例来说，在与关键人士见面后，原一平先谈时事；如果关键人士没反应，他立刻换嗜好问题（如果关键人士有兴趣，从眼神中可看出）；如果关键人士还是没反应，又换股票问题，直至切中关键人士感兴趣的话题。原一平曾与一位对股票很有兴趣的关键人士谈到股市的近况。出乎意料，对方反应冷淡，莫非他又把股票卖掉了吗？原一平接着谈到未来的热门股，他眼睛发亮了。原来他卖掉了股票，添购了新屋，结果他对房地产的近况谈得很起劲。最后原一平知道他正伺机而动，准备在恰当的时机卖掉房子，买进未来的热门股。原一平就是用不断更换话题的"轮盘话术"找出了关键人士的兴趣所在。

　　沟通是双向过程，一旦某一方对所谈话题没有兴趣，就会消极地对话，敷衍了事或者沉默不语。出现这样的情况时，交谈气氛自然就会尴尬。所以，懂得沟通的人在开始交谈时就要想好话题，要考虑对方的兴趣，而不是洋洋洒洒地只顾谈论自己想说的话题。

　　（5）表达拜访的理由：以自信的态度清晰地表达你拜访的理由，让关键人士感受到你的专业和可信。

　　（6）赞美及咨询：用赞美拉近和关键人士的心理距离，接着开始用问题引起关键人士的注意。下面是一个接近关键人士的范例。

 情景剧场

　　销售人员李强以稳健的步伐走向王总经理，当视线接触到王总经理时，轻轻地行礼致意，视线放在王总的鼻端；当走到王总经理面前时停下，向王总经理深深地点头行礼，面带微笑，向王总经理问好并做自我介绍。

　　李强："王总经理，您好。我是大华公司的销售人员李强，请多多指教。"

　　王总经理："请坐。"

　　李强："谢谢，非常感谢王总经理在百忙中拨出时间与我会面，我一定要把握住这么好的机会。"

　　王总经理："不用客气，我也很高兴见到您。"

　　具体分析：李强非常诚恳地感谢王总经理的会见，表示要把握住这个难得的机会，让王总经理感受到自己是个重要的人物。

　　李强："贵公司在王总经理的领导下，业务领先业界，真是令人钦佩。我拜读过贵公司内部的刊物，知道王总经理非常重视人性化管理，员工对您都非常爱戴。"

　　具体分析：李强特意将事前调查的资料中的人性化管理这一点在寒暄中提出来，以便为一会儿谈团体保险做好铺垫。

　　王总经理："我们公司以直接拜访客户为导向，需要员工有冲劲及创意。冲劲及创意都必须靠员工主动，用强迫、威胁的方式是不可能打造一流公司的。因此，我特别强调人性化管理，公司只有尊重员工、关爱员工，员工才会真正发挥潜力。"

　　李强："王总经理，您的理念确实是反映了贵公司的经营特性，您真是有远见。我相信贵公司在员工福利方面已经做了非常多，我谨代表本公司向王总经理报告本公司最近推出的一个团体保险方案，它最适合外勤工作人员多的公司采用。"

　　王总经理："新的团体保险？"

　　具体分析：李强先夸赞对方，用赞美拉近和关键人士的心理距离，然后表达拜访的理由。

　　李强："是的。王总经理平常那么照顾员工，我相信您对于员工保险这项福利了解得一定很多，不知道目前贵公司有哪些保险措施呢？"

　　具体分析：李强采用询问的手法接近关键人士，用问题引出关键人士的兴趣和需求。

　　2. 结束会见后的告辞技巧

　　（1）谢谢对方在百忙当中抽时间会见。

（2）回顾此次会见，确认彼此可能需要检查、准备的事项，以备下次会见。

（3）出门前，轻轻地向对方点头，面向关键人士将门轻轻关上，千万不可背对关键人士反手关门。

【实战练兵】

实战目的： 情景模拟接近客户的过程

实战方法：

3名学生为一组，采用角色扮演法，1名学生扮演秘书，1名学生扮演关键人士，最后一名学生扮演推销员，情景模拟推销员接近秘书、关键人士的过程，最后由老师和其他学生点评接近客户的效果。

实战效果：

你是如何接近客户的？还需要做哪些改进？请将相关内容填至表9-1。

表9-1 接近客户改进表

接近客户的方法要点		改进计划
面对秘书的技巧		
会见关键人士的技巧		

任务二 电话接近客户的技巧

对于善于利用电话的推销员而言，电话是一种有力的武器，因为电话能够突破空间限制，更节省时间、更经济，同时电话营销比面对面营销在有限的时间内能接触更多的客户。

电话接近客户的技巧可分为4个部分。

1．准备的技巧

打电话前，你必须先准备下列信息：

- 客户的姓名及职务；
- 对方所在企业名称及营业性质；
- 打电话给客户的理由；
- 要说的内容；
- 客户可能会提出的问题；
- 如何应对客户的拒绝。

对于以上各点中的重点内容，最好能将其写在便笺纸上。

2．电话接通后的技巧

接下来，我们来看看电话接通后的技巧。一般来说，第一个接听电话的是总机，你要有礼貌地用坚定的语气说出你要找的客户的姓名及职务；第二个接听电话的往往是秘书，秘书多半负有一项任务——回绝领导认为不必要的电话，因此，你必须简短地介绍自己，要让秘书感觉你要和领导谈论的事情很重要，但不要说太多。

> **【案例在线】**
>
> 下面是两名推销员在电话中有关拜访某电视机厂陈厂长时间的问话，由于两名推销员在表达方式和用语上有差异，其效果也大不相同。
>
> 甲推销员：陈厂长，我什么时间去拜访你为好呢？
>
> 乙推销员：陈厂长，我是在星期三下午拜访您，还是在星期四上午过来呢？（降低对方推诿回避的概率。）
>
> 采用电话预约时，用封闭式提问能够给对方一个框架，让对方在可选的几个答案中进行选择，这样的提问能够让回答者按照指定的思路去回答问题，提升预约的成功率。

当客户接通电话时，你简短、有礼貌地介绍自己后，应在最短的时间内引起客户的兴趣。

之后，依据你事前准备的资料，向不同的客户诉说不同的拜访理由。记住，如果你打电话的目的是和客户约时间会面，千万不要在电话中谈论太多有关销售的内容。

3. 结束电话的技巧

电话不适合销售、说明任何复杂的产品，因为你无法从客户的表情、举止判断他的反应，并且没有"见面三分情"的基础，很容易遭到拒绝。所以你必须更有效地运用结束电话的技巧，即在达到目的后立刻结束电话交谈。

电话约见客户的过程中有可能会碰钉子，因为并不是每个人都喜欢听你说话。当对方挂断电话的时候，你最重要的是保持镇静，切勿怒火中烧，否则便会影响情绪。对方说不的时候，你要微笑着说多谢，然后轻轻挂上电话，之后再拨下一个。

4. 电话交谈后的工作

打完电话之后，将谈话的资料记下，例如，客户嗓子沙哑了或者情绪不好等，以备日后交谈之用。如果你能够巧妙地提及客户的往事，他一定会对你有好感。

挑选适当的时间去拜访客户。要有准备，将要说的内容操练纯熟，直到完全掌握，投入自己的情感，这样说话才可以产生好的效果。如果只是照单宣读，便很难打动别人。

任务三 获取客户好感的六大法则

当你对一个人有好感时，你一定会以好意回应他，如此双方就会如沐春风。那么，哪些因素会影响第一次会面的印象好坏呢？我们又该把握其中哪些方面呢？这正是本任务将要讨论的问题。

1. 保持良好的个人形象

人的外观会给人暗示，因此，你要尽量使自己的外观给初次会面的客户留下一个好印象。一个人的眼、鼻、嘴及头发都会给人留下印象，虽然每个人的长相是天生的，但是你也能进行相当程度的修饰。例如有些人的眼神冷峻或双目大小不一，他可以利用眼镜或化妆技术修饰这些地方。又如，洁白的牙齿能给人开朗纯净的印象，而头发散乱则会让人感到你不堪重任。

一个对穿着不在意、随随便便的人，怎么能获得别人的信任呢？或许有些人认为这些都是小节，觉得自己超强的专业知识能给客户带来最大的利益，客户应该重视的是这一点，不会以貌取人。但事实上客户在做决定的时候，往往是感性的因素左右着理性的因素，否则"推销产品前先推销自己"这句话就不会成为一句指导推销的金玉良言了。

【案例在线】

刘磊刚进入××科技的第一年，必须通过8场简报考核方能正式拜访客户。他做的第一场简报是公司简介，刘磊非常慎重地将自己关在小会议室里准备了三天，连前辈的光盘都看过了许多遍，从动作、语气、开场、串场、结尾到投影仪操作，一再地模仿练习。刘磊本来就有主持大型活动的经验，上台讲话并不是难题，不过，做简报那天，他虽是当日唯一通过的，评审们却对他的衣着给予了严厉的批评——刘磊留的学生头没有露出额头，领带打得太短，手上拿着圆珠笔还不时转呀转，皮鞋没擦亮，袜子颜色不对。

评审们问刘磊："知不知道你卖的是什么？"刘磊回答："计算机。"他们又问："一笔订单的总价多少？"刘磊答："几十万元至数百万元。"他们又问："客户买的时候有没有看到计算机？"刘磊答："没有，半年后才交付。"又问："有没有看到公司？"答："没有。"问："看到的是谁？"答："我。"最后他们问："你看起来像是能够托付几十万元至数百万元生意的专业人士吗？还是只是一个不经世事的毛头小子？"这真的给刘磊上了宝贵的一课！

我们常常以为我们是为自己而穿，忽略了自己的衣着代表了公司形象，反映了产品价值以及专业素养，漠视了客户对自己外观的观感和印象。

制造产品和贩卖产品的人，常常强调他们的产品功能有多好、质量有多棒，却不知道这些信息要等客户买了、用了才能验证；而决定客户买不买或喜不喜欢的第一个关键，却是包装。

有的职场人士往往习惯向人展示自己的专业知识与技能，而不太注重态度、谈吐以及穿着等。殊不知，许多客户判断你专业与否时，顺序刚好相反——先看穿着是否合宜，再看态度与谈吐是否得当，最后才决定是否进一步了解你的专业知识与技能。

---

2. 要记住并常说出客户的名字

每个人都希望别人重视自己，而被人准确记住并叫出名字，就会让人感到被重视。

沟通大师戴尔·卡耐基小的时候在家里养了一群兔子，找寻青草喂食兔子成为他每日固定的工作，有时候他却没有办法找到兔子最喜欢吃的青草。因此，卡耐基想了一个方法：他邀请了邻居家的小朋友到家里看兔子，要每位小朋友选出自己最喜欢的兔子，然后就用小朋友的名字给这些兔子命名。每位小朋友有了以自己名字命名的兔子后，每天都会迫不及待地送最好的青草给与自己同名的兔子。

了解名字的魔力，能让你获得别人的好感，千万不要疏忽。在面对客户时，若能经常流利地以尊重的方式称呼客户的名字，客户对你的好感也将越来越多。

【案例在线】

有一位高级时装店的老板说："我们店规定，对于凡是第二次上门的客户，我们不能只说'请进'，而要说'请进!××先生（小姐）'。所以，客户只要来过一次，我们就存有档案，要全店人员必须记住他们的尊姓大名。"如此重视客户的姓名，不但便于时装店制作客户卡，掌握其兴趣、爱好，而且使客户倍感亲切和受到尊重。因此，老客户越来越多，店里的生意也更加兴隆。作为一名推销员，如果你是第二次拜访某一客户，就更不应该说"有人在吗？"，而该改问"××先生在吗？"。

说出对方姓名是缩短推销员与客户距离的最简单、迅速的方法。可见，记住客户姓名是顺利开展交际的必要步骤。

3. 让客户产生优越感

让人产生优越感最有效的方法是对他引以为傲的事情加以赞美。若是客户讲究穿着，你可以向他请教如何搭配衣服；若客户是知名公司的员工，你可以表示羡慕他能在这么好的公司上班。有一名推销员，每次约见客户的第一句话就是："您的公司环境真好，能在这里上班的一定都是很优秀的人才。"他通过一句简单的赞扬，一下就拉近了和客户的距离。客户的优越感被激发，初次见面时的警戒心也就自然消失了。

【案例在线】

一名专门推销各种食品罐头的推销员说："陆经理，我多次去过你们商场，作为本市最大的专业食品商店，你们商场高雅的店堂布局让人欣赏，你们的货柜上也陈列了省内外许多著名品牌的食品，服务员和蔼待客，百问不厌。看得出来，陆经理为此花费了不少心血，可敬可佩！"听了推销员这一席恭维话语，陆经理不由得连声说："做得还不够，请多包涵，请多包涵！"陆经理嘴里这样说，心里却是美滋滋的。

这位推销员用这种赞美对方的方式开始推销洽谈，很容易获得对方对自己的好感，推销成功的希望也大为增加。

4. 替客户解决问题

与客户见面前，若是能事先知道客户面临着哪些问题，有哪些因素困扰着他，见面时以关切的态度站在客户的立场上表达对客户的关心，让客户感受到你愿意与他共同解决问题，他必定会对你产生好感。

5. 自己保持快乐开朗

快乐是会传染的，人们很难对一位终日愁眉苦脸、深锁眉头的人产生好感。能以微笑迎人，能让别人也产生愉快的情绪的人，是最容易争取别人好感的人。因此，作为推销员的每日修炼课程之一，就是每日出发前，对着镜子笑上一分钟，使自己的笑容变得亲切、自然，同时对自己说："我很自信，我很快乐，我要成为金牌销售员。"通过这样一种自我沟通、自我暗示的方式，先让自己愉悦起来，再用这份愉悦和活力去感染他人，就能为你和客户的沟通奠定良好的基础。

【案例在线】

一家货车销售公司有两名推销员，小刘和小齐。一天，一位客户走进展示厅A区，走到小刘前面，问："你们这儿有5000吨位的大货车吗？"

小刘奇怪地看了他一眼，显得十分吃惊，说："没有，我们这儿从没有销售过这么大容量的货车。"

这位客户看着小刘，以为他在说胡话。

"您能给我一份产品说明书吗？"客户央求般对小刘说。

小刘想，本来就没有这样的产品，客户何必浪费时间。于是，他用不屑的表情说："就这些，拿去看吧。"这位客户看着小刘冷冰冰的脸，转身离开。

转到展示厅B区，这位客户走到另一名推销员小齐面前，问："据我了解，贵公司没有超大吨位的货车，可以预定吗？"这名推销员同样显得很吃惊，唯一不同的是，他爽快地答应了，面带微笑地说："没问题，由于这样大吨位的货车需求较少，我们只接受预定，所以现场没有展示符合您要求的产品。但我会把您的情况反映给总部的，我们来详谈一下吧。"客户向小齐提供了具体的数据以及其他参考资料，并决定在这里预定一辆。第二天，这位客户就带来了支票，签了合同。

最后，这位客户在评价本上这样评价小齐："在这里，你是唯一让我感到温暖的人。你的微笑就像太阳一样灿烂，让我有了宾至如归的感觉。"

可见，很多时候客户认同的不仅是你的产品，还有你的态度和服务！态度不好、服务差的推销员常常给人一种无法接近的感觉。所以，在客户面前展示出自己友好的一面是成功销售的前提。

6．利用小赠品赢得客户的好感

你应该让你的客户觉得你不是来签合约的推销员，而是来进行业务宣传、沟通彼此关系的使者。事实上，许多国际知名大公司都备有可以配合本公司形象策划宣传的小赠品，如印有公司办公大厦图像的小台历，印有公司标志的茶杯、签字笔等，供推销员初次拜访客户时赠送给客户。小赠品价格不高，却能发挥很大的效力，不管拿到小赠品的客户喜欢与否，其内心的好感也会油然而生。

项目小结

- 在接近客户的过程中，事前要做好准备，懂得面对秘书的技巧，掌握会见关键人士的技巧。
- 掌握电话接近客户的技巧。
- 掌握获取客户好感的六大法则，能与客户建立更加紧密融洽的关系。

项目实训

1．假设你是某公司的营销经理，公司安排你去一小区进行新业务销售。

2．采用角色扮演法，由1名学生扮演客户，1名学生扮演推销员，推销员向客户推荐一款手机（手机型号可以由推销员自定）。请2名学生一组模拟整个接近客户的过程，最后由老师和其他学生点评。

3．请利用表9-2测测你受客户欢迎的程度如何。

表9-2 受客户欢迎程度评分表

项目	细则	得分
保持良好的个人形象	1. 发型整洁（2分）	
	2. 衣着得体（2分）	
记住并常说出客户的重要信息	1. 能说出客户的名字（4分）	
	2. 了解客户的业余爱好、工作成就（4分）	
让客户产生优越感	1. 能有针对性地称赞客户（5分）	
	2. 语言得体，令客户愉悦（3分）	
	3. 充分尊重客户的意见（3分）	
替客户解决问题	1. 了解客户的行业特点（4分）	
	2. 知道困扰客户的瓶颈问题是什么（5分）	
	3. 能及时反馈产品改进方案给客户（4分）	
	4. 以客户为中心（3分）	
自己保持快乐开朗	1. 与客户交谈时面带微笑，亲切自然（3分）	
	2. 每天上班前自我沟通一分钟，保持愉悦自信的工作状态（5分）	
	3. 用友善的态度面对客户公司的每一位员工（3分）	
利用小赠品赢得客户好感	1. 通过小赠品传递友好的信息（2分）	
	2. 通过小赠品完成公司对外形象宣传（2分）	

说明：

45～54分：恭喜你，你肯定是一名很受客户欢迎的推销员，你已熟练掌握了接近客户的技巧。

30～44分：你的沟通技巧受人称道，你可以对照上表进一步完善自己的沟通技巧。

15～29分：你已经有了一定的业务沟通能力，但还有很多需要改进的地方。

0～14分：这是一个令人沮丧的得分，你的沟通能力的确不怎么样，不过别灰心，认真揣摩学习，你会有很大的进步。

项目十
非语言沟通

学习目标

【知识目标】

1. 了解非语言沟通在沟通中的重要性。
2. 熟悉非语言沟通的特点。
3. 掌握非语言沟通的各种形式。
4. 掌握沟通时服饰与仪态的注意事项。

【技能目标】

能运用身体语言等非语言沟通技能巧妙应对职场情景，提高沟通能力。

【素养目标】

1. 培养精益求精的职业精神。
2. 学会用"心"沟通，常怀敬人心、自信心、真诚心、平等心、宽容心、同理心。

案例导入

失误

小王是新上任的经理助理，平时工作主动积极且效率高，很受上司的器重。一天早晨，小王刚上班，电话铃就响了。为了抓紧时间，她边接电话，边整理有关文件。这时，员工老李来找小王。他看见小王正忙着，就站在桌前等着。只见小王一个电话接着一个电话，最后，他终于可以与小王说话了。小王头也不抬地问他有什么事，并且一脸严肃。然而，当他正要回答时，小王又突然想到什么事，与同办公室的小张交代了几句。这时老李已是忍无可忍，他怒道："难道你们这些领导就是这样对待下属的吗？"说完，他愤然离去。

本案例中，小王询问老李有什么事的时候头也不抬，老李发怒的原因就在于小王没拿老李当回事，一直忙自己的事情，老李觉得自己因为职位低而受到轻视。这提醒我们，沟通的时候必须要看向对方，以示尊重。

任务一　非语言沟通概述

10.1.1　非语言沟通的定义

你也许遇到过这种情况：在你与别人交谈时，对方会时不时地看表，并对你不自然地笑。这时，你就会知趣地告辞——这就是非语言信息。对方时不时地看表，说明对方可能另有安排；对方对你不自然地笑，说明对方不好意思打断你讲话，并告诉你他想请你离开了。

所谓非语言沟通，就是指不通过口头语言和书面语言，而是通过其他的非语言沟通技巧，如语调、眼神、手势、空间距离等进行沟通。因为非语言沟通大多通过身体语言体现出来，所以通常也叫身体语言沟通。人们有时候有意识地运用非语言沟通技巧，而有时候它又是下意识的行为。据学者统计，高达93%的沟通是非语言的，其中55%是通过面部表情、姿态和手势进行的，38%通过语调进行。另外，在信息传递中，有7%的效果通过词语、38%的效果通过声音表达，而身体语言沟通的效果最明显，达55%，因而我们可以断言，与有声语言相比，身体语言的真实性要强得多。特别是在情感的表达、态度的显示、气质的表现等方面，身体语言更能显示出它的特性和作用。《三国演义》中脍炙人口的故事"空城计"，正是诸葛亮用非语言沟通技巧克敌制胜的故事。巧妙地运用语言与非语言两种信息，不仅可以绘声绘色地讲述，还可以通过丰富多彩的表情、姿态、动作使对方获得形象的感受。同时，准确、优美的身体语言还可以体现高尚的文化修养，增加对沟通对象的吸引力。

10.1.2　非语言沟通与语言沟通的联系与区别

在沟通过程中，非语言沟通与语言沟通关系密切，经常相伴而生。

语言沟通利用声音这个渠道传递信息，它能对词语进行控制，是结构化的。而非语言信息可以使语言信息得到补充与强化。例如，在讲话时敲击桌子或者拍一下别人的肩，或通过语调来强调有关信息的重要性，或当谈到某个方向时伴随手指的指示，这些都可以加深对方的印象。

在语言信息和非语言信息出现矛盾的时候，非语言信息往往更能让人信服。例如，当某人在争吵中处于劣势时，其却颤抖着说道："我怕他？笑话！"事实上，从说话者的姿态中不难看出，他的确感到恐惧。

非语言信息能有效地传递许多用语言不能传递的信息，而且，作为一种特定的形象语言，它可以产生语言沟通所不能达到的交际效果。在日常工作中，我们也都在自觉或不自觉地使用非语言沟通进行信息的传递和交流，这既可使我们省去不少口舌，又能达到"只可意会，不可言传"的效果。例如，当经理走进办公室，表现出一副伤脑筋的样子时，不用说，他可能面临着一些棘手的事。

语言沟通和非语言沟通有很大区别，具体如下。

（1）沟通环境。在非语言沟通中，我们只要运用眼睛观察，可能不必与人直接接触。例如，你可以通过一个人的着装、动作判断其性格与喜好，可以通过一个人的收藏品判断其业余爱好，可以通过一个人的表情看出其对朋友的关心程度，也可以通过约会的地方看出对方对约会的重视程度。非语言沟通可以不为被观察者所知，而语言沟通必须面对面进行。

（2）反馈方式。除了语言沟通之外，对于他人所传递的信息，我们也要给予大量的非语言反馈。我们的很多情感变化是通过面部表情和肢体动作的变化表达的。例如，我们会通过微笑和点头来表示对别人说的内容感兴趣，通过频频看手表来表示对别人说的内容不感兴趣。

（3）连续性。语言沟通从词语开始并以词语结束，而非语言沟通是连续的。无论对方是沉默还是在说话，只要对方在我们的视线范围内，其所有的动作、表情都一直在向我们传递着非语言信息。

【案例在线】
非语言信息的连续性

在一家商店里，一名妇女在面包柜台旁徘徊，拿起几个面包，又放下，还不时地问面包的情况，这表明她拿不定主意；一名男士在排队，他不停地把口袋里的硬币弄得叮当响，这清楚地表明他很着急；几个小孩试图确定自己的钱能买多少颗糖果，收款员皱着眉头叹了口气，可以看出她已经不耐烦了……商店中的所有人都在通过面部表情和肢体动作的变化向我们传递着非语言信息，并且这种非语言信息的传递是连续性的，直到这些非语言信息从我们的视线中消失。

本案例中排队的男士弄响硬币、收款员皱眉叹气等非语言沟通均是连续性的，所有的动作和表情都一直向我们传递着非语言信息。

（4）渠道。非语言沟通经常通过不止一条渠道进行。例如，通过你在看足球赛时传递的信息，人们会知道你喜欢哪支球队。因为你穿着有该球队代表色的衣服，或者举着该球队的牌子；当该球队得分时，你跳起来大声喊叫。在非语言沟通中，你既使用了视觉渠道，又使用了声音渠道。又如，会议的地点在五星级饭店，配有精美的食物，有高层领导出席，人们着装正式——这些都表明此次会议非常重要。

（5）可控程度。我们很难控制自己的非语言信息，其中可控程度最低的是情感反应。高兴时，你会不由自主地笑；愤怒时，你会咬牙切齿——我们的绝大多数非语言行为都是本能的、偶然的。这与语言沟通不同，在语言沟通中，我们可以对所用词语进行选择。

（6）结构。因为非语言沟通是在我们无意识的情况下发生的，所以它的顺序是随机的，并不像语言沟通那样有确定的语法和结构。例如，如果坐着与人交谈，你会先想好自己要说的话，但一般不会计划什么时候跷腿、从椅子上站起来或看着对方，这些非语言信息对应着交谈期间所发生的情形。

（7）掌握规则的方式。语言沟通的许多规则，如语法、格式等，是在结构化、正式化的环境中，如学校中被传授的，而很多非语言沟通规则没有被正式教授，主要是我们通过模仿学到的，如小孩子模仿父母、兄弟姐妹和同伴，下属模仿领导，等等。

10.1.3　非语言沟通的特点

多种多样的非语言沟通具有4个共同的特点。

1．非语言沟通是由文化决定的

很多非语言沟通对我们所隶属的文化或亚文化而言是独有的。一般来说，大多数非语言行为是我们在孩童时期学到的，由父母和其他相关群体传授。特定的社会和文化群体形成相应的特性和风格。当人们第一次相遇时，美国人把目光接触看得很重，身体接触多局限在有力的握手上；而波兰男子在第一次遇到一位女子时，可以吻她的手。非语言沟通还带有亚文化特征，同在中国，东北人可能更为豪爽，身体动作幅度相对更大。

在绝大多数文化中，男性的非语言行为区别于女性的非语言行为。例如，在美国文化中，男性和女性在身体姿态方面存在着极大的区别。相关学者从不同年龄的男性和女性间沟通的录像带中观察到，不论是女孩还是妇女坐着时都靠得更近，互相直视；男孩和男子互相错开而坐，不直接看甚至不看对方。男子通常以一种放松的、手脚伸展的方式坐着，不管他们是在男子群体中还是在男女混合群体中。相比之下，当妇女在混合群体中时，她们的坐姿是女性化的，但当她们在都是女性的群体中时，她们手脚伸展着放松地坐着。

2．非语言信息可能与语言信息矛盾

有时候你会发现，一个人的语言和非语言信息是矛盾的。语言信息是经过精心加工形成的，相反，非语言信息一般是非常根深蒂固和无意识的，是沟通主体内心情感的自然流露，在交接过程中可控程度较低，它们很容易在沟通中不知不觉地显示出来。这就不难解释为什么我们能传递一种语言信息，然后传递与它相矛盾的非语言信息。

于是，你得到了混杂信息。在混杂信息中，非语言信息通常比语言信息更可信。一个人很容易学会操纵语言沟通，但他会发现操纵非语言沟通是困难的。正因为非语言信息具有这个特点，所以非语言信息所传递的信息常常可以验证语言信息真实与否。日常工作中，同事之间的一个很小的助人动作，就能反映其真诚与否。在商务谈判中，可以通过观察对方的言行举止判断对方的合作诚意和所关心的目标等。非语言信息比语言信息要多，例如眼睛往下看伴随咬嘴唇的动作通常反映了对方内疚害羞的心理。

3．非语言沟通在很大程度上是无意识的

很多非语言沟通是下意识进行的。你感到身体不舒服，你的同事马上就意识到了，并问你："怎么了？"他是从你脸上不自觉地显现出的痛苦神情知道的。愤怒的时候，你会握紧拳头而不自觉。我们通常意识不到自己的非语言行为。例如，和自己喜欢的人站在一起，你会靠得很近；听到不认同的观点，你会表现出难以接受的神情。

4．非语言沟通表明情感和态度

面部表情、手势、形体动作及目光都向他人传递了我们的情感和情绪，包括愉快、悲哀、惊讶、恐惧、愤怒等。研究也表明，绝大多数人能通过他人说话的声音准确地识别其所表现出来的情绪，比如高兴的时候，声音自然变得高亢。

同时，非语言信息也表达了你的工作态度。在工作中，态度与能力同样有价值。如果你总是

表现出烦躁的情绪，尤其是在工作的早期阶段，领导会把你归入"群体外的人"。"群体内的人"可能获准去做最称心的工作，并被给予灵活的工作时间安排，而"群体外的人"可能得到辛苦的工作以及不称心的工作时间安排。

任务二 非语言沟通的形式

10.2.1 辅助语言

辅助语言是指说话过程中的音量、音质、音调、语速等，是语言表达的一部分，对语言表达起辅助作用。我们每天都会和不同的人谈话，我们会发现，令我们喜欢的是对方的声音，令我们讨厌的可能还是对方的声音。不同的声音，不同的口气、音调和节奏，对我们的思想和评价会产生不同的影响。每个人的声音都是与众不同的，有研究者发现，当人们蒙上眼睛去听20位演讲者演讲时，听众能分辨出演讲者的阶层背景、教育水平、性别及年龄，且误差不超过5岁。

因此，我们有必要了解辅助语言所起到的作用。辅助语言包括速率（说话的速度）、音调（声音的高低）、音量（响度）、声音补白和质量（声音悦耳或令人不愉快）等声音因素。例如，据非语言沟通研究者估计，沟通中39%的含义受表达方式而不是受词语本身的影响。在英语以外的语言中，这个比例甚至更高。

1．速率

这里的速率指我们说话时的速度，其能对接收信息的方式产生影响。研究人员发现，当说话者使用较快的速率时，其被视为更有能力。当然，人们并不总是要急急忙忙或是很快地说话。实际上，除非情况确实紧急，否则我们应该尽量以常规的速率说话，即每分钟说100～150字。人们在做演讲或介绍时，尤其应该放慢说话的速率，以便让听众有时间消化其所谈论的内容（特别是当介绍一些技术性很强的东西时）。如果说得太快，说话的清晰度也可能受到影响，听众很可能会消化不了其所谈论的内容。不能很好地控制说话速率的人，只会给别人留下缺乏耐心或是没风度的印象。人们趋于信任那些说话速率适中（有时速率甚至还会放慢）、音量适中的人。

实际上，速率能够成为非常有用的工具，即为说话者增添魅力和说话的分量。例如，当说话者感到听众能很好地理解他所谈论的内容时，他可以说得快一点，以使他的话听上去更有感召力；但如果发现听众听得有些吃力，他就应慢下来，以取得理想的效果。毫无疑问，听众会很欣赏这种做法。说话者谈到一个严肃的问题时，甚至可以暂停片刻，这将给听众时间来思考这一问题。如果我们能这样去说话，那么对于我们来说，速率已不再是什么问题了，而是一个可供我们支配的有效工具。

2．音调

音调指声音的高低。音调影响着声音的悦耳程度。一般来说，当听到别人高音调说话时，不管其说的内容是否重要，人们都会感到不舒服。这是因为高音调的说话方式往往使听众感到紧张。此外，高音调听上去更像是训斥。当然，音调也不是越低越好。较低的音调别人难以听到，低声说话的人似乎胆气不足，所以可能被认为没有信心或害羞。研究发现，说话者如果使用较高和有变化的音调，则被视为更有能力。

对音调的熟练运用，会产生一种戏剧性的效果。因此，你应该经常练习，如有需要，可以在相关专业人士的帮助下学习如何运用音调。

3．音量

音量是指我们说话时声音的响度。在演讲时，人们大多喜欢洪亮的声音，但我们在平时进行沟通时，用的是常规声音，这会显得不那么盛气凌人。

合适的音量可以为你的语言增添色彩，同时它也能反映你是什么样的人。例如，当一位生产经理在谈到一个新产品的质量控制时增大了他的音量，这表明他对该产品很关心，同时也说明了该产品的重要性。而柔和的声音在任何时候都能起到稳定人心的作用。例如，当一位客户愤愤地抱怨其新买的洗衣机有问题，而接待他的销售员却用柔和的声音劝说时，这位销售员给所有在场人员留下的印象是他有着很好的职业精神。

4．声音补白

声音补白是在搜寻要用的词语时，用于填充句子或做掩饰的声音，如"嗯""啊""呀""你知道"等。我们都需要使用声音补白，但若不停地使用或因使用它们而分散了听众的注意力，就会产生问题。

5．质量

声音的质量是由速度、节奏和发音等构成的。声音质量是非常重要的，因为研究人员发现，声音有吸引力的人会被视为更有权力、能力和更为诚实的人，声音不成熟的人会被视为能力差和权力小，但更有亲和力的人。

许多人对自己声音的质量没有一个非常明确的概念。大多数人都对录像中自己的声音很不满意，然而，声音质量是能通过艰苦的训练和专业人员的帮助改变的。

10.2.2　身体动作

掌握不同的身体动作所表达的含义是顺利沟通的重要保证。如果不对各种身体动作做更细致的分析，我们就不能理解或解释身体动作这种沟通形式呈现的复杂现象。

1．手部动作

手势是身体动作中最重要、最明显的部分。演员、政治家和演说家通常会通过训练，使自己有意识地利用一些手势来加强语气。在一般的人际沟通过程中，人们对许多手势都是无意识地运用的。例如，当说话者激动时，其手臂会不由自主地快速摆动。从手势的含义和作用来看，手势可分为指示手势、摹状手势和抒情手势3种。

指示手势，是用来指示具体对象，指示可视范围内的事物和方向，便于人们通过视觉形象地感受具体事物的手部动作。在商业活动中，由于商品种类繁多，营业员在向客户介绍商品时，为了准确地说明某种商品的各项功能，需要通过指示手势来辅助介绍商品的功能、特点，使客户对商品的功能、特点一目了然。

摹状手势主要是人们用模拟的方式来加深对方的感性认识。摹状手势分为具体性手势和象征性手势两种。具体性手势主要用于比画事物的大小、形状和方向；象征性手势是根据说话内容做出相应的动作，以启迪听众，引发对方联想。例如，表示"我们要节约每一个铜板"时，用拇指和食指围成一个圆圈，代表"铜板"等。

抒情手势是用来表达说话者喜、怒、哀、乐等强烈情感，使之形象化、典型化的手势。在诗歌朗诵会中，朗诵者在朗诵结束时，为了表现丰富的感情，加强对听众的感染力，会做出两臂前伸，然后慢慢举过头顶的抒情手势，以表达语言所不能表达的效果。

事实上，手势并没有固定的模式。个人的习惯不同、讲话的具体情况不同、沟通双方的情绪不同，其手势也就不同。采用何种手势，都要因人、因物、因情、因事而异。总体来说，不同的手势有不同的含义，具体如下。

（1）手指。通常，当我们把拇指和食指围成一个圆形并伸直其余3根手指时，它的意思是"好"；当我们分开食指和中指做出"V"字形并将掌心朝向他人时，则意味着"胜利"；把食指垂直放在嘴边意味着"嘘"（别出声）；食指伸出，其余手指紧握，呈指点状，这种手势表示教训、镇压，带有很强的威胁性。双手相握或不断玩弄手指，会使对方感到你缺乏信心或表现拘谨；十指指尖相触，撑起呈塔尖状，表示自信或有耐心，若再伴以身体后仰，则显得高傲；十指交叉表示在控制沮丧心情的外露，有时这种手势也表示有敌对和紧张情绪；双手合十表示诚意；以手撩发表示对某事感到棘手，或以此掩饰内心的不安；握拳表示愤怒或激动。

其中，大拇指还有一些特殊含义。大拇指可以表达一种积极的动作语言，可用来表示当事人的"超人能力"。大拇指朝上，表示对他人的赞赏；若在谈话中将大拇指指向他人，则其就成为嘲弄和藐视对方的信号；双手插在上衣或裤子口袋里，伸出两根大拇指，可显示高傲的态度；将双臂交叉于胸前，两根大拇指翘向上方，既可显示防卫和敌对情绪（双臂交叉），又可显示十足的优越感（大拇指上翘），这种人极难接近。

（2）手掌。判断一个人是否诚实的有效途径之一就是观察其讲话时手掌的活动。人们一般认为，摊开手掌象征着坦率、真挚和诚恳。小孩子撒谎时，手掌经常会藏在背后；成人撒谎时，往往将双手插在兜内，或是双臂交叉，不露手掌。常见的掌语有两种：掌心向上和掌心向下。前者表示诚实、谦逊和屈从，不带任何威胁性；后者则是压制、指示的表示，带有强制性，容易使人产生抵触情绪。例如，当会议进行得很激烈时，有人为了让大家情绪稳定下来，做出两手掌心朝下并向下按的动作，意思是说"镇静下来，不要再争执了"。

（3）搓手。冬天搓手掌，多是防冷御寒的表现。平时搓手掌，则表示人们对某一事情结局的一种急切期待的心情。

（4）背手。双手相握的背手，代表一种至高无上、自信甚至狂妄的态度；一个人在极度紧张、不安时，也会常常背手，以缓解这种紧张情绪。例如，学生在背书时，双手往后一背，的确能缓解紧张情绪。如果背手时伴以俯视、踱步，则表示沉思。

（5）双手搂头。将双手交叉，十指合拢，搂在脑后，这是有权威、有优越感或对某事抱有信心的人经常使用的一种典型的高傲动作。这也是一种暗示所有权的手势，表明当事人对某地或某物具有所有权。

（6）手臂。双臂交叉于胸前，显示出一种戒备、敌意和防御的态度；双臂展开表示热情和友好。

（7）腕部。男性挽袖亮出腕部可显示出积极的态度。

2．头部动作

头部动作也是运用较多的身体语言之一，而且头部动作所表示的含义也十分丰富，我们需根据具体的头部动作，结合具体的背景条件来对其传达的信息进行判断，具体如下。

（1）点头。点头这一动作可以表示多种含义，有表示赞成、肯定的意思，有表示理解的意思，有表示承认的意思，等等。在某些场合，点头还表示礼貌、问候，是一种优雅的社交动作。

（2）摇头。摇头一般表示拒绝、否定的意思。在一些特定背景条件下，轻微摇头还有沉思的含义。

（3）歪头。在倾听的时候，歪头表示认真专注；在听到悲伤的消息时，看着对方、歪着头，表示同情别人的遭遇。

3．肩部动作

耸肩被定义为一种自我保护形式，或是一个面对困局选择退却的信号。耸肩还有"随你便""无可奈何""放弃""不理解"等含义。

4．脚和腿的动作

脚的动作虽然不易被观察到，但却更能直观地揭示对方的心理。例如，抖脚表明轻松、愉快；跺脚表明兴奋，但有时人在愤怒时也会跺脚。脚步轻快时表明心情舒畅，脚步沉重时说明疲乏或心中有压力，脚尖点地表示轻松或无拘束感，等等。

双腿交叉在一般情况下是为了舒服，但在有些情况下则不同。例如，在谈情说爱的场合，若女士坐在一旁，双臂交叉，双腿相搭，就证明她内心不愉快；又如一些女性，喜欢将一只脚从后方别在另一条腿上，这是一种防御性的体态，表示害羞、忸怩或胆怯。

10.2.3　身体接触

身体接触是指通过沟通双方身体互相接触或抚摸某一物体而传递信息的一类身体语言。身体接触更具有影响力和感染力。

1．身体与身体接触

握手是一种最典型的身体接触。握手的不同力度、姿势和时间均能传递不同的信息。

（1）支配性与谦恭性握手。掌心向下与人握手，传递给对方支配性的态度，地位显赫的人习惯于这种握手方式；掌心向上与人握手，传递一种顺从性的态度，表示愿意接受对方的支配，显得谦虚恭敬。若两个人都想处于支配地位，握手则是一场象征性的竞争，其结果是双方的手掌都处于垂直状态，同事之间、朋友之间、社会地位相等的人之间往往会出现这种方式的握手。

（2）直臂式握手。用这种方式握手时，会猛地伸出一条僵硬挺直的胳臂，掌心向下。事实证明，这是最粗鲁、最放肆、最令人讨厌的握手方式之一。所以在日常生活中，应避免使用这种握手的方式。当然，在特定的场合，如老朋友见面等，如此握手也许能达到意想不到的效果。

（3）"死鱼"式握手。用这种方式握手时，我们常常接到一只软弱无力的手，对方几乎将他的手掌全部交给你，任你摆布。这种握手方式使人感到无情无义，受到冷落，结果十分消极，还不如不握手。

（4）两手扣手式握手。这种握手方式即以右手握住对方的右手，再用左手握住对方的手背，双手夹握，西方也称其为"政治家的握手"方式。对方往往会感到你热情真挚、诚实可靠。但对初次见面者慎用，以免起到反效果。

（5）攥指。这种握手方式即用拇指和食指紧紧攥住对方的四指关节处，像老虎钳一样夹住对方的手。不言而喻，这种握手方式必然会让人感到厌恶。

（6）捏指尖式握手。这种握手方式女性常用，即不是亲切地握住对方整个手掌，而是轻轻地捏住对方的几个指尖，给人十分冷淡的感觉，其用意是要与对方保持距离。

（7）拽臂式握手。这种握手方式即将对方的手拉过来与自己相握，胆怯的人多用此握手方式，但同样会给人不舒服的感觉。

（8）双握式握手。用这种方式握手的人是想向对方传递真挚友好的情感：右手与对方相握，左手伸出握住对方的腕、肘、上臂、肩等部位。

身体接触的其他形式还有拍肩膀、拍胸脯等。例如，领导拍下属肩膀表示关心、鼓励和信任，是关系融洽的一种表现；另外，在承诺某一件事时拍自己的胸脯，则表示自信、有把握等。

2．身体与物体接触

身体与物体的接触，即在摆弄、佩戴、选用某种物体时传递某种信息，实际上也是通过人的身体语言传递信息。以下是常见的一些行为。

（1）手中转笔，表示漫不经心，对所谈的内容无兴趣或不在乎。

（2）摘下眼镜，轻轻揉眼或擦眼镜反映精神疲劳，或对争论不休的问题感到厌倦，或是想喘口气准备再战。如果是摘下眼镜，又很快或有意地把眼镜抛在桌子上，则表示难以抑制不满情绪。

（3）慢慢打开记录本，表示关注对方讲话；快速打开记录本说明发现了重要问题。

（4）如果轻轻拿起桌子上的帽子，表示要结束这轮谈判或暗示要告辞。

交替重复放松和认真两种态度，如一会儿放松地背靠座椅，一会儿表情严肃地探出身去，会让人无从理解你的身体语言，从而难以寻找攻击你的点。老练的政治家或外交家因某一棘手问题遭到公众、记者围攻时，常使用这一技巧。

10.2.4　身体姿态

一个人的身体姿态能够反映其是否有信心、是否精力充沛等情况。通常，人们想象中精力充沛的姿态是：收腹、肩膀平而挺直、下巴上提、面带微笑等。

走路的姿态最能体现一个人是否有信心。走路时，身体应当保持正直，不要过分摇摆；两眼也不要左顾右盼，应平视前方；两腿有节奏地交替向前，步履轻盈，不要拖拉；两臂在身体两侧自然摆动，要做到轻、灵、巧。男士要稳定、矫健，女士要轻盈、优雅。如果你的工作要求你经常出入别人的办公室，你要养成随手带些材料或者文件夹的习惯，这不仅让你的手不会空着，而且你所表现出来的是讲求效率的形象，会得到同事和领导的赞许。

站立的姿态体现了一个人的道德修养、文化水平以及与他人交往是否有诚意等。站立时，身体保持正直，头、颈、腿要与地面垂直；双眼平视前方，挺胸收腹，要显得庄重平稳，切忌东倒西歪、耸肩驼背。站立交谈时，可随所说的内容做一些手势，但动作不要过大，以免显得粗鲁。在正式场合站立时，不要将手插入裤袋里或双臂交叉放在胸前，更要避免一些下意识的小动作，如摆弄手中的笔、玩弄衣带、发辫等，这样不仅显得拘谨，还给人一种缺乏自信、缺乏经验的感觉，而且也有失庄重。良好的站姿应该给人以挺、直、高的感觉，像松树一样舒展、挺拔、俊秀。

在坐姿方面，要做到尽可能舒服地坐着，但不能降低自己的身体，以免影响正常的交流。如果笔直地坐在一张直靠背椅上，你会显得很僵硬。最好的方式是将身体的某一部位靠在靠背上，使身体稍微有些倾斜。当你听对面或旁边的人讲话时，你可以以一种轻松而不是紧张的坐姿坐着。你在听别人讲话时，可以通过微笑、点头或者轻轻移动位置的方式，来表明你感兴趣或欣赏。当轮到你说话时，你可以先通过手势来吸引对方的注意力，以强调你所说内容的重要性，然后身体前倾，变化语调，并配合适当的手势来强调你的论点。面试时，应聘者如果弓着背坐着，两臂僵硬地紧夹着上身，两腿和两脚紧靠在一起，就等于向面试官表达"我很紧张"。如果应聘者懒散地两脚叉开地坐着，则表明他过分自信或随便，也会令人不舒服。

谈话时，如果对方将头侧向一边，尤其是倾向讲话者的一边，或者身体前倾面向讲话者，眼睛盯住讲话者，则说明他对所讲的事很感兴趣。

如果对方把头垂下，则是一种消极的信号，表示他对所讲的事没有兴趣。

若对方两腿分开同肩宽站立，双手背在身后，挺胸，抬头，目光平视讲话者，面带微笑，则说明其对交谈内容感兴趣、有信心。

若对方双腿合拢，上身微前俯，头微低，目视讲话者，则表示谦恭有礼，愿意听取讲话者的意见。

若对方形态端正，彬彬有礼，宾主分明，则说明其稳重和有信心。

10.2.5　面部表情

面部表情就是面部器官（包括眼睛、眉毛、鼻子等）的动作。人的基本情感及各种复杂的内心活动都能够通过面部表情真实地表现出来，我们在日常生活中经常会使用面部表情这一身体语言。与人说话、求人办事、请人帮忙等，我们无不需要注意对方的"晴雨表"——面部表情，可见面部表情对于有效沟通是很重要的。

1．眼睛

孟子曰："胸中正，则眸子瞭焉；胸中不正，则眸子眊焉。"一个人的眼神可以表现其喜、怒、哀、乐，反映其内心的变化。有经验的讲话者都很注意恰当而巧妙地运用自己的眼神，借以充分发挥口才的作用。如果讲话者说话时不善于用眼神传情就会给倾听者一种呆滞麻木的感觉，无法引起倾听者的注意，有损于语言的表达。

（1）注视。行为科学家断言，只有当你同他人目光相接时，也就是说，只有在相互注视时，彼此的沟通才能更有效地进行。在沟通中保持目光接触非常重要，甚至有的民族对目光接触的重视程度远远超过对语言沟通的重视程度。例如，说话时，目光要朝向对方，适度地注视对方的脸和眼，不要仰视天上，也不要俯视地面，更不要不停地眨眼或者用余光瞥对方。既不要一动不动地直视，也不要眼球乱转，前者会使人感到莫名其妙，后者会使人感到滑稽可笑。

① 注视的时间。注视时间的长短对双方交流的影响十分重要。有时，我们和有些人谈话感到舒服，和有些人谈话则令我们不自在，甚至对方看起来不值得信任。这主要与对方注视我们的时间长短有关。当然，这也要区分不同性别之间的交流和同性别之间的交流两种情况。当一个人不诚实或企图撒谎时，他的目光与你的目光接触的时间往往不足全部谈话时间的1/3。如果某个人的目光与你的目光接触的时间超过全部谈话时间的2/3，那可能说明两个问题：第一，对方认为你很吸引他，这时他的瞳孔是扩大的；第二，对方对你怀有敌意，向你发出无声的挑战，这时他的瞳孔会缩小。事实证明，若甲喜欢乙，甲会一直看着乙，这时乙意识到甲喜欢他，乙也可能会喜欢甲。换而言之，若想同别人建立良好的关系，在整段谈话的时间里，你和对方的目光接触的时间累计应达到谈话总时间的50%~70%，只有这样，你才能得到对方的信赖和喜欢。相反，若你在交谈时眼睛不看着对方，那么你很难得到对方的信赖和喜欢。异性之间进行交流时，不论是男性还是女性，都不可长时间地注视对方，即使有必要注视时也不能太放肆，必须是诚恳的、善意的。

② 注视的部位。注视的部位也同样重要，注视的部位因场合的不同而有很大的区别。公务注视是洽谈业务、磋商交易和贸易谈判时所用的注视方式。眼睛应看着对方面部的三角区域（"△"以双眼为底线，上顶角到前额），注视这个部位，显得严肃认真、有诚意。在交谈中，如果目光总是落在这个三角区域，你就能把握谈话的主动权和控制权。这是商人和外交人员经常使用的注视方式。社交注视是人们在社交场所使用的注视方式。这些社交场所包括鸡尾酒会、茶话会、舞会和各种类型的友谊聚会。眼睛要看着对方面部的倒三角区域（"▽"，以双眼为上线，嘴为下顶角），即双眼和嘴之间，注视这个部位，会营造一种社交气氛。亲密注视是恋人之间使用的注视方式。眼睛看着对方双眼和胸部之间的部位，恋人这样注视很合适，但对陌生人来说，这种注视就出格了。瞥视是用轻轻一瞥来表达感兴趣或有敌意。若加上轻轻地扬起眉毛或笑脸，就是表示感兴趣；若加上皱眉或压低嘴角，就表示疑虑、有敌意或批评的态度。

在面对面的交往中，我们应针对不同的对象，选择不同的注视方式。例如，批评下级时若用社交注视的方式，那么你再严肃，对方也可能会漫不经心，因为社交注视的方式削弱了你批评的严肃性；若你用亲密注视，则会使对方感到窘迫，产生抵触情绪。所以，这种情况下，只有采用公务注视的方式最为合适。

③ 注视的方式。眨眼是人的一种注视方式。人们一般每分钟眨眼 5 ~ 8 次，若眨眼时间超过 1 秒就成了闭眼。在 1 秒之内连眨几次眼，是神情活跃、对某事物感兴趣的表现（有时也可以理解为由于怯懦羞涩、不敢直视而不停眨眼）。

（2）盯视。在人们的日常交往中，盯视有它的特殊功能和意义。

① 爱憎功能。亲昵的盯视可以打破僵局，使谈话双方的目光长时间接触。

② 威吓功能。长时间盯视对方还有一种威吓功能。例如，警察对罪犯、父母对违反规矩的孩子等常常怒目而视，从而形成无声的压力。

③ 补偿功能。两个人面对面交谈，一般讲话者看着倾听者的次数要少于倾听者看着讲话者的次数，这样便于讲话者将更多的注意力集中到要表达的内容上。一段时间后，如果讲话者将视线转向倾听者，就是暗示对方可以讲话了。

④ 显示地位功能。如果地位高的人与地位低的人谈话，那么，地位高的人盯视对方的时间往往多于对方盯视自己的时间。

（3）扫视与侧视。扫视常用来表示好奇，侧视用来表示轻蔑。在交际中过多地使用扫视，会让对方觉得你心不在焉，对谈论的内容没兴趣；而过多地使用侧视会让对方觉得你有敌意。

（4）闭眼。长时间的闭眼会给对方你很孤傲的感觉。如果你闭眼的同时还伴有双臂交叉、仰头等动作，就会给对方目中无人的感觉。

（5）不同的眼神有不同的含义，具体如下。

① 眼球位于眼睛正中间表示自信、坚定。

② 眼球向左侧转动表示此人正在回忆所经历的事情、人物、情景。

③ 眼球向右侧转动表示此人正在推理、计算、分析和思考，对未来发生的事情进行想象和憧憬。但如果所叙述的事情是过去发生的，眼球却向右转，则可能说明此人在撒谎。

④ 眼球向上转动表示此人正在思考、判断、分析和想象，此时他所说的内容可能更加违心或意识化。

⑤ 眼球向下转动表示此人对当前所做事情的表示承认或感到不好意思、羞愧。

2. 眉毛

眉毛的运动可以传递问候、惊讶、恐惧等信息。一般来说，西方人比东方人更会运用眉毛来传递信息。据报道，西方人能用眉毛来传递 28 种不同的信息。当然，其中一些眉毛的运动被认为是东西方所共有的，像紧锁眉头表示焦虑，眉毛扬起表示惊讶，等等。

有个成语叫"眉目传情"，眉和目往往连在一起来传递信息，眉毛的运动可以辅助眼神的传递。如果眯起双眼、眉毛稍稍向下，可能表示已陷入沉思当中；眉毛扬起则可能是一种怀疑的表情，也可能是心情兴奋的表现。

3. 鼻子

虽然鼻子大多被用来表现厌恶、戏谑之情，但用得适当也能使话语生辉。如愤怒时，使鼻孔张开、鼻翼翕动，感情会表达得更为强烈。在与人交往时，如果你内心对某事不满，应理智地处理它，或委婉地说出来，千万不能向对方皱鼻子。

4. 嘴

嘴部动作是通过口型变化来体现的。例如，人们鄙视某人时会嘴巴一撇，惊愕时会张口结舌，忍耐时会紧咬下唇，微笑时会嘴角上翘，气急时会嘴唇发抖，等等。

5. 微笑表情

在非语言沟通中，微笑是一种很常见但却很有效的沟通方式。微笑对他人有着一种心理学上所说的"移情"的效用，正如俗话所说"笑有传染性"。微笑的作用是巨大的、多方面的。微笑是每个人都会的，我们每个人都拥有这一颗"灵丹"，把它运用到日常工作中去，我们就可能取得意想不到的成功。正因为如此，不少企业，特别是服务行业中的企业，大多会对其员工进行微笑培训，让他们学会微笑。

善于交际的人在人际交往中总是面带微笑。一个友好、真诚的微笑会传递给别人许多信息。微笑能够使沟通在一种轻松的氛围中展开，可以消除由陌生、紧张带来的障碍。同时，微笑也可显示你的自信心，以及你希望能够通过良好的沟通实现预定的目标。

我们应非常清楚地知道微笑对于处理客户关系、上下级关系的重要性。如果你想让微笑成为友好感情的使者，那么必须从内心深处发出微笑。为了赢得客户的好感和融洽上下级关系，你就要让他们在潜意识里了解你真实的感情，而不是你的简单表情。真诚的微笑能够让对方心中产生轻松、愉快、可信的感觉；而仅仅停留在表面的微笑，只会给人以做作的印象，甚至会弄巧成拙。

微笑的练习可以先从面对镜子开始。面对镜子，回忆一些你确实喜欢的、令人愉快的事，然后让这种感觉得体地呈现在你的脸上，心里想着今天你会碰到许多快乐的事情，如你说服了你所拜访的每一个人，并与你所遇到的每一个人进行了成功的交往。凭借这些想象酝酿出良好的感觉，然后把它们表现出来。

面对镜子的微笑练习会帮助你形成善意的、真诚的微笑，因为这使你能正确地调整情绪。真诚地微笑，而不是虚假地微笑。那种假装微笑的人，虽然做出了微笑的动作，但由于没有发自内心的真情实感，给人的印象只能是虚伪的，甚至让人看到了皮笑肉不笑的效果，因此仍然无法实现真诚的感情交流。因此，面对镜子练习微笑，要注重表情，更要注重内心真情实感的酝酿，这样才算达到练习微笑的目的。

 情景剧场

善意的微笑

一天傍晚，一位独居的老妇人突然听到一阵急促的敲门声，她小心翼翼地打开门，发现一个持刀的小伙子正恶狠狠地盯着自己。她灵机一动，微笑着说："小伙子，你真会开玩笑！敲门还拿刀，不嫌累吗？你不会是推销刀的吧？我正好要买一把菜刀……"说着，老妇人把小伙子请进屋，让他坐下，然后接着说："你拿菜刀的样子真像我死去的儿子，算了，不提那些伤心的事了，看到你我非常高兴，你要喝咖啡还是茶？……"本来准备实施抢劫的小伙子看着笑容可掬的老妇人，居然慢慢变得腼腆起来，甚至感觉有点惭愧。他有点结巴地说："谢谢，哦，谢谢，来杯白开水就可以了。"最后，老妇人真的以高价买下了那把菜刀。小伙子拿着钱迟疑了一下，在转身离去的时候，他回头对老妇人说："感谢您，老人家，您将改变我的一生！"

微笑能在瞬间缩短彼此的心理距离，使人与人之间充满信任与感激。在任何时候，真诚的微笑都会直抵人的心灵深处，并在那里发酵，自内而外地影响和改变一个人。

10.2.6 空间距离

这里所说的空间，是指沟通双方之间的空间距离，通过控制双方的空间距离进行的沟通为空间沟通，而空间距离又包括位置、距离、朝向以及影响空间距离的因素。

1．位置

位置在沟通中所反映的最主要的信息就是身份。你去拜访一位客户，在他的办公室里进行会谈，他让你坐在他的办公桌的前面，表示他是主人，他拥有控制权，你是客人，你要照他的安排去做。在开会时，积极地坐在最显眼位置的人，希望向其他人（包括领导）显示自己的存在和重要性。宴席座椅的位置也很讲究主宾之分，一般情况下，东道主坐在正中，面对上菜方向，他右侧的第一个位置给最重要的客人，他左侧的第一个位置留给第二重要的客人，其他客人、陪同人员以东道主为中心，按职务、辈分依次落座。由此可见，位置对于沟通双方的影响是非常明显的。

2．距离

我们在与他人沟通时有4个层次的距离，即亲密距离、人际距离、社会距离和公共距离。

（1）亲密距离。在亲密距离范围内，人们相距不超过15厘米，可以有意识地、频繁地互相接触。亲密距离的适用对象为父母、夫妻或亲密朋友等。例如，母亲和婴儿在一起时，她或者抱着婴儿、抚摸婴儿、亲吻婴儿，或者把婴儿放在腿上，等等。亲密距离适用于我们感到可以随时触摸对方或交流重要信息的时候。

当无权进入亲密距离的人进入这个范围时，我们会感到不安。例如，在拥挤的公共汽车、地铁或电梯上，人们挤在一起，他人处在我们的亲密距离范围内，我们会通过忽视对方的存在或不与对方进行目光接触来应对这种情况，用这种方式，我们即使不能在身体上也要在心理上保护自己的亲密距离。

（2）人际距离。在人际距离范围内，人们相互间的距离为46～76厘米，这是我们在进行非正式的个人交谈时最经常保持的距离范围，允许人们与朋友或熟人随意谈话。如果相距超过76厘米，人们就会有交谈可能被外人无意听到的感觉，从而使交谈很难进行。

（3）社会距离。当对别人不是很熟悉时，你最有可能与其保持一种社会距离，即1.2～2.1米的距离。它适用于面试、社交性聚会和访谈等非个人事件，而不适用于分享个人的信息。

每当我们与他人保持社会距离时，相互间的影响都变得更为正规。你曾经注意过高层领导的办公桌的大小吗？它大到足以使来访者保持恰当的社会距离。在一个有许多工作人员的大办公室里，办公桌往往是按社会距离分开摆放的，这种距离使每个人都有可能把精力集中在自己的工作上，以及可以在使用电话时不干扰同事。有时，人们通过前移或后移，以从社会距离范围移动到人际距离范围内。

（4）公共距离。公共距离，小范围约3.7～7.6米，大范围在10米之外，通常被用在公共演讲中。在这种情况下，人们说话的声音更大，手势更夸张。这种距离的沟通更正式，同时人们相互影响的机会极少。

研究不同距离的意义在于：不同的距离表达了不同的意思。例如，如果你将人际距离改为亲密距离，你很可能使对方感到不自在甚至产生误解，因为你没有传递任何距离变化的信息。但如果你将亲密距离改为人际距离，对方会立刻感到你在疏远（或是拒绝）他。

3．朝向

朝向即交际主体相对于对方的角度。朝向可以分为以下4类。

① 面对面的朝向，即交际双方面部、肩膀相对，这种朝向通常表达了一种不愿让正在进行的交际活动被打断的愿望，同时也显示了双方要么亲密、要么严肃甚至敌对的关系。人们在讨论问题、协商、会谈、谈判或争吵时，往往都会自觉或不自觉地选择这种朝向。

② 背对背的朝向，它与面对面的朝向完全相反，其所表示的否定的含义是不言而喻的。

③ 肩并肩的朝向，即两个人肩部呈一条直线，朝向一致。较亲密的人在随意的场合中喜欢采取这种朝向。

④ "V"形朝向，即两人以一定的角度朝向对方。

肩并肩的朝向和"V"形朝向，一方面可以表示双方维持交际的兴趣，另一方面又显示了这种兴趣相比面对面的朝向的兴趣略微减弱了。

4. 影响空间距离的因素

职场上，人们谈话时应保持什么样的距离、办公室应该多大以及该如何装修、会议室应安放什么形状的会议桌等，所有这些及其他方面均与空间距离有关，而空间距离则是完全根据个人的职位及彼此间的关系来决定的。我们必须知道，在不同场合中，什么样的空间行为是合适的，什么样的空间行为是不合适的。

（1）职位的影响。对空间的利用通常表现出职位上的差异，我们只要看一看办公室的大小就能发现了。例如，一些办公室经常安放着大（甚至是非常大）的办公桌。这些大办公桌不仅使办公室看上去更气派，更重要的是，它们形成了"缓冲带"——使主人与来访者保持距离。从某种意义上讲，大办公桌是一个"减访桌"——减少来访者与主人间的沟通，而一般员工则使用共用办公室。

当两人之间的职位差距拉大时，他们之间的沟通距离也会随之增加。虚的职位差距和实的空间距离往往给员工在心理上留下印痕，从而使其保持与领导的距离，这也是很多员工尽量不和其领导接触的原因之一。

现在许多企业已经意识到距离因素扩大了职位所产生的影响，并尽力去缩小它。管理者开始主动解决这个问题，努力缩小与员工的心理距离。例如，当一名员工来到总经理办公室时，总经理可以直接从其办公桌后面走过来，并且和这名员工坐在同一个沙发上。总经理也可以直接到一线工人工作的地方，和他们一起讨论某一问题的解决办法。有时候，总经理还会和员工共进午餐，或是参加员工的生日聚会。实践证明，这样的行动不仅有效地改善了管理者和员工的关系，而且还有利于增强员工的自豪感和士气。这就是越来越多的企业正朝着这一方向努力的原因。

（2）个性的因素。与性格内向的人相比，性格外向的人在与他人接触时能保持较近的距离；与缺乏自信心的人相比，自信心强的人在与别人接触时，选择的沟通距离也较近。

（3）人与人之间的亲密程度。通常，人们总希望与自己熟悉的同伴或好朋友保持较近的距离，而尽量远离陌生人。因此，空间距离也成为亲密程度的标尺。当与他人初次见面时，我们会与其保持社交距离甚至公共距离；只有在比较熟悉后，我们才允许彼此进入自己的私人空间。当然，即使是亲密朋友，如果在正式场合，也不能再保持亲密距离了，而应该保持社交距离或人际距离。

任务三　服饰与仪态

服饰与仪态反映着一个人的精神面貌、文化素养和审美水平，同时也反映了其归属、遵循的规范等。由于服饰与仪态给他人留下的第一印象是至关重要的，其对于社会交往活动能否顺利进行、能否取得成功有很大影响。

10.3.1 服装

在现代沟通中，服装的作用已超越了最基本的遮羞避寒，更重要的是向别人传递有关个人风格的信息。

1．服装的种类

服装大致可分为4类，且每一类服装的含义略有不同。

（1）制服。制服是最专业化的服装，它表明穿着者属于一个特定的组织。在制服上，人们的选择自由度极小，穿着者被告知什么时候穿（如白天、夏天等）及能否佩戴装饰品（珠宝、奖章、发饰等）。例如，有的学校要求学生上学穿校服。最常见的制服是军服。通过展示军衔标志，军服告诉人们穿着者在军队中处于什么位置以及他在这个组织中与他人是什么样的关系等。制服也暗示着它的穿着者要遵循特定的规范。

（2）职业装。职业装是要求雇员穿着的服装，但它不像制服那样刻板。例如，很多公司都为员工制作了职业装。不像制服的穿着者，穿职业装的雇员有一些选择空间，如一家公司可能要求其雇员穿西装，但雇员既可以选择西装的颜色，又可以选择西装的样式。

（3）休闲服。在工作结束后的私人时间内，大多数人会选择穿休闲服，因为这种服装的选择权在个人，所以一些人通过穿它来表明自己的个性。

（4）化妆服。化妆服是一种高度个性化的服装。化妆服可能更具有象征意义，很少有人对在日常生活中穿化妆服感兴趣，因为穿化妆服不仅要考虑它所传递的形象，而且也与许多规范背道而驰。

2．着装要求

（1）符合年龄、职业和身份。不管是年轻人还是中老年人，都有权利打扮自己，但要注意不同年龄的人有不同的着装要求。一般场合，年轻人应穿得随意、鲜艳、活泼一些，这样可以充分体现年轻人朝气蓬勃的青春之美，而中老年人则要注意庄重、雅致，体现成熟和稳重，表现出年轻人所没有的成熟美。

管理者的着装更要突出表现自己的身份，并且给别人留下美好的印象。服装能表明管理者的性格特点。在社交场合中，人们对新来者的第一印象部分来自着装，并且人们会根据这一印象对新来者做出某种更深入的判断。

服装表明身份，职业服装更能显示一个人的工作性质以及从属关系。以某一饭店中的管理人员、各种性质的服务员的着装为例，饭店员工的职业装首先要有整体感，以区别于其他饭店的职业装。其次，饭店的职业装又以不同的样式、标志或颜色显示穿着者不同的身份、职责范围。当客户来到某一饭店时，一定希望接待自己的是一位穿着美观、整洁且态度和蔼的服务员，而不是衣着不整、无精打采的服务员。职业装明确表明了人们的身份，促使每一个人自觉维护集体的荣誉、热爱本职工作、增强责任心，同时树立良好的企业形象。

（2）符合个人的身高、体形和肤色。人的个子有高有矮、体形有胖有瘦、肤色有深有浅，着装时应考虑到这些差异，扬长避短。一般来说，个子较高的人，应着上衣适当加长，配有低圆领或宽大而蓬松袖子的服装等，这样能给人以协调的感觉，最好选择深色、单色或柔和的颜色；个子较矮的人，不宜穿大花图案或宽格条纹的服装，最好选择浅色的套装，上衣应稍短一些，使腿更突出，服装款式以简单为宜，上、下身颜色应保持一致；较胖的人应选择小碎花、直条纹、冷色调的服装，以达到显瘦的效果。在款式上，较胖的人要力求简洁，中腰略收，不宜采用关门领，以"V"形领为最佳。较瘦的人可选择色彩鲜明、大花图案以及方格、横格的服装。在款式上，较瘦的人应当选择宽大、有分割花纹、有变化的、较复杂的、质地不太软的服装，切忌穿紧身衣裤，也不宜穿深色的服装。另外，肤色较深的人穿浅色服装，会获得较好的色彩效果；肤色较浅的人穿深色服装，更能显出皮肤的柔嫩。在决定自己的着装时，要根据自己的具体情况而定，不必墨守成规，何况着装还受流行因素的影响。

（3）符合时代、场合。在考虑时代、场合方面，我们应努力使着装体现时代的新风貌。随着对外交往的频繁，西装成为男士在交际中穿着频率最高的服装，女士则可根据不同的场合选择职业套装、各种各样的裙子等。如果穿过时的服装，会给人以僵化、守旧的印象，但一味地追求时髦，也会显得轻浮、不实在。

庆典仪式、会见外宾、音乐会等正式场合，对着装有着严格的要求。西装要合体、优雅、符合规范。打领带时，衣领扣子要系好，领带要推到领扣上面，下端不要超过腰带。如果穿毛衣或背心，领带应放在毛衣里面，如果用领带夹，应夹在衬衣第二粒扣子和第三粒扣子之间。

衬衣应扎在裤子里，衣领、袖口露在西装外 1 厘米处，衬衣袖子不应卷起来。穿西装时，手只能插在裤兜里，不能插在西装上衣口袋里。

参加婚礼等喜庆场合时，女士可打扮得漂亮些，但不可与新郎、新娘抢风头。到朋友家做客、参加联谊会等，可穿着美观大方的服装，并适当进行装饰打扮。

参加葬礼、吊唁等活动时，男士可着黑色或深色西装，女士穿深色服装，内穿白色或暗色衬衣，不用花手帕、不抹口红、不戴装饰品。

（4）服装色彩选择。我们生活在一个色彩缤纷的世界中，人们对各种色彩有不同的感觉，根据这些感觉，人们将色彩分为不同的色调，如冷色调、暖色调等。不同的色调不但给人的感觉不同，而且有些色调、色彩还包含某些象征意义。

① 黑色。黑色意味着权力，是一种强有力的颜色。这种颜色会直接地在着装者与他人之间形成一种感情上的距离。在一些庄重且正式的场合，如员工大会、董事会、经济谈判、合同签字仪

式、重要会见等，穿黑色西装就更符合要求。在出席一些重要的宴会，需要开展一些商务交际和公关活动，体现公司的形象和实力时，也需要以黑色或深色服装作为正式礼服。

② 灰色。灰色意味着冷漠，是一种冷色。如果你身着灰色服装，要想把自己的友善和同情传达给别人，将十分困难。灰色给人一种冷冰冰的感觉，这也有助于使各种事情平息下来。许多业务代理人员在业务活动中喜欢穿灰色衣服，也是因为灰色能确切表明其身份，帮其顺利地开展业务。灰色服装的弱点是不能在较短时间内使别人与你的关系融洽起来。因此，如果你选择了灰色的服装，为了在这种冷漠中保持某种平衡，你可以用领带、衬衣补充一点别的颜色。

③ 棕色。棕色是一种友好而富有同情心的颜色，也代表着一定的权力与力量。在参加会谈时，穿棕色西装是一个很好的选择，如果你穿黑色或深蓝色西装，可能会显得过于强有力，因而不利于解决你所处的位置所要解决的问题。

④ 深蓝色。深蓝色既表明了力量和权力，又不像黑色和灰色那样令人感到冷漠，因此有许多人在参加会议时选择穿深蓝色的西装。假如你是部门经理，正被别人拜访，如果你穿灰色服装，可能会给人一种疏远冷淡的感觉，从而使别人认为你是一个不了解下级情况的人。黑色服装更不用说了。而选择棕色也是不明智的，因为棕色意味着友善与同情，这将使你显得软弱，而缺乏支配下级的能力。所以深蓝色是最好的选择。需要注意的是，当你为重要的会议和会见选择服装的颜色时，不但要考虑颜色本身的含义，还要考虑你所面临的局势，两者是同等重要的。

⑤ 浅黄色。浅黄色是一种淡而柔和的颜色，往往被认为代表软弱。大家在业务活动中应避免穿浅黄色服装，因为它会使你显得软弱无力，从而自然而然地把话语权让渡给对方。与浅黄色类似的代表软弱的颜色还有浅紫色、浅绿色等。即使你穿一套深蓝色西装，试图配上浅黄色的领带，以使色彩鲜亮些，那也是错误的，因为服装上任何浅黄色的点缀均格外突出醒目，可削弱你的影响力，不利于你坚持自己的立场。

⑥ 深绿色。深绿色为过于吸引人们注意力的颜色。这种颜色的服装非常鲜艳夺目，以至于你如果穿上这种颜色的服装，别人的注意力将完全放在你服装的颜色上面而忽视你个人，从而他们对你的印象将会非常模糊。当然，你也可以很好地利用这种颜色的服装来转移人们的注意力。

服装色彩的搭配要求和谐、美观，否则就会给人以不悦之感。

服装色彩的搭配有两种有效的方法，即亲色调和法和对比色调和法。亲色调和法是一种常用的配色方法。这种方法要求将色调相近、深浅浓淡不同的颜色组合在一起，如深绿色与浅绿色搭配、浅红色与深红色搭配等。对比色调和法的特点是在服装色彩搭配上以其中一种颜色衬托另外一种或两种颜色，使各种颜色不失各自的特色，相映生辉。在服装色彩搭配上，切忌上下身都采用鲜明的颜色，否则会显得很刺眼，令人不舒服。

对于服装，人们要根据不同的地区环境和不同的社交场合搭配色彩。认识了色彩的搭配规律，我们在服装上将会更好地运用色彩。

服装的整洁是头等大事，服装要求清洁、整齐、挺直，以显得人容光焕发。衣服应熨平整、裤子熨出裤线。衣服袖口应干净，皮鞋要上油擦亮，鞋面上不能留有污垢。穿长袖衬衣要将前后摆塞进裤内，长裤不要卷起。假如有人赞美你的服装，你应大方地说一声"谢谢！"，但不要在对方刚赞美过你的服装后，就马上去赞美他的服装。不要在正式场合询问对方服装的新旧、价格及购买渠道，更不能动手去触摸对方的服装，否则可能会使对方恼火。

参加各种活动，一旦进入室内，一般应当脱去大衣、风衣和帽子，摘下围巾，但西装上衣、夹克是不能随便脱的。男士任何时候在室内都不得戴帽子、手套。女士的纱手套、帽子、披肩、短外套等，作为服装的一部分则可在室内穿戴。在他人办公室或居室里，不要乱放自己的衣帽，当主人允许后，才可以按照要求放好。

10.3.2 饰品

饰品佩戴是一门艺术，其不仅符合人的生理与心理需要，而且反映了人们一定的修养。佩戴饰品的要求有3个：与服装相协调、与人相协调以及与环境气氛相协调。

饰品在人的整体着装中至关重要，一件用得好的饰品能使你显得更加潇洒飘逸。领带和领结被称为西装的灵魂，在其选择上应下一番功夫。在正式场合穿礼服时，可配以黑色或白色的领结。蝴蝶结在比较轻松的场合大受欢迎，打上蝴蝶结参加社交活动，给人的感觉就比较随和。

男士的腰带分工作和休闲两大类：工作中以黑色和棕色皮革制品为佳；而配休闲服装的腰带，只要美观就可以。腰带的颜色和式样不宜太过醒目。女士系腰带应考虑同服装相配套，如腰部纤细，系上一条宽腰带，会显得楚楚动人，如腰部较粗，可系一条环扣粗大的腰带，使腰带的环扣成为瞩目的焦点。

眼镜选配得好，可使人显得儒雅端庄。方脸人要选大圆框、粗线条的镜框，圆脸人宜选四方宽阔的镜框，而椭圆形脸更适合选框型宽阔的眼镜。在室内不要戴墨镜等有色眼镜，如有眼疾不得已而为之，应向他人说明情况。

女士应将手提包套在手上，不要拎在手里，且手提包大小应与体型相适应。男士在公务活动中的公文包以黑色、棕色等颜色为好。女士用的钱夹可以随手携带，或放在手提包里。男士的皮夹则要放在西装上衣内侧口袋里。

男士应携带至少一支钢笔，可将其放在公文包里，也可将其放在西装上衣内侧的口袋里。手表的佩戴因人而异，但在正式的场合不要戴潜水表、太空表等。

10.3.3 妆容

化妆是一种拥有积极的生活态度的表现，从礼仪的角度讲也是尊重他人的表现。化妆有悠久的历史，一般可追溯到远古时期。例如，古埃及妇女在大约3000年前就已懂得装饰卷曲头发，并且在脸部擦油以防止被太阳炙伤；新几内亚的原始部落亦擅长化妆，喜欢把身体涂得红红绿绿的。

女性常见的化妆品包括眼影、眉笔、腮红、粉底液、唇膏、指甲油、香水等。

妆容跟服装一样，是皮肤的延伸，不同之处是妆容与人比较接近，而效果也较强烈。化妆的范围应集中在面部，目的是重整面部焦点的特征，例如，单眼皮变双眼皮，细小的眼睛变大的眼睛，扁平的鼻子变高耸的鼻子，青白的面色变得红润，等等。

10.3.4 仪态

在不同的场合都要保持仪态大方、得体，只有这样，才能显示自己的修养和交际的技能。

1. 办公室仪态

无论你是主人还是访客，在公务交际中，最重要的是随时保持优雅、警觉以及有条不紊的状态。在接待访客时，如果没有接待人员引导访客到你的办公室，你应该亲自出去迎接，问候访客，并且带他到你的办公室去；当接待人员将访客带到你的办公室时，你应马上站起来，从桌后快步走出，并热情握手，寒暄问候，以表示你很高兴见到对方，并且视他为重要的访客。当一些突如其来的紧急事件打乱了你的接待安排，如果你必须让访客等待超过10分钟，则应抽出1~2分钟，先到办公室外面跟访客问候一下，表明你的歉意，以安抚访客的情绪。访客到达时，你如果正在打电话，应该马上结束，并告诉通话的对方，等这里的事情处理完了，你会回电话给他，这样可避免让访客久等。等访客在安排好的座位上落座后，你再坐下，然后请其喝茶，再进入谈话的正题。

当你较忙，工作安排很紧凑，而访客逗留时间过久，或者后面另有一位重要访客已到，而你必须给予特别的接待时，你可以对访客表示抱歉，同时，给对方一点时间说最后一两句话，然后起身，热忱地与对方握手，并且说"今天的会面非常有益"或"谢谢你的光临，一旦有消息，我就会通知你"等，或采取其他适当的方式告别，然后把访客送到门口，礼貌地道别。

2．商业拜访仪态

在进行商业拜访时，你要按约定时间准时到达，否则你这次拜访刚开始就会不太愉快，进而会影响整个拜访活动。在等待期间，尽量不要向接待人员提任何要求，避免干扰对方正常工作。如果等待时间较长，你可向接待人员询问还需要等多久，但不要不停地问，抱怨自己等了这么久。要保持安静、礼貌，当你离开接待室时，记得说声"谢谢"。如果你能叫出接待人员的名字，那么你的道谢会令他印象深刻，也不要忘记向对方的领导提起其良好接待了你。当你离开办公室时，无论这次会面是否达到你的目的，你都应该谢谢对方的接见，并与对方握手道别。

3．谈判仪态

谈判一般选在比较正规的场合，它是谈判双方风度的一场较量，因此谈判双方必须注意仪表举止，给人一种有良好修养的印象。交谈开始前可进行自我介绍，也可由第三者介绍。自我介绍时要自然大方，不必过分拘泥于礼节，一般应姓、名并提，讲清自己的单位、所担任的职务等。介绍他人时，职位较低的人总是先被介绍给职位较高的人。介绍时，被介绍人应起立，面带微笑，向大家点头示意。介绍完之后，双方要互致问候和握手，并交换名片。问他人姓名时，要注意使用礼貌用语，如"请问尊姓大名""对不起，您怎么称呼"等，对男士一般称"先生"，对女士一般称"女士"等。

在谈判过程中，讲话语气要平和、友好，不生硬、不咄咄逼人。在对方发言时，要仔细聆听，不能漫不经心、四处张望，流露出轻视对方的神情，可以用点头同意或简单的"嗯""对""我明白"等语言，鼓励对方继续讲下去，并以积极、友好的手势或微笑做出反应。若在谈判过程中出现分歧，双方应平静地坐下来，找出双方观点相左之处，然后态度诚恳、实事求是、不伤和气地阐明各自的观点，即使谈判未获成功，也不能嫉恨、挖苦对方，要建立与对方的友谊。

4．宴请仪态

一个人在餐桌上的仪态最能体现其风度。在宴请时，如果你是客人，等主人示意你坐下时才能坐下。如果主人径自坐下而没有示意你坐在哪里，你就坐在最靠近他的座位。如果你是主人，则应以缓和的手势示意客人落座。一般在主人开始用餐后，他人才可以开始用餐。这个规矩对于上每一道菜都适用。如果参加自助形式的餐会，最好等到有两三位就餐者入席后，再开始享用餐点。

用餐时，你应把餐巾放在腿上，如果用餐途中你必须离开餐桌，则应把餐巾放在你的座椅上，千万不要放在桌上。唯有用餐完毕，大家都已站起来准备离去时，才可把餐巾放在桌上。用餐时你的坐姿应该笔直、有精神，一副懒洋洋、没精神的姿态会给人一种没活力、慵懒无力的印象，从而不利于进行良好的沟通。

一般情况下，你最好不要把整个手肘都搁在桌上，否则是对他人不尊重的一种表现。此外，只有当最后一道甜点吃完后，你才可以把椅子向后推，稍稍远离餐桌，交叉双腿，以一种较舒适的方式坐着。在餐后闲聊时，这样的举动没有问题；但如果在用餐当中，这样的举动便显得极不协调，同时也可能会对其他人造成影响。

5. 舞会仪态

舞会作为一种高雅的娱乐活动，是靠较为严格的礼仪来保持其高雅性的。舞会上，无论是从衣着打扮还是从行为举止来说，你都必须遵从一定的礼仪规范，如进入舞场要彬彬有礼，说话要轻声细语，不宜高声谈笑，走路脚步要轻，坐姿要端正，不要跷二郎腿或抖腿，等等。

邀舞时，一般是男士邀请女士。当舞曲奏起时，男士可缓步来到被邀请的女士前，做出邀请姿势，并面带微笑、神情诚恳、大方。女士在接受邀请时，也要有一定的礼貌，如果已答应别人的邀请，应主动向对方表示歉意。

舞会中的对话是很重要的。一句得体的话会使人产生好感；反之，会使人反感。舞会中的对话要彬彬有礼，交谈要亲切自然，不可油腔滑调或信口开河，更不要说些不礼貌的话。

当舞完一曲后，男士应热情大方地向女士表示感谢，并送女士回到原来的座位，可与其进行适当的交谈，也可礼貌地告辞。

项目小结

- 非语言沟通指通过某些媒介而不是口头语言或书面语言来传递信息。
- 非语言沟通的形式包括辅助语言、身体动作、身体接触、身体姿势、面部表情、空间距离等。
- 服饰与仪态影响着社会交往活动的成败。

项目实训

1. 在面试的过程中，你要怎么表示你已经做好了准备工作，同时又怎么让面试官对你有个好的第一印象呢？

2. 在沟通的过程中，如果对方通过语言沟通传递的信息与通过非语言沟通传递的信息产生矛盾，你会相信哪种信息？为什么？

3. 饰品搭配的技巧有哪些？

4. 一次非语言沟通的自我介绍训练。

训练目的：本训练可用以说明沟通有时完全可以通过身体语言完成，而且同样有效。

形式：全体学生，每2人一组。

时间：10分钟。

场地：教室。

操作程序：

将学生分成每2人一组，老师声明本次训练旨在向对方介绍自己，但是整个介绍期间不可以说话，必须全部用动作完成，大家可以通过手势、目光、面部表情等非语言沟通的形式进行沟通，如果需要，老师可给予适当的暗示。

一方先通过非语言沟通的形式介绍自己，2分钟后由另一方介绍自己，然后请大家口头沟通一下刚才通过非语言沟通时对对方的了解，并与对方希望表达的内容进行对照，最后利用表10-1进行自评与互评。

相关讨论：

（1）你用非语言沟通方式介绍自己时，表达得是否准确？

（2）你读懂了多少对方用非语言沟通方式表达的内容？

（3）你的同伴给了你哪些很好的线索使你了解他？

（4）我们在运用非语言沟通方式时存在哪些障碍（如缺乏经验、缺乏支持和辅助手段等）？我们怎样才能消除或减少这些障碍？

评价标准：评价分为自评与组员互评两个部分，自评与组员互评满分均为100分。每个评价指标的最高得分均为25分，按照表达情况酌情打分。

表10-1　自我介绍训练评价表

评价指标	得分	
	自评	组员互评
团队合作和协作能力：能与团队成员合作完成训练		
沟通能力：能用手势或其他非语言沟通方式较好地表达自己的观点		
学习能力：善于学习模仿并借鉴有用信息和好的思路想法		
独立思考及创新能力：能提出新的想法、建议和策略		

项目十一
倾听

学习目标 ——————————————————————————————

【知识目标】

1. 了解倾听的定义与过程。

2. 理解倾听的作用、类型和层次。

3. 掌握倾听的原则和方式。

4. 了解倾听的障碍。

5. 掌握倾听的艺术。

【技能目标】

1. 掌握倾听的方法和技巧，养成良好的倾听习惯。

2. 学会对所听到的内容进行准确判断、分析和理解。

【素养目标】

1. 培养尊重他人、专注的品质，促进思维、智力和沟通能力的全面发展。

2. 增强辩证思维能力和处理复杂问题的能力。

小金人

曾经有个小国的使者来到某国，进贡了三个一模一样的小金人，把皇帝高兴坏了，但同时使者也出了一道题目：这三个金人哪个最有价值？

皇帝想了许多的办法，如请来珠宝匠检查、称重量、看做工，可得出的结论是它们是一模一样的，怎么办呢？泱泱大国，不能连这个小问题都解答不了吧？最后，有一位老臣说他有办法。皇帝将使者请到大殿，老臣胸有成竹地拿着三根稻草分别插入3个金人的耳朵里。插入第一个金人耳朵里的稻草从另一只耳朵里出来了。插入第二个金人的稻草从嘴巴里直接掉出来。而插入第三个金人的稻草进去后掉进了肚子里，什么响动也没有。老臣说：第三个金人最有价值！使者默默无语，因为老臣的答案是正确的。

最有价值的人，不一定是最能说的人。善于倾听别人对自己工作的建议，是一种对别人眼光、见识、经历、智慧、创意的吸收和学习，通过这种方式，我们才能够不断地改善自己的工作，提升自己的能力。

任务一　倾听的定义与过程

11.1.1　倾听的定义

国际倾听协会把倾听定义为：倾听是接收口头语言及非语言信息，确定其含义和对此做出反应的过程。

11.1.2　倾听的过程

有效的倾听过程包括6个阶段，即预言、接收信息、注意、赋予含义、记忆和评价。

1. 预言

在沟通的过程中，倾听起到了一定的作用。根据我们以往的经验，我们会对将要与我们沟通的人可能做出的反应进行预言。例如，如果你将一份超过时限的作业交给老师，根据以往的经验，你知道老师可能会不高兴，并且你可能会被批评，你也知道此时最好的策略是去听，而不是去辩解。

2. 接收信息

在任何一天中，我们都要接收比我们所需要或能处理的多得多的信息，包括广告、某人在楼道里的喊叫、老师讲课的内容、与朋友交谈的内容等。虽然我们听到了许多这样的信息，但没有全部倾听。

我们听到的声音，包括词语和这些词语被说出来的方式。但在倾听时，我们会做出更多的反应。听是一种涉及听觉系统不同部分的生理过程，而倾听是涉及对他人全部反应的更加复杂的知觉过程，包括对口头语言以及身体语言的知觉。

因此，倾听不只包含听，倾听有多种方式，并且接收的信息来自各种渠道。在倾听时，我们剔除了无关的信息，这使得我们进入倾听过程的下一个阶段——注意。

3. 注意

我们能把注意力集中在某种特定的刺激物上。例如，傍晚在宿舍楼里，你会听到各种声音，包括学生的叫喊声、音乐声、关门声等。然而，当计算机上的音乐播放器正播放你喜欢的歌曲时，你就会全神贯注于听歌曲，而忽视周围的其他声音。

把感知集中起来的能力被称为选择性注意，这是相当奇特的。例如，在一项研究中，参加者坐在4个播放不同内容的喇叭中间，被告知只需注意听某一个喇叭播放的信息。在各种情况下，参加者在回忆来自那个被指定的喇叭的信息方面都有近乎完美的表现。

虽然我们能按某种特殊的方式集中注意力，但注意力集中的时间却是有限的。很少有人集中注意力的时间超过20分钟。有时信息的内容会使我们想起一些其他的事情，或者我们反对这些信息的内容，或者这些信息的内容使我们的头脑按照完全不同的方式考虑问题。这时，我们的注意力就被分散了。不过，我们能很快地重新把注意力集中在相应的信息上，但要明白，注意力确实是很容易被分散的。

注意力集中的时间是与厌烦程度紧密相连的。研究者发现，最好的倾听者是不容易厌烦和在获取信息方面有一些基本技能的人。因此，上课时容易厌烦的学生就必须在集中注意力上做出特别的努力。

4．赋予含义

当我们决定注意某种信息时，下一个阶段就是要为它赋予含义。这包含吸收信息，即使它成为我们的知识和经验的组成部分。为了对信息赋予含义，我们必须决定信息中的内容与什么相关，以及信息中的内容怎样与我们已经知道的内容相联系等。这样，对信息赋予含义的过程基本上是一种选择材料和设法把信息中的内容与我们的经验相联系的过程。在对信息赋予含义的过程中，我们也要进行评估。我们用所拥有的个人信息对讲话者所说的内容进行衡量，对讲话者的动机进行质疑，并对其中观点的确切性进行质疑。我们不仅要明白讲话者说了什么，还要考虑讲话者是怎么说的。像对讲话者表达的词语一样，我们对讲话者的音调、手势和面部表情等也应赋予相应的含义。

5．记忆

记忆也是一个决定什么重要和什么不重要的选择过程。例如，作为学生，很少有人能复述老师讲课的全部内容，但笔记可以帮助我们记住老师讲课的要点；而有些学生把太多的注意力放在了记笔记上，试图记下老师所讲的所有内容，而不是记录要点，这样就可能会影响他们听课的质量，因为他们只忙于记笔记而没有注意老师所讲内容的含义。

6．评价

评价是在倾听完成后对所发生的事情的评估。

在理想的倾听情景中，人们一般会经历以上所述的所有阶段。然而，如果倾听是无效的，那么这个过程可以在上述任何一个阶段中断。

【案例在线】

煮熟的鸭子为何飞了

有一次，一位顾客向酒店订宴席，服务员小张接待了他，向他推荐了一种经济、实惠又体面的宴席标准，顾客很满意，打算先付订金。但就在这时，顾客却突然变卦，掉头离去。顾客明明很满意，为什么突然改变了主意呢？小张想了一个下午，仍然没有头绪。到了晚上，他忍不住按照联系簿上的电话号码打电话给那位顾客。"您好，我是某某酒店的小张，今天下午您来我们这儿订宴席，明明都谈好了，您为什么突然离开呢？""哦，你真的想知道原因吗？""是的，我反思了一下午，实在想不出哪里出了错，因此特地打电话向您讨教。""很好！你现在在认真听我说话吗？""非常认真。""可是下午的时候，你根本没有用心听我讲话。就在我决定付订金之时，我提到是为我儿子考上大学而庆祝的，我以他为荣，但你却毫无反应，而是在专心听另一个同事讲笑话。"

　　听是拉近服务人员与顾客关系的技巧，作为一名优秀的服务人员，要善于倾听顾客的声音。倾听可以有效地了解顾客的喜好、需求、愿望及不满，与顾客建立良好的关系，使顾客真实感受到你良好的服务态度。

任务二　倾听的重要性

1．倾听在沟通行为中的重要性所占的比例最大

　　调查研究发现，沟通行为中的重要性所占比例最大的是倾听，而不是交谈或者说话。我们在沟通中，在倾听上花费的时间要超出在其他的沟通行为上花费的时间。

2．会听比会说更重要

　　有人说："最完美的交谈艺术不仅是一味地说，还要善于倾听他人的内在声音。"学者研究发现，最有影响力的沟通方式是交谈。从人际沟通角度看，人际关系是一种相互问询的关系。人际沟通的基本特性是讲话者与倾听者沟通关系的完整性。人际沟通必须保持听与说的回应关系，保持心与心的交流。因此，人际沟通不仅需要言说，更需要倾听。

【案例在线】

两个项目协调员

　　小李和小张同年毕业于同一所大学，同时被聘为某公司的项目协调员。两个人的业务水平难分高下，不同的是他们的处事态度。

　　每次讨论小张的设计时，大家只要提出一些意见，他总是据理力争，说得别人无言以对。领导有时极有风度地点出其项目的某些缺点，小张便引经据典地反驳，使领导很难堪。

　　小李的态度正好相反。对每个人的意见，他都认真倾听并记录，对领导的指示十分重视，有不清楚的地方便反复请教。大家参加小李的项目讨论会时都畅所欲言，乐意将自己的想法说出来。小李最后修改的项目书也总是能博采众长。

慢慢地，两个人拉开了差距。后来，小李升任公司副总经理，而小张早在两年前跳槽了，至今还是一名普通职员。

从本案例可以看出，虚心倾听他人的意见、学会在倾听时尊重他人十分重要，小李比小张更胜一筹的地方是他尊重他人，能积极地收集信息，与大家充分交流，因此在职场上获得了领导和同事的认可，取得了事业的成功。

任务三　倾听的作用与类型

11.3.1　倾听的作用

倾听者聚精会神，调动知识、经验储备及感情等，使大脑处于紧张状态，接收信号后，立即加以识别、归类、解码，做出相应的反应，表现出理解或疑惑、支持或反对、愉快或难受等态度或情感。听一番思想活跃、观点新颖、信息量大的谈话，倾听者甚至比讲话者还要疲惫，因为倾听者要不断调动自己的分析系统，修正自己的见解，以便和讲话者思维同步。一般来说，倾听主要有以下作用。

（1）倾听是了解对方需要、发现事实真相的最简捷的途径。在双方的沟通中，掌握信息是十分重要的。一方不仅要了解对方的目的、意图、打算，还要掌握不断出现的新情况、新问题。因此，沟通双方十分注意收集整理对方的情况，力争了解和掌握更多的信息，而没有什么方式能比倾听更直接、更简便地了解对方的信息了。

（2）倾听使人更真实地了解对方的立场、观点、态度和沟通方式。不能否认，讲话者也会利用讲话的机会，向倾听者传递错误的信息或是对他自己有利的情报。这就需要倾听者保持清醒的头脑，根据自己所掌握的情况不断地进行分析，确定哪些是正确的信息、哪些是错误的信息、哪些是对方的烟幕弹，进而了解对方的真实意图。

（3）倾听是给人留下好印象、改善双方关系的有效方式之一。因为专注地倾听对方讲话，表示倾听者对对方的看法很重视，能使对方对倾听者产生信赖和好感，使对方形成愉快、宽容的心理，变得不那么固执己见，更有利于达成一个双方都满意的协议。

（4）倾听对方的谈话，可以了解对方态度的变化。有些时候，对方态度已经有了明显的改变，但是出于某种需要，却没有用语言明确地表达出来，这时我们可以根据对方"怎么说"来判断其态度的变化。例如，当对话进行得很顺利，双方关系很融洽时，双方都可能在对对方的称呼上加以简化，以表示关系的亲密，如李××可以简称为小李，王××可以简称为老王，等等。但是，如果突然间改变了称呼，一本正经地叫李××同志，或是他的职位，这种改变就是关系紧张的信号，预示着对话将出现分歧或困难。

11.3.2　倾听的类型

在沟通中，倾听可分为多种类型，具体如下。

（1）获取信息式倾听。当我们把重要的观点在头脑中进行勾画，并考虑提出问题或对讲话者提出的观点进行质疑时，我们就是一个主动的倾听者。即使我们可能什么也没说，但我们在思想上已经与讲话者融合在一起了。

（2）批判式倾听。在获取信息的基础上，要进一步对讲话者所讲的内容进行评估和质疑。

（3）情感移入式倾听。作为倾听者，你要承认和识别讲话者的情感，并尽量为讲话者提供问题解决办法。

（4）享乐式倾听。这是指充满乐趣地倾听复杂信息，还有什么能比在倾听中享受一下更好的呢？

任务四　倾听的层次与原则

11.4.1　倾听的层次

有效的倾听技巧是可以通过学习获得的。认识自己的倾听行为，有助于我们成为一名高效率的倾听者。按照影响倾听效率的行为特征，倾听可以分为4个层次。

一个人从第一层次倾听者逐渐成为第四层次倾听者的过程，就是其倾听能力、交流效率不断提高的过程。下面是对倾听的4个层次的具体描述。

1．第一层次——心不在焉地听

倾听者心不在焉，几乎没有注意讲话者所说的话，心里考虑着其他毫无关联的事情，或内心一味地想着辩驳。这种倾听者感兴趣的不是听，他们迫不及待地想要说话。这种层次的倾听往往会导致人际关系的破裂。

2．第二层次——被动消极地听

倾听者被动消极地听讲话者所说的字词等内容，常常容易错过讲话者通过表情、眼神等身体语言所表达的意思。这种层次的倾听常常导致误解，使倾听者产生错误的举动，失去同讲话者真正交流的机会。另外，倾听者经常通过点头来表示其正在倾听，讲话者会误以为这表示其所说的话被倾听者完全听懂了。

3．第三层次——主动积极地听

倾听者主动积极地听讲话者所说的话时，能够保持注意力集中，理解讲话者的话语内容。这种层次的倾听常常能够获得讲话者的注意，但是很难引起讲话者的共鸣。

4．第四层次——设身处地地听

设身处地地听，不是一般的"听"，而是用心去"听"，这是一个优秀倾听者的典型特征。这种倾听者在讲话者传递的信息中寻找感兴趣的部分，从而获取有用信息。这种倾听者不急于做出判断，而是尽力做到感同身受。其能够设身处地地看待事物，总结已经传递的信息，质疑或权衡所听到的话，有意识地注意非语言信息，询问而不是辩解、质疑讲话者。这种倾听者的宗旨是带着理解和尊重积极主动地倾听。这种注入感情的倾听方式在形成良好人际关系方面起着极其重要的作用。

11.4.2　倾听的原则

在倾听的过程中，我们需要注意倾听的原则，具体如下。

（1）要有正确的听的态度。倾听者要专心地听讲话者讲话，态度谦虚，始终用目光注视讲话者。不要做无关动作，如看表、修指甲、打哈欠等。人人都希望自己的讲话能引起别人的注意，否则，其讲话还有什么意义呢？

（2）倾听者要适应讲话者的风格。每个人在传递信息的时候，其说话的音量和语速是不一样的，倾听者要尽可能适应讲话者的风格，尽可能接收更多、更全面、更准确的信息。

（3）倾听时不仅要用耳朵听，还应该用眼睛去看。耳朵听到的仅是一部分信息，而眼睛看到的是讲话者传递给你的除语言内容之外的更丰富的思想和情感，因为这些需要以更多的身体语言去传递，所以倾听是由耳朵和眼睛共同完成的工作。

（4）让讲话者知道你在听。在倾听的过程中，倾听者应偶尔说"是""我了解""是这样吗"等，以告诉讲话者你在认真倾听。

（5）理解对方。倾听者在听的过程中一定要站在讲话者的角度去想问题，而不是去评判讲话者。有些人容易犯的错误是，还没有听完讲话者的话就根据自己的理解打断讲话者，并与讲话者进行争论。这种行为是不礼貌的，极易引起反感，造成矛盾。

（6）鼓励对方。倾听者应在听的过程中看着对方，保持目光交流，并且适当地点头示意，表示认同和鼓励，表现有倾听的兴趣。

（7）适时引入新话题。人们喜欢他人从头到尾安静地听自己说话，而且更喜欢被引出新的话题，以便借机展示自己的价值。倾听者可以试着在讲话者说话时适时地加一句："你能不能再谈谈对××问题的意见呢？"

（8）要听出言外之意。一个聪明的倾听者不能仅满足于对讲话者话语表层意思的理解，还要听出讲话者的话中之话，从其语境语势、身体动作中找出隐含的信息，以把握讲话者的真实意图。只有这样，才能做到真正的交流与沟通。

任务五　倾听的方式

沟通学研究者确认了下列4种不同的倾听方式。

11.5.1　被动倾听

被动倾听是人们听取他人观点时普遍采用的一种方式。在这种方式下，倾听者不仅不表达非语言信息，而且也很少给讲话者提供语言上的反馈。被动倾听者经常表现出下面这些常见的行为。

（1）与讲话者目光接触。

（2）面部没有明显的表情。

（3）偶尔点头。

（4）偶尔口头回应，如"嗯""哦"等，这在电话中更为明显。

从这些行为中可以看出，倾听者虽然在跟随讲话者的思路，但是倾听者只能给出很少的信息以促进谈话。讲话者与一个被动的倾听者交谈经常会有挫败感（因为讲话者通常会希望倾听者能适时地参与），并开始怀疑倾听者是不是真的愿意听或者是否理解了自己所表达的意思。

11.5.2　选择倾听

选择倾听几乎和被动倾听同样普遍，选择倾听通常被定义为倾听者想听的时候才听。当听到想要听的信息时，倾听者就会成为一个非常投入和理解力很强的听众；当听到不想听的信息时，倾听者就会不理睬讲话者。换句话说，当倾听者用这种方式倾听时，其在听的过程中所做出的反应是不一致的。

一个人以选择倾听这种方式听他不想听的信息时，就会有以下行为。

（1）表现出不感兴趣。

（2）环顾四周。

（3）安静地坐着。

（4）反抗情绪高涨，如反对某一个论点。

（5）讲话者还没有说完就开始插话。

（6）问一个自己感兴趣的话题，但打断讲话者目前所说的话。

这种倾听者从不理睬讲话者到言辞激烈，都在沟通中制造了障碍，从而无法听取完整的信息，并给工作或生活关系制造了压力和紧张的气氛。

11.5.3　专注倾听

当用这种方式倾听时，倾听者通过非语言的或语言的方式更多地参与，更少地判断。专注倾听时，倾听者常表现出以下行为。

（1）与讲话者保持稳定的目光接触。

（2）表现出感兴趣，面部表情诚恳。

（3）点头表示理解。

（4）提供简单的口头反馈（如"明白了""好的""是的"等）来鼓励讲话者。

（5）提出问题来延伸谈话，以获得更多的信息。

讲话者的信息包括两个方面：事实（或内容）和情感（或情绪）。它们加在一起就构成了讲话者所传达信息的真正意思。

一个专注的倾听者要能获取讲话者想要展示的信息。当信息都是事实的时候，倾听者听的效果应该不错。但当信息中卷入更多的个人情感时，倾听者就容易忽略讲话者的情感，并直接处理信息。这就是专注倾听的短处。

11.5.4　积极倾听

积极倾听有时指有响应或有回应地倾听，这是人们倾听的最有效的方式。积极的倾听者认真接收并尊重讲话者的意愿，然后尽力验证自己对讲话者信息的理解是否正确，这正是讲话者所希望看到的。积极的倾听者能够捕捉讲话者的全部信息——事实和他的情感。这样，讲话者不仅能够讲清楚信息，还能明白倾听者已经听懂了其意思。

积极的倾听者表现出来的行为不仅包括在"专注倾听"部分列出的行为，还包括以下行为。

（1）表现出耐心。

（2）以语言反馈总结自己对信息的理解程度。

（3）联系讲话者的情感来全面理解讲话者传达的信息。

（4）当讲话者的情感对于理解整个信息意义重大时，探求这种情感的出处。

（5）当某个信息不清楚或者混乱时，高声提出来。

【案例在线】

酒店的招聘

某酒店需要招聘服务人员。在面试时，考官们给每个求职者5分钟时间做自我介绍。在某个求职者做自我介绍时，考官们不只注意该求职者的表现，同时还留意其他求职者的表现。在其他求职者中，有的埋头准备自己的自我介绍，有的在热情地鼓掌，支持可能成为他们同事的讲话者。当讲话者出现失误时，有的人在一旁幸灾乐祸，有的人流露出替讲话者着急的表情。最后，那些认真聆听他人讲话的人得到了进入该酒店的"许可证"。

之所以这些人被录用，就是因为他们在他人说话的时候能仔细聆听，表现出自己的关心，并与说话者感同身受。这正是作为一名服务人员所应具备的素质，这让考官们有理由相信，他们在面对客户时也能做到如此。

任务六 倾听的障碍

倾听是困难的，因为有许多因素会使你注意力分散。有时候你可能在有意或无意间设置了倾听的障碍，这里所指的障碍是一种阻碍对话流畅进行的行为。下面我们来分析造成我们没能有效倾听的一些障碍。

11.6.1 环境干扰

环境对人的听觉与心理活动有着重要的影响，环境中的声音、气味、光线以及色彩、布局等都会影响人的注意力与感知。布局杂乱、声音嘈杂的环境会导致倾听者信息接收的缺损。

11.6.2 信息质量低下

沟通双方在试图说服、影响对方时，并不一定总能传递有效的信息，有时会有一些过激的言辞、过度的抱怨，甚至出现对抗性的态度。现实中，我们经常会遇到满怀抱怨的客户、心怀不满的员工、情绪激动的争论者等。在这种情况下，信息发送者受自身情绪的影响，很难发送有效的信息，从而影响了倾听者倾听的效率。信息质量低下的另一个原因是，信息发送者不善于表达或缺乏表达的愿望。例如，当人们面对比自己优秀或地位高的人时，因害怕"言多必失"以致留下坏印象，而不愿意发表自己的意见或尽量少说等。

11.6.3 倾听者的主观障碍

在沟通的过程中，造成沟通效率低下的最大原因就在于倾听者本身。研究表明，信息的失真主要出现在理解和传播阶段，归根到底还是因为倾听者的主观障碍。

1. 个人偏见

任何人都不免会心存偏见。所以，在团队中成员的背景多样化时，倾听的最大障碍就在于倾听者对信息传播者存有偏见，而无法获得准确的信息。

2. 先入为主

这在行为学中被称为"首因效应"，它是指在进行社会知觉的过程中，对象最先给人留下的印象会对以后的社会知觉产生重大影响。也就是我们常说的，第一印象往往决定了将来。人们在倾听的过程中，对讲话者最先提出的观点印象最深刻，如果讲话者最先提出的观点与倾听者的观点大相径庭，倾听者可能会产生抵触的情绪，而不愿意继续认真地倾听下去。

3. 心理防御机制

人们不愿意仔细倾听的一个重要原因就是存在心理防御机制。一般来说，人们不愿意得到坏消息；更有些人经常以自我为中心，本能地排斥坏消息。或许这些人认为听不到坏消息是一种更好的方式，因为听到坏消息后你不得不去面对它。其实不然，只有当你听到或能确切地预见危险时，你才会想到要去规避和处理它。实际上，只要你怀疑有坏消息，你就应该更深入地对相关情况进行调查。

4. 焦虑

有时我们不能有效倾听是因为我们处于一种极度焦虑的状态中。假设你开车去一座陌生的城市，发现自己完全迷路了，在行驶了很长时间却没看到任何指明附近城市的公路号码或标志时，你或许会感到自己的心都快要跳出来了，这就是焦虑。当你最终停下来问路时，你完全失去了自信，这时你的焦虑程度高到甚至不能有效倾听。结果是，你重新上路但仍不能找到正确的路。

焦虑当然也存在于课堂环境中。研究表明，如果老师告诉学生考试内容将是很难的，学生们可能会感到焦虑，这将影响学生们的听课状况。例如，一名学生上了一门必修的数学课，每次遇到不明白的问题时，他就停止听课和思考，最终他远远落在了其他学生的后面，进而导致他不愿再去上课了。

5. 被动倾听

学生经常认为听是毫不费力的事，他们的态度可能是"我不需要做任何事，只要坐着听"或"如果不是考试内容，我就不需要听"。没有兴趣的倾听经常出现在课堂上，因为不是所有的老师讲课都同样吸引人。有些老师知识渊博，只是不太有趣，因而不太受欢迎。也有某些科目不像其他科目那样有趣，如沟通技巧科目可能不像经济学科目那样有趣等。但即使老师或科目不太有趣，学生也必须认真倾听。

6. 选择倾听

许多人总是不愿意去倾听。他们倾听是因为知道别人期望自己去倾听，但他们更喜欢自己说。当你与不愿意倾听的人交谈时，你和他们就是在互相表演独角戏而不是在对话。选择倾听者总是要寻找一种方式去谈论自己内心的想法和感受。如果你谈到某种经历，他们则说出一段更长和更好的经历；如果你说自己买了一部性价比较高的手机，他们就告诉你某个人的手机更为经济实用；如果你说将去海边度假，他们会告诉你去北京旅行更有价值……这些人很少注意从他人那儿得到的非语言暗示，他们对对方呆滞的目光和经常偷偷看表的行为熟视无睹，他们也常忽略对方"我最好开始做某件事"或"我才注意到已经很晚了"这样的暗示。

7. 不受欢迎的语气

作为倾听者，你可能根据讲话者的信息来说话或者发出声音——这就使你的语气显得特别重要。你的语气的一个小小的变化，如从接纳转为恼怒或不高兴等，就可能改变或破坏对话的流畅性。

下面是一些能够导致交流障碍的语气。

（1）使用刻薄的、反对性的语气：如"你做了什么！"这种尖锐的语气产生了让讲话者处于防御状态的效果。

（2）尖锐的讽刺：这种行为通常是对讲话者做出的一种反应。在这种情况下，声音里夹带着贬低的气息和嘲弄的感觉，会让讲话者感到不快。例如，"听起来好像你已经尽力了"这种评论，尽管听起来像是在认同，实际却是用含有反义的讽刺语气来表达否定的意思，对讲话者或听到的信息进行贬低性的评论。

（3）单调的回应：这种回答讲话者的语气听起来让人感到很厌烦或没有兴趣。例如，当讲话者正热情洋溢地谈论一次难忘的经历时，像"嗯，这很好"这样的回答就会显得沉闷和消极。单调的回应会让讲话者很快就泄气。

8. 目光交流不得体

目光交流是影响对话流畅性的一个重要因素。稳定的目光接触有助于你和讲话者之间的沟通，而下面的一些行为将会对你们的沟通起到阻碍作用。

（1）转移视线。偶尔移开目光并不是什么障碍，但切断目光接触时，讲话者就会感觉到你的注意力转移到了其他地方。并且，在你注意力不集中时，讲话者就会变得很沮丧，然后停止谈话。

（2）锁定。盯住或者直视讲话者，这会让其产生一种很不舒服的感觉，当你的眼睛盯住讲话者脸部以下的位置时，讲话者的不适感就会更强烈。

（3）眼神飘忽不定。对于讲话者来说，这是你能给他的最具判断性的表情。这反映了你对听到的内容的讽刺与不满，有时你甚至会打断讲话者的思路——这是最大的倾听障碍。

9．令人不快的表情

没有镜子时，你看不到自己的表情，但是讲话者能看到它，如果你露出令人不快的表情，会阻碍沟通的顺利进行。

（1）眉头紧锁。皱着眉头表示不赞成或反对。有时，这种表情伴随着不停地摇头和漫不经心地与讲话者交谈，这意味着你不喜欢讲话者谈及的内容。

（2）突然假笑。不论意图如何，这对讲话者都是一种讽刺，好像讲话者说的很严肃的事情对你来说仅是一个笑话而已。在别人同你说话的时候，这很可能导致谈话失败。

（3）扬起眉头。它可表示不赞成或怀疑。如果在听到不满意的事情时，眉头向上挑起，这可能会打断谈话。

（4）毫无表情。这是一种被动的、毫无反应的表情。它让讲话者怀疑你什么也没听进去，心不在焉，毫不在意。在多数情况下，这种表情让讲话者身心疲惫——他们感觉自己是在对着一堵墙说话。

10．其他不受欢迎的举止

（1）无精打采。你可能喜欢在椅子上，尤其是又大又舒适的椅子上休息，而不是坐直了专心地倾听讲话者讲话，但这种无精打采的行为传递出了不感兴趣或不愿参与的信号。

（2）手部动作太多。别人在对你说话时，你的双手不停地在动，如摆弄文件夹、钢笔或者是手头能拿到的其他任何东西。你的手部动作会传递这样一种信息：你的注意力在别的地方，你太紧张了而不能投入交谈或理解全部信息。

（3）扭动身子。扭动身子是一种在椅子上来回摆动身体的习惯，它显示你不能安静地坐着，这会给正在向你传达信息的人带来烦恼。

（4）把脸转向别处。有时，在讲话者讲话时你会背对着他，或者把头转来转去，而不直面讲话者，这种行为通常会让讲话者感到不舒服，因为他感觉到作为倾听者的你不喜欢与他进行对话。

任务七　倾听的艺术

11.7.1　倾听的态度

要做到积极地倾听，你首先要有"三心"：耐心、专心和虚心。

1．耐心

就日常生活中的谈话而言，并非所有的话语都包含重要的信息，并且我们的思维速度是说话速度的4~5倍，因此，如果在谈话中不能保持足够的耐心，我们的思想就会开小差，我们就会不专注。这种不专注的外在表现，通常是出现心不在焉的下意识动作和神情，如"答非所问"或者"充耳不闻"等现象。

2．专心

走神是影响倾听效果的大敌。思想开小差的人心存太多杂念，他们可能想到了某份待写的报告、某项即将到期的工作、某些家庭问题，甚至在做白日梦。总而言之，他们不能专心听讲话者讲话。我们要尽可能地消除那些来自内部或外部的干扰，把注意力完全放在讲话者的身上，专心倾听，这样才能明白讲话者说了些什么、没说什么以及讲话者说的话所代表的态度和含义。

3．虚心

在与别人谈话时，应虚心倾听。有些人对他人抱有成见，如"这个人爱贪小便宜"等，这些成见会直接影响他们对他人话语的理解，导致做出错误的判断。有些人觉得自己在某一问题上比别人懂得多，常常会中途打断别人的讲话，急于阐述自己的看法和意见，还喜欢教育别人。这种"强势推销"和"好为人师"的人当然也不会成为积极的倾听者。

11.7.2　有效倾听的技巧

1．保持第三者的心态

在倾听过程中，尤其是当有人向你倾诉的时候，你要调整好自己的心态。你在日常生活中遇到的倾诉者大多是自己的亲人或者朋友，对于倾诉者的事情你往往特别关心。倾诉者倾诉的大多是不良情绪，若你很容易受倾诉者情绪的感染，把倾诉者的坏心情变成自己的坏心情，这样不但帮不了倾诉者，反而会让自己陷入困境。

因此，在倾听时你最好保持第三者的心态，这并不表示对倾诉者漠不关心，而是要理智帮助倾诉者分析和解决问题。自己一个人的时候，要及时从事件中跳出来，缓解自己的不良情绪。当心里郁积了太多不快时，也应学会向别人倾诉。

2．创造良好的倾听环境

倾听者只有与讲话者产生共鸣，才能使讲话者安心传递信息。在倾听时，我们首先要保持环境的安静，以便让讲话者的情绪平静下来。尽量不要做其他的事来干扰讲话者诉说，如果你一会儿接听手机，一会儿忙别的事情，心不在焉，讲话者会很快对你失去信任。相反，如果你自始至终保持心无旁骛的倾听姿态，让讲话者感受到你的理解与支持，他便乐于说出自己的问题，然后心平气和地同你商量解决的方法。

还有一点需要注意，无论是要劝解讲话者，还是为讲话者出主意，言语均要平和，不要激起讲话者的不良情绪。例如，有人找你诉说自己受到的不公待遇和委屈，结果你听完后火冒三丈，甚至比讲话者还生气，那么你就很难帮其打开心结、解决问题。

3．鼓励对方先开口

首先，倾听别人说话本来就是一种礼貌，愿意听表示我们愿意客观地考虑别人的意见，这会让讲话者觉得我们很尊重他的意见，有助于我们与他建立融洽的关系，彼此接纳。

其次，鼓励对方先开口可以降低谈话中的竞争程度。倾听有助于彼此交换意见。讲话者由于不必担心有竞争的压力，也可以专心讲述重点，不必忙着为自己的矛盾之处寻找借口。

最后，对方先提出其看法，你就有机会在表达自己的意见之前，掌握双方意见的一致之处。倾听可以使对方更加愿意接纳你的意见，让你在说话的时候更容易说服对方。

4．使用并观察身体语言

当我们在和人谈话的时候，即使我们还没开口，我们内心的感情就已经通过身体语言清清楚楚地表现出来了。这些身体语言包括自然的微笑、点头等。

5．非必要时，避免打断他人讲话

善于听别人说话的人不会因为自己想强调一些细枝末节，想修正对方话中一些无关紧要的部分，想突然转变话题，想说完一句刚刚没说完的话，就随便打断对方讲话。经常打断别人讲话就表示我们不善于倾听别人讲话。

虽然打断别人讲话是一种不礼貌的行为，但有时也有例外，如"乒乓效应"。所谓"乒乓效应"，是指倾听者要适时地提出许多切中要点的问题或发表一些意见、感想来响应对方。

6．听取关键词

所谓的关键词，指的是描绘具体事实的字眼，这些字眼能透露某些信息，同时也能显示对方

的兴趣和情绪。透过关键词，你可以看出对方喜欢的话题，以及对方对你的信任程度。

另外，找出对方话中的关键词，也可以帮助我们决定如何响应对方。我们只要在自己提出的问题或感想中加入对方说过的关键词，对方就可以感觉到你对其所说的话很感兴趣或者很关心。

7．反应式倾听

反应式倾听指的是重述刚刚所听到的话，这是一种很重要的倾听技巧。我们的反应可以让对方知道我们一直在听其说话，而且也听懂了其所说的话。但是反应式倾听不是要我们像鹦鹉一样，对方说什么我们就说什么，而是应该用自己的话简要地叙述对方讲话的重点，如"你说你住的房子在海边？我想那里的夕阳一定很美"。反应式倾听的好处主要是能让对方觉得其很重要，让我们掌握对方讲话的重点，以让对话不至于中断。

8．弄清楚各种暗示

很多人都不敢直接说出自己真正的想法和感受，他们往往会百般暗示，以表达自己内心的看法和感受。但是这种暗示有碍沟通，因为如果遇到不合格的倾听者，这种暗示可能会被误解，最后就可能导致双方失言或引发言语上的冲突。所以一旦遇到暗示性强烈的话，你就应该鼓励讲话者把话说得清楚一点。

9．暗中回顾，整理重点

当我们和别人谈话的时候，我们通常都会用几秒的时间在心里回顾一下对方的话，整理出其中的重点。我们必须删去无关紧要的细节，把注意力集中在对方想说的重点和对方主要的想法上，并且在心中熟记这些重点和想法。

暗中回顾并整理出重点，也可以帮助我们继续提出问题。如果我们能指出对方有些话只说了一半或者语焉不详，讲话者就知道，我们一直都在听其讲话，而且我们也很努力地想完全了解其所讲的话。如果我们不太确定对方比较重视哪些内容，就可以利用询问的方式，让对方知道我们对谈话的内容有所注意。

10．尊重讲话者的观点

如果我们不尊重讲话者的观点，那么我们可能会错过很多机会，而且无法和讲话者建立融洽的关系。就算讲话者对事情的看法与感受，甚至所得到的结论都和我们的不同，讲话者还是可以坚持自己的看法、结论和感受。尊重讲话者的观点，可以让讲话者知道我们一直在听，也听懂了其所说的话，且虽然我们不一定同意其观点，但我们还是很尊重其想法的。若我们一直无法接受讲话者的观点，我们就很难和对方彼此接纳，或建立融洽的关系。除此之外，尊重讲话者的观点也能够帮助讲话者建立自信，使其更能够接受不同的意见。

11．充分运用开放性问题

在倾听时，倾听者提出带有"什么""怎样""为什么"等词的问题，可让讲话者对有关问题、事件等做出较为详尽的解释。这样的提问会引发讲话者对某些问题、思想、情感等的详细说明，但要注意提问的方式、语调不能太过生硬或随意。

12．恰当运用封闭性问题

提出以"是不是""对不对""有没有""行不行""要不要"等词语为关键词的问题，旨在让讲话者对有关问题做出"是"或"否"的简短回答。使用这种封闭性问题，我们可以收集信息、澄清事实真相、验证结论与推测、缩小讨论范围、适当中止叙述等。回答这些问题，只需一两个字、词或一个简单的姿势，如点头或摇头等，简单明确。但过多使用封闭性问题，会使讲话者处于被动的地位，压抑其自我表达的愿望与积极性，从而使其产生压抑感及被审问的感觉。所以运用封闭性问题要适度，并且要将其和开放性问题结合起来运用。

13．有效运用情感反应

情感反应是对讲话者情绪、情感的反馈，也就是把讲话者的情绪、情感进行综合整理后再反馈给讲话者的过程，如"你对此感到伤心""这件事让你很不愉快"等。情感反应的最有效方式是针对讲话者现在而不是过去的情感给出反馈，如"你现在很痛苦""你此时的心情比较好"等。另外，在运用这一技巧时，要及时准确地捕捉讲话者瞬间的情感体验，并及时进行反应，使讲话者深切地体验被人理解的感觉。

14．明确倾听目的，建立信任关系

事先明确倾听目的可促使我们积极参与沟通，使记忆更加深刻，感受更加丰富，并与讲话者建立良好的信任关系。要知道，在关系紧张的情况下，双方是不会相互真诚地传递宝贵的信息的。

倾听是不容易做到的，据估计，只有10%的人能在沟通的过程中注意倾听。学会倾听远远比大多数人想象的要困难。因为，根据学者的观点，倾听能力和读写能力一样，是要通过后天的努力才能够获得的。倾听能力是我们应该学习的有价值的一项能力。

我们总是认为能说会道的人才是善于交际的人，其实善于倾听的人才是真正会交际的人。会说的人，总有锋芒毕露的时候，也常有言过其实之嫌。话说多了，容易被说成是夸夸其谈、油嘴滑舌；话说过分了，还易祸从口出。静心倾听就没有这些弊病，倒有兼听则明的好处。注意倾听，给人的印象是谦虚好学，专心稳重，诚实可靠。认真倾听，能减少不成熟的评论，避免不必要的误解。善于倾听的人常常会有意想不到的收获。例如，蒲松龄因为虚心听取路人的叙述，记下了许多素材，写就了《聊斋志异》；唐太宗因为兼听而成明君；齐桓公因为细听而善任管仲；刘玄德因为恭听而鼎足天下。

有不少研究表明，也有大量事实证明，人际关系失败的原因很多时候不在于你说错了什么，或是应该说什么，而在于你听得太少，或者根本不注意听。例如，别人的话还没有说完，你就抢口强说，讲些不着边际的话；别人的话还没有听清，你就迫不及待地发表自己的见解和意见；对方兴致勃勃地与你说话，你却心不在焉、眼神飘忽，手上还在不断拨弄东西，试想有谁愿意与这样的人在一起交谈？有谁喜欢和这样的人做朋友？一位心理学家曾说："以同情和理解的心情倾听别人的话，我认为这是维系人际关系、保持友谊的最有效的方法。"

可见，说是一门艺术，而听更是艺术中的艺术。倾听是对他人的一种尊重、一份理解，是对友人最宝贵的馈赠。倾听是心的接受，是情的传递。我们不必抱怨自己不善言辞，只要我们认真倾听，我们就会赢得友谊，赢得尊重。

【案例在线】

猫妈妈的教诲

小猫长大了。

有一天，猫妈妈把小猫叫来，说："你已经长大了，3天之后就不能再喝妈妈的奶了，要自己去找东西吃。"

小猫疑惑地问妈妈："妈妈，那我该吃什么东西呢？"

猫妈妈说："你要吃什么食物，妈妈一时也说不清楚，就用我们祖先留下的方法吧！这几天夜里，你躲在梁柱间、陶罐边、屋顶上，仔细倾听人们谈话，他们自然会教你的。"

第一天晚上，小猫躲在梁柱间，听到一个大人对小孩子说："小宝，把鱼和奶放在冰箱里，小猫最爱吃鱼和奶了。"

第二天晚上，小猫躲在陶罐边，听见一个女人对男人说："老公，帮我一下，把香肠和腊肉挂在梁上，把小鸡关好，别让小猫偷吃了。"

第三天晚上，小猫躲在屋顶上，透过窗户看到一个妇人教训自己的孩子："奶酪、肉松、鱼干吃剩了，也不收好，小猫的鼻子很灵，不收好明天你就没有吃的了。"

就这样，小猫找到了许多吃的，每天都很开心，它回家告诉猫妈妈："妈妈，果然像您说的一样，只要我认真倾听，人们每天都会教我该吃些什么。"

靠着倾听人们的话学习生活的技能，小猫终于成长为一只身手敏捷、肌肉发达的大猫。它后来有了孩子，也是以这样的方式教导它们的："仔细倾听人们的话，他们自然会教你的。"

从本案例可以看出，学会倾听，能够让你了解更多的知识，掌握更多的技能，让沟通更加顺畅。

【实战练兵】

实战目的：让学生学会"听"和"说"

实战方法：

背景及角色介绍：私人飞机坠落荒岛，只有6人生还，唯一的逃生工具是气球吊篮（限乘1人），无水和食物。以组为单位进行角色扮演，6名学生分别扮演不同的角色。

孕　妇：怀孕8个月。

发明家：正在研究新能源汽车。

航天员：即将远征火星，为人类寻找新家园。

医学家：研究艾滋病治疗，已取得重大突破。

生态学家：负责热带雨林抢救。

流浪汉：过着艰辛的生活，但生存能力很强。

针对由谁乘坐气球吊篮先行离岛的问题，各自陈述理由。先复述前一人的理由，再陈述自己的理由。最后，大家根据复述别人的逃生理由是否完整、陈述自己的理由是否充分，决定可先行离岛的人。

实战效果：

每组编排整理好之后进行表演，学生互评、老师点评后选出最佳表现者。

项目小结

- 倾听是一种技巧，像其他技巧一样，我们必须要通过学习和实践才能获得这种技巧。倾听的障碍包括环境干扰、信息质量低下、倾听者的主观障碍等。

- 倾听是了解对方需要、发现事实真相的最简捷的途径；倾听使人更真实地了解对方的立场、观点、态度和沟通方式；倾听是给人留下好印象、改善双方关系的有效方式之一；倾听和谈话一样具有说服力。

- 按照影响倾听效率的行为特征，倾听可以分为4个层次：第一层次——心不在焉地听；第二层次——被动消极地听；第三层次——主动积极地听；第四层次——设身处地地听。一个人从第一层次倾听者逐渐成为第四层次倾听者的过程，就是其倾听能力、交流效率不断提高的过程。

- 在倾听的过程中，我们需要注意一系列倾听的原则：要有正确的听的态度；适应讲话者的风格；不仅要用耳朵听，还应该用眼睛去看；让讲话者知道你在听；理解对方；鼓励对方；适时引入新话题；听出言外之意。

- 沟通学研究者确认了4种不同的倾听方式：被动倾听、选择倾听、专注倾听、积极倾听。积极倾听是人们倾听的最有效的方式。积极的倾听者能够捕捉到讲话者的全部信息——事实和他的情感。要达到良好的沟通效果，让积极倾听发挥作用至关重要。

项目实训

一、热身准备

游戏名称：传口令。

训练能力：注意力、记忆力、概括力。

训练方法：6人为一组，每组选1名学生在1分钟内快速默读由老师提供的材料，然后传口令给第二个人，以此类推，最后由第六个人向大家复述材料内容。最后，老师将材料内容展示出来，由学生评出最快、最准确的复述者。

二、实地大演练

根据老师提供的材料进行问答式训练。要求集中注意力，把握好要点。此项训练可以加强对文字的理解能力和对问题的快速反应能力。训练结束后，师生共同点评，选出1名优秀倾听者。

三、听说互动训练

先请1名学生上台进行题为《先听后说，听说互动》的即兴演讲，其他学生认真聆听并仔细观察。然后，请数名学生概括该演讲的主要观点，并对其观点发表自己的看法。

四、倾听习惯训练

同桌的两名学生为一组，以人际沟通中的倾听为话题，进行20分钟的现场聊天，训练过程中务必达到以下要求：选择合适的位置以便听清对方的话；复述对方的话，以确认是否理解；观察对方的身体语言；做出回应和反馈之前，先让对方把话说完；谈话过程中通过点头等非语言行为鼓励对方；不关注对方的衣着和外貌；眼睛看着对方；注意对方的潜在情绪；在倾听时给出鼓励性的回应，如"我明白""嗯""是的"等；专注于对方所说的话；记住对方所说的关键之处；总结自己对对方所说内容的理解；适当模仿对方的身体语言，使其放松；考虑对方的立场。

参考文献

[1] 孙健敏，徐世勇. 管理沟通[M]. 北京：清华大学出版社，2006.

[2] 盖勇，王怀明. 管理沟通[M]. 济南：山东人民出版社，2003.

[3] 刘玉冰. 沟通技巧与实训[M]. 北京：清华大学出版社，2012.

[4] 李谦. 现代沟通学[M]. 2版. 北京：经济科学出版社，2006.

[5] 李元授，邹昆山. 演讲学[M]. 2版. 武汉：华中科技大学出版社，2003.

[6] 李国宇. 倾听的力量[M]. 北京：中国纺织出版社，2007.

[7] 谢红霞. 沟通技巧[M]. 北京：中国人民大学出版社，2011.

[8] 柳青，蓝天. 有效沟通技巧[M]. 北京：中国社会科学出版社，2003.

[9] 李锡元. 管理沟通[M]. 武汉：武汉大学出版社，2006.

[10] 王建民. 管理沟通理论与实务[M]. 北京：中国人民大学出版社，2005.

[11] 康青，蔡慧伟. 管理沟通教程[M]. 4版. 上海：立信会计出版社，2019.

[12] 宋莉萍. 礼仪与沟通教程[M]. 上海：上海财经大学出版社，2006.

[13] 李谦. 现代沟通学[M]. 3版. 北京：经济科学出版社，2009.

[14] 彭于寿. 商务沟通[M]. 2版. 北京：北京大学出版社，2011.

[15] 黄漫宇. 商务沟通[M]. 2版. 北京：机械工业出版社，2010.

[16] 侯东，倪兴梅. 电话行销技巧[M]. 北京：中国盲文出版社，2002.

[17] 陈翰武. 语言沟通艺术[M]. 武汉：武汉大学出版社，2006.

[18] 常青. 完美沟通[M]. 北京：机械工业出版社，2006.

[19] 沃克. 商务沟通技巧（微课版 第4版）[M]. 陈晶，顾天天，赵菁，译. 北京：电子工业出版社，2011.

[20] 卡耐基. 卡耐基沟通的艺术与处世智慧[M]. 王红星，译. 北京：中国华侨出版社，2012.

[21] 麻友平. 人际沟通艺术[M]. 2版. 北京：人民邮电出版社，2017.

[22] 赵京立. 演讲与沟通实训[M]. 3版. 北京：高等教育出版社，2021.